書寫機制 × 數學入門 × 表現藝術，尊重孩子天性
啟發自主學習與成長的革命性教育

樂律

蒙特梭利代表作

發現兒童

The Discovery of the Child

（Maria Montessori）
瑪麗亞・蒙特梭利　著
李婷婷　譯

【科學感官訓練】激發孩子的學習熱情，為「生活」做好準備
【打破傳統束縛】強調自然、運動與感官訓練，培養全人發展
【父母必讀指南】掌握蒙特梭利教育法，助孩子健康快樂成長

目錄

關於作者 ……………………………………… 005

序言 …………………………………………… 007

簡介 …………………………………………… 009

第一章　科學在學校的應用 ………………… 011

第二章　教育方法發展史 …………………… 027

第三章　「兒童之家」的教育方法 ………… 045

第四章　自然教育 …………………………… 067

第五章　運動教育 …………………………… 079

第六章　發展的教具 ………………………… 103

第七章　練習 ………………………………… 111

第八章　視覺與聽覺區別 …………………… 127

第九章　感官訓練概論 ……………………… 145

第十章　教師 ………………………………… 151

第十一章　教學技巧 ………………………… 157

目錄

第十二章　　教育的偏見……………………………… 169

第十三章　　提升…………………………………………… 179

第十四章　　書面語言……………………………………… 191

第十五章　　書寫的機制…………………………………… 207

第十六章　　閱讀…………………………………………… 231

第十七章　　口頭語言……………………………………… 243

第十八章　　算術教學與數學入門………………………… 263

第十九章　　算術的進一步發展…………………………… 277

第二十章　　繪畫與表現藝術……………………………… 281

第二十一章　音樂教育入門………………………………… 287

第二十二章　「兒童之家」的紀律………………………… 295

第二十三章　結論…………………………………………… 311

第二十四章　凱旋的戰車…………………………………… 315

第二十五章　提供教具的年級與順序……………………… 321

附錄………………………………………………………… 325

關於作者

　　瑪麗亞·蒙特梭利（Maria Montessori），西元 1870 年 8 月 31 日出生於義大利的基亞拉瓦萊。西元 1894 年，她成為第一位從羅馬大學醫學院畢業的女性。西元 1899 年，她開始研究智力缺陷兒童的教育問題，並按照法國醫生塞金（Edouard Seguin）最先制定的心理學方法，取得了驚人的成效。在她的教導下，智力缺陷兒童也能夠通過正常兒童參加的全國讀寫能力測試。蒙特梭利博士總結說，類似的方法也可以應用於年齡更小的正常兒童。於是，她開始在羅馬的私立和公立學校對幼兒進行研究。最初，她遭遇到傳統教育方法擁護者的反對，他們認為她的教育體制鼓勵自由行動，會破壞紀律。但是，她也得到了熱心改革者的有力支持。1900 年至 1907 年，她在羅馬大學講授人類學課程。1922 年，她被義大利政府任命為督學。在她的職業生涯中，完成了一系列有關學習和兒童的著作，建立了以她的名字命名的教育體系。晚年，她在西班牙、印度、英國和荷蘭開展培訓課程。1952 年 5 月 6 日，在荷蘭諾德維克去世。

關於作者

序言

　　我們已經清楚地表明，兒童需要觀察、反思、學習，需要專注和獨立思考，而且還要不時地暫停下來沉默一會。我們可以確信地說，人們對教育有著一定的誤解，認為兒童在不適合他們的場合接受教育就不會有進步。相反的，我們的責任是指導兒童的活動，否則我們的指導就會消耗他們的精力和本能的求知慾，經常會造成他們心理發展和成長過程中的障礙。因此，即便是年齡很小的兒童，接受教育的目的也不是讓他們為上學做好準備，而是為生活做好準備。

瑪麗亞·蒙特梭利

序言

簡介

　　本書義大利語版本的第三版出版時，我就覺得有必要為之前的幾個版本正名了。42 年後，這一版出版時，我覺得更有必要做出宣告。我寫書的動機一直如此，但隨著我和學校的工作的進行，我們的發現遠遠超出了預期。一般來說，出版一本新書，形式和內容都需要重新設計，否則就不能與時俱進。但是，現實情況不允許我們這樣做。我們需要出版一整套書籍，囊括我們在世界各地廣泛經驗中總結出來的心理學和教育學理論。部分內容已經成功出版，如《童年的祕密》（*The Secret of Childhood*）、《吸收性心智》（*The Absorbent Mind*）、《新世紀的教育》（*Education for a New World*）、《教育人類的潛能》（*To Educate the Human Potential*）、《心理算數學》（*Psico-Aritmética*）、《心理幾何學》（*Psychogeometry*）等，其他的內容仍在籌備出版。

　　本書中，我想要澄清幾個問題，特別是指出這樣一個事實，即我們的工作成果不僅僅是創造了一種新的教育方法。本書前幾章簡要回顧了理論研究方式，新增的幾章概述了我們新的理論發現。但是，請讀者記住，本書的大部分內容是在這項工作開始之初寫的，經常提到當時盛行的理論和研究或是當時普遍的情況。現在，時代變了，科技有了長足的發展，我們的工作也有了很大的進步，理論得到了充分的認證。我們堅信人們只有把注意力和精力放在人格形成過程中的巨大潛力和發展上，我們才有希望解決問題，其中最緊迫的問題是內心的平和和一致性。

瑪麗亞・蒙特梭利
1948 年 11 月，浦那

簡 介

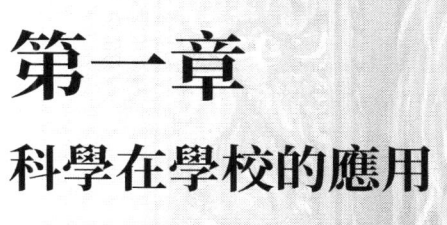

第一章
科學在學校的應用

第一章　科學在學校的應用

我不打算寫一篇詳細描述教育科學的論文。我們最初的工作現在有了一個不錯的結尾，闡述了教育過程中相當有趣的研究結果，這為新的教育方法的實際應用開闢了道路。新的教育方法是將實驗結果更多地應用於教學實踐，而不是完全將實驗作為提煉教育理論的基礎。醫學是在實驗結果的基礎上建立理論。但是人們認為，教育應該放棄這種單純的推論方法。從韋伯（Max Weber）、費希納（Gustav Fechner）到馮特（Wilhelm Wundt）、比奈（Alfred Binet），生理學或實驗心理學逐漸發展成為一門新興科學，為教育學提供理論基礎，就像傳統心理學為教育理論提供基礎一樣。人類學中有關兒童的研究似乎也是影響新的教育理論形成的重要因素之一。

但事實上，「科學教育學」的體系還尚未形成，定義也尚未完善。它還只是一個模糊的概念，現實中尚未存在，因而受到人們的廣泛關注。

幾年前，義大利出現了所謂的「科學教育學校」。這些學校由經驗豐富的醫生贊助，其目的是培訓教師使其掌握新的教育方法。這些學校取得了巨大的成功，獲得了義大利所有教師的認可。甚至在這些新理論從德國和法國引進之前，義大利的教師就已經對兒童成長的各個階段進行了認真的研究，並利用精密儀器進行測量。例如，塞爾吉（Sergi Ferrière）在將近50年的時間裡，一直在孜孜不倦地傳播一種思想，即透過科學觀察尋求一種重建教育系統的方法。塞爾吉曾說：「今天，教育和教學方法迫切需要改革，為改革而奮鬥的人們都是在為人類的復興而戰。」塞爾吉的著作被收錄在《教育與教學》一書中，書中記錄了為推動這一運動而舉辦的講座和會議的內容。他深信，要發現人類復興之路，必須在教育人類學和實驗心理學的幫助下，對受教育者進行系統的研究：「幾年來，我一直在為這樣的想法而奮鬥。我越是認真地研究，就越是確信它對人類的教育和教學

的用處。如果我們要透過自然的方式實現這一目標，就必須對人類行為，特別是對兒童的行為進行大量精確的觀察。基於這些觀察，我們才能建立必要的教育和文化基礎。」

誠然，教育不在於測量一個人的頭腦、身高等方面的數據，但測量也確實提供了一些有用的資訊。我們只有掌握了這些資料，才能教育兒童。塞爾吉的理論使人們相信，一旦透過實驗了解了兒童的本性，教育藝術自然就會開始發展。但是通常的情況是，他的理論追隨者會感到困惑，無法區分哪些是對兒童的研究，哪些是對兒童的教育。由於前者被看作是實現後者的自然手段，教育人類學也被稱為「科學的教育」。有些教育者轉而使用新的教育方法，開始採集「個人成長資訊」，堅信一旦這一方法在一所學校確立下來，教育改革的勝利最終就會到來。因此，所謂的「科學教育學校」的教師會使用測量感官的儀器，對兒童的身心指標進行測量，並編寫案例。這樣就產生了第一批科學型的教師。

事實上，其他國家的做法也不過如此。在法國、在英國，特別是在美國，人們在小學開展教育人類學和實驗心理學研究。他們錯誤地認為，可以透過測量身心指標來對學校進行改革。後來的個體研究也出現了同樣的傾向，從馮特的心理學研究到比奈的心理測試，都存在同樣的模糊性。此外，這些調查幾乎從來不是由教師而是由醫生進行的。一般來說，這些人對研究的興趣大於對教育的興趣，他們試圖為實驗心理學和心理物理測量的發展做出貢獻，而不是將他們的做法和成果形成系統，為一個期待已久的科學教育體系建立基礎。簡而言之，人類學和心理學從未被用作教育手段，此外，教師也沒有提升到科學家的水準。

然而，教育的進步需要兩者在思想和實踐上的真正合作，這種合作將使科學家直接進入更高級的教學領域，並讓教師從他們目前較低的教育程

第一章　科學在學校的應用

度上得到成長。為了實現這一卓越的理想，羅馬成立了一所教育學院，希望將教育學從哲學系的二級分支升級為獨立的學院，就像醫學院那樣，包括廣泛的教學內容，其中就有教育人類學和實驗心理學。

儘管如此，這些科學在自身基礎上持續發展，而教育本身仍停留在古老的哲學起點上，保持原樣，絲毫未變。但是，今天的教育與其說對科學感興趣，不如說是對人類和文明感興趣。文明的唯一源頭就是外部世界。所有為如此偉大的事業做出過貢獻的人，哪怕只是一次嘗試且未取得全面的成功，也都應該受到社會的尊重。因此，我們這些人，年齡或相仿或有差距，都是在為同一個目標而努力。還有那些後來者，一定會達到我們期望的目標，因為在他們之前有人相信這一目標並為之努力過。

同樣，我們相信，把實驗室中單調而枯燥的理論搬到古老而破敗的學校中去，或許能夠讓這些理論得到重建。許多人對唯物主義和機械論的科學抱有過高的希望。正因為如此，我們走上了一條錯誤和狹隘的道路，如果我們要振興後代的教育，就必須解決這條路上的問題。

面向教師開展實驗科學方法的培訓很不容易。我們教會人們如何盡可能精確地進行身心測量後，就收穫了一批價值待定的工具。我們僅向他們展示如何開始實驗，當然不能培養出新型的教師。但更重要的是，我們引導教師跨過實驗科學的門檻，而沒有讓他們進入更深刻、更高尚的領域，而這些領域正是培養科學家的地方。

但科學家是什麼樣的呢？

科學家不僅僅是在實驗室裡操作物理儀器，或者製造各種化學反應，或者在顯微鏡下準備有機組織切片檢查的人。但是，更常見的情況是，科學家就是在實驗技術方面最熟練的助手或實驗室工作人員。我們可能將一位科學家定義為這樣一種人：在實驗過程中，他感知到某種東西，從而進

一步研究生命的深刻真理，揭開隱藏在神祕面紗後的祕密；在探索這一知識的過程中，他對自然的奧祕愛得如此強烈，以至於達到忘我的狀態。科學家不是一個可以使用不同儀器的人，而是一個想要去了解自然的人。這個有崇高信仰的人像信徒一樣，表現出被神明召喚的樣子。我們可以把科學家描述成這樣一種人：他生活在實驗室裡，對外部世界漠不關心。他的行為有時很古怪，如不注意自己的衣著，完全處於忘我的狀態。他不停地使用顯微鏡觀察，哪怕雙眼失明；他會故意感染肺結核或霍亂，因為他急於知道這些疾病是如何傳播的；他知道一種化學混合物可能具有爆炸性，但無論如何還是會發明出來。

科學家是這樣一種人。大自然向他展示自身的祕密，並以發現真理的榮耀為他加冕。因此，科學家擁有一種超越任何機械技能的「精神」。當一位科學家的精神態度超越了他的機械能力時，他就達到了這一門科學的巔峰。科學本身將因科學家的工作而豐富，科學不僅有新的自然發現，而且有新的哲學發現。

我認為，我們應該把更多的注意力放在傳授精神上，而不是傳授科學技術上，也就是說，教育的目標應該是傳授知識而不是傳授技能。因此，當教師的科學培訓被認為是某種機械技能的交流時，人們並沒有想要把一名小學教師培養成完美的人類學家、專業的實驗心理學家或者兒童衛生專家。他只是被引導到實驗科學領域，並被教導如何操作各種儀器。同樣地，我們現在必須用這樣一種「科學觀」來激勵每一名教師，儘管這種科學觀的應用只局限於一個特定的領域，即學校。

我們必須在教師的心靈中培養出一種對自然現象的普遍興趣，直到他達到熱愛自然的程度，並體會到已經做完實驗並等待新的數據結果出現的人的焦慮。科學儀器就像字母表，人們必須知道如何使用它讀懂大自然的

祕密。正如一本書，裡面包含了作者的深奧思想，但也依賴字母組成書中的每個單字，所以自然的無數奧祕，都需要透過實驗技術來揭示。如果文字足夠清晰，任何學過簡單拼寫的人，都可以用機械的拼讀方式來閱讀莎士比亞戲劇。一個人學會了實驗操作，就像一個人能拼讀兒童讀物中的文字一樣。如果我們把教師培訓局限在掌握技術上，那麼培養出來的教師都會只有初級水準。因此，我們必須使他們成為自然精神的詮釋者，就像一個人，終於有一天學會了如何透過文字元號理解莎士比亞（William Shakespeare）、歌德（Johann Wolfgang von Goethe）或但丁（Dante Alighieri）的思想一樣。很明顯，這兩種閱讀方式有很大的區別，而且兩者之間還有很長一段路要走。然而，我們犯第一種錯誤是很自然的。學過拼寫的孩子會產生一種錯覺，總以為知道如何閱讀。事實上，他會讀商店的招牌，報紙的標題或任何他看到的單字或短語。他也很容易異想天開，以為走進圖書館就能讀懂所有書籍裡的思想。但是，如果他開始讀這些書，很快就會意識到「機械式閱讀」沒有什麼用，最終會離開圖書館回到學校。新教師被簡單地教導如何進行物理測量和心理實驗時，也會發生同樣的錯誤。

我們暫且把培養公認的專家型教師的困難放在一邊，甚至不用試圖為這樣的目標制定一個計畫，因為這會使我們越走越遠。相反，透過漫長而耐心的練習，我們應該看到，我們已經培養了教師觀察自然的能力，已經將他們的能力提高到了一定水準。就像是到森林和田野裡觀察昆蟲的初級動物學家，他可能走得很累，但仍然保持警惕，最大限度地隱藏自己的行蹤，好讓他持續地、安靜地觀察昆蟲的自然活動。

讓我們想像一下，這些教師已經達到了在顯微鏡下耐心觀察動物自發活動的科學家的水準。在他看來，這些微小的生物在躲避天敵或選擇食物的方式上，似乎透露出一種模糊的意識或本能。然後，科學家用電流擾亂

了動物的平靜生活，注意到有些動物走向正極，有些動物走向負極。或者，科學家把動物暴露在強烈的光線下，看一部分動物快速趨近，而另一些則迅速逃離。科學家用這種方式研究了動物的各種反應，試圖發現生物對各種刺激的吸引或排斥的特徵與使牠避開同類或趨向食物的刺激的特徵是否相同。換句話說，科學家想知道這種運動是由某種自然本能引起的，還是由某種意識引起的，是否像磁鐵和鐵之間那樣存在某種物理吸引或排斥。我們還可以想像，這位科學家猛然發現現在已經是下午兩點，意識到自己一直在實驗室裡工作而不是在家裡，因為在家裡他會被叫去吃飯，從而打斷了他有趣的觀察和禁食狀態。

我想說的是，讓我們設想一下，一名教師除了受過的特殊訓練之外，已經達到了這樣一種境界，即對觀察自然現象有同樣的興趣，儘管程度較低。但即便如此，他的準備也不夠充分。教師注定要透過自己的特殊工作去觀察人，而不僅僅是觀察昆蟲或原生動物。而且，他要觀察的人，不是一個像昆蟲早晚忙於日常事務的人，而是一個智力正在覺醒的人。

一個人要想成為一名教師，就必須對人性感興趣，這種興趣要比動物學家或生物學家對自然的興趣更濃厚，這種興趣能夠把觀察者與被觀察者緊密地連結起來。這種連結越緊密，教師就越會感到愉悅。一個人不可能在愛上一隻昆蟲或一種化學反應的同時，不放棄自我，而這種放棄在任何冷靜的觀察者看來都是一種痛苦和犧牲，一種對生活的扭曲。

但是，一個人對另一個人的愛可以是如此地令人愉悅和簡單，不僅是特殊者，甚至是普通人都可以毫不費力地獲得這種快樂。教師具備了一定的科學精神後，會安慰自己，他們不久就會在觀察中體驗到這種快樂。

現在，我們想像一個熱心的神祕靈魂，觀察兒童的心靈的所有啟示，混合著尊重、愛和神聖的好奇心。兒童可以用自己的正確方法學習，因此

可以把這種方法帶到教室裡。

然而，即使如此，他也不會成為我們想要培養的那種新型教育家。但是，我們努力把科學家的獻身精神和神祕主義者不可言喻的狂喜傾注到一個人的心靈中去，就會擁有完美的「教師」精神。事實上，教師會從兒童身上學會教育方法，也就是說，他會從兒童身上學習如何讓自己成為一名完美的教師。

我們可以想像一位植物學家或動物學家，他精通觀察和實驗技術，他曾到野外實地考察霜黴菌，藉助顯微鏡和實驗室設備深入研究真菌培養。那麼，我們還可以想像一下，這樣一位學者被選中負責科學研究工作，對膜翅目昆蟲進行新的研究。但是，到了新的職位後，他的面前只有一個蓋著透明玻璃的盒子，盒子底部用別針固定著保存完好的蝴蝶，蝴蝶的翅膀張開著。年輕的科學家會說，這是小孩子玩的遊戲，不是科學研究的對象。確實，盒子裡的蝴蝶是兒童在公園裡，將網子綁在棍子上捉到的。但是，實驗科學家對這樣的研究對象無能為力。

如果我們把同樣一名科學家型的教師放在現在的一所學校裡，也會出現類似的情況。在學校裡，原本能夠自發地表達自我的兒童也會變得很壓抑，被固定在桌子前，就像蝴蝶標本被大頭針釘著。在學校裡，兒童應該做的是展開雙臂迎接枯燥的知識，就像蝴蝶張開翅膀以獲得虛榮心。因此，我們培養的教師單有學問是不夠的，還必須讓他為教學做好準備。我們的學校也必須允許兒童自由活動。如果要形成一種科學的教育形態，這就是必須進行的基礎型變革。

沒有人敢堅稱學校和教學中已經存在自由原則。誠然，以盧梭（Jean-Jacques Rousseau）為首的一些教師，為兒童的自由制定了一些不可思議的原則，表達了他們對自由的困惑和渴望。但是，專業教育工作者並不理解

什麼是真正的自由，他們理解的自由往往是人們在反抗奴隸制時形成的，或者在更高的層面上，是一個國家、一個階級或一種思考方式的解放。即便如此，他們理解的自由也是一種有限的自由，因為它僅僅比之前進步了一些，是整體之下的區域性解放。

啟發式教學的自由概念更為廣泛。這種自由是對生活的解放——這種生活被無數的障礙所壓抑，阻礙生活中物質和精神的和諧發展。這件事極其重要，但是到目前為止，它還沒有充分引起人們的注意！

這是一個不可被忽視的問題，而且是一個需要被清晰闡述的問題。在今天的學校裡，宣告教育的自由原則的人都很活躍，會讓我們會心一笑。我們也會對一個凝視蝴蝶標本的孩子露出同樣的微笑，他會可愛地堅持認為蝴蝶是活著的，隨時可以展翅飛翔。

有時，人們對教育自由的鎮壓就像奴隸主對奴隸的鎮壓一樣，他們牢牢掌控著學校和教育，甚至是桌椅的配備也在他們的控制之下。在這裡，我們可以看到一個早期唯物主義教育者的明顯失誤，他們努力利用零散的科學知識重修搖搖欲墜的學校圍牆，結果卻失敗了。以前，兒童沉悶地坐在桌子前，後來隨著科學的發展，越來越多的人類學研究結果被用於改善課桌條件。兒童的年齡和身高等數據都被用來確定適當的座椅高度，桌椅之間的距離也是經過精確計算的，以防兒童駝背。最後，在科學家的深入研究之下，兒童的桌子變窄，彼此分割開來，就座之後就不能左右晃動，也無法靠近鄰座。這張桌子的構造，就是為了限制兒童的活動範圍，以便教師能夠清楚地看到他。兒童之間分桌就座，潛在的理由是防止兒童在教室甚至在幼稚園裡搗亂！

在這樣一個社會裡，人們擔心單純的孩子會墮落，而認為教授性知識是可恥的，那麼我們該如何看待這種過分的謹慎呢？然而，科學透過製造

機械一樣的桌子來支持這種虛偽。這還不是全部，人們的自負情緒進一步加劇。科學也已經使課桌變得如此完美，將兒童牢牢限制在桌子前，如果人們有意這樣做的話，還會禁止兒童的所有動作。兒童的活動都被安排得井然有序，牢牢地坐在書桌前時，被迫擺出一種有益於健康的坐姿。我們發現座位、腳踏板和書桌布置得很整齊，兒童沒法站起來。但是，當座椅傾斜時，當桌面抬起時，當腳踏板抬起時，他就有足夠的空間直立。

這就是課桌設計逐漸完善的趨勢。所有支持所謂的「科學教育體系」的專家，都會支持標準的課桌設計。很多國家對自己國家的課桌設計感到驕傲，進行各種改進，並為自己贏得了專利和獎勵。

毫無疑問，許多科學研究的結果對課桌設計做出過貢獻。人類學研究中會測量兒童生理數據及不同年齡階段的特徵，生理學描述了兒童肌肉運動原理，心理學闡述了兒童的早熟行為和反常行為。重要的還有，兒童衛生學能夠防止脊椎發育異常。因此，人類學研究提供的數據是兒童課桌設計的科學依據，是科學知識在學校中實際應用的例子。

但是，不久之後，在每一個對兒童福祉感興趣的國家，這種態度都會有所改變。20世紀剛開始的10年裡，兒童衛生、人類學和社會學取得了如此巨大的進步，但卻沒能揭露課桌設計的基本錯誤，這樣的結果似乎很令人費解。用不了多久，人們就會驚奇地用手摸著這些規範的課桌，或看著課桌的照片，解讀其構造，感到難以置信。

課桌設計的目的是防止學生的脊椎彎曲！然而，兒童即使出生時很健康，在發育過程中脊柱也會出現彎曲，也有可能變成駝背！生物學上，脊柱是人體骨骼中最原始和最基本的組成部分，是生物體的主要支柱！人類在荒漠、草原中與獅子搏鬥、獵殺猛獁象、採石、煉鐵並擴大他們對地球的統治時，脊柱頑強地忍受激烈的衝擊。然而，現在，這根脊柱卻無法挺

直,只能在學校的枷鎖下產生扭曲!

　　令人費解的是,「科學」在學校裡成為奴役學生的工具,絲毫沒有受到建立自由社會的思想的啟發。大家都明確地知道社會改革的方向。食不果腹的工人不會要求別人供給他們食物,而是透過自食其力來改善他的經濟狀況。礦工每天必須俯臥工作好幾個小時,很容易拉傷自己,但他不要求使用支架。相反,他期待更短的工作時間和更好的工作條件,這樣他就可以像其他人一樣過著普通健康的生活。在社會發生改革的同時,兒童的教室環境卻如此惡劣,而且與他們的正常發育需求相違背,以至於兒童的脊柱發育出了問題,我們在骨外科找到了應對這一慘狀的答案。

　　前些時候,有位女士滿以為我會贊成學校裡的所有這些科學創新,發明了一個輔助桌子的支架,並諮詢我的看法。事實上,醫生們有各式各樣的方法來治療脊柱彎曲:矯形器械、支架和牽引,定期牽引頭部或肩膀,利用身體的重量拉伸和拉直脊柱。現在,有人建議使用這種支架,不久就會有人建議對兒童進行牽引。

　　這些都是科學方法在腐朽的教育體系中應用的結果,人類學和實驗心理學在當代學校中的應用也是如此。預防兒童脊柱側彎的合理方法是改變他們的課程安排,這樣他們就不會每天被迫在不利於健康的位置上待幾個小時。學校裡需要更多的自由,而不是像桌子這樣的裝置。即便這樣一張桌子真的有利於矯正兒童的體態,它也仍然會成為健康環境裡的障礙,因為打掃房間時很難移動它。今天,家具有了新的設計趨勢,變得更簡單輕便。即使不是每天都要清掃,家具也變得容易移動和除塵。但學校仍然對正在發生的變革視而不見。

　　兒童注定要在這種人為的、惡劣的條件下生長,以至於骨骼畸形。我們必須反思這會對兒童的精神產生什麼樣的影響。當我們談到拯救工人

時，我們知道，在貧血、疝氣等常見的疾病之外，還有一種更為嚴重的創傷，折磨著已淪為奴隸的人的靈魂。我們提倡勞動者需要重獲自由，目的就是減輕這種痛苦。我們非常清楚，一個人貧血或身體功能系統紊亂時，他的思想就會變得黑暗和麻木。墮落的道德像一根重物掛在脖子上，始終是人類進步的主要障礙。這樣的話，人們的心靈比身體更需要救贖。我們應該如何看待兒童的教育呢？

我們非常了解這種令人遺憾的景象。在教室裡，一名忙碌的教師正忙著把知識灌輸給他所教的學生。為了成功地完成教學任務，他即使使用武力手段也必須要讓學生一動不動地專心聽講，慷慨地使用獎賞和懲罰，以便使困於教室的學生保持適當的學習狀態。

但是，坦率地說，獎賞和懲罰是架在心靈上的一張書桌，是奴役學生心靈的一種手段，更適於刺激學生產生某種行為，卻不能預防畸形的發生。事實上，獎賞和懲罰是用來迫使學生遵守世界的規則而不是自然的規則，這些規則實際上總是由擁有無限權力的成人制定的。

很多時候，教師向兒童發號施令，期望他服從，是因為教師太強大、兒童太弱小。成人不應以這種方式行事，而應向兒童展示自己是一位慈愛而開明的嚮導，幫助他走上通往幸福的道路。凡施展才能的，可以得尊崇；凡有才能的，無論才能有多少，都可以得賞賜。

在學校裡，所有「友好」的比賽最終只能提供一個獎品，這會讓參賽者產生驕傲、嫉妒和競爭，而不是體驗到努力、謙遜和愛的激勵。總有一天，兒童會問自己，在學校裡獲得的獎品是不是通往幸福的障礙？或者沒有拿到名次而受到羞辱性的懲罰，會不會讓他無法成為那些渴望正義的人中的一員？

誠然，社會生活中的獎懲與精神生活中的獎懲不同，而成人則很快就

會意識到，他們要確保兒童很快地適應並傳承這個世界的習俗。成人利用獎懲手段使兒童順從他們的意志。但是，如果我們仔細觀察一下這個社會，就會發現這一現象正在逐漸改善，一種由思想和理性支配的生活逐漸浮現。從奴隸到僕人再到工人，他們身上的枷鎖都正在消失，奴隸制也呈現消失的趨勢。人類進步的歷程是一系列的征服和解放的結果，任何失敗都會帶來倒退。

在某些方面，學校與政府機構類似。政府各部門的員工正忙著爭取一些長遠的巨大利益，成果並不是立刻可見的。國家正是透過他們開展偉大的事業，為人民謀福祉。但是，他們自身幾乎沒有意識到這項工作的重要性。這些公務員當前的興趣是升遷，就像學生急於在學年結束時獲得高分一樣。失去遠大目標的員工，就像一個墮落的孩子或被欺騙的奴隸，已經將身為一個人的內在尊嚴降低到了機器的水準。機器要正常運轉，只需上油就好了，除此之外也沒什麼重要的原則。一個人在枯燥無趣的工作中，總是在被什麼催促著，比如渴望得到認可。他的熱情還會被無法升遷的恐懼打消，讓工作成為艱苦而單調的勞動，同樣的恐懼還會讓一個學生只會埋頭苦讀書。上級的怒罵與教師的喝斥類似，而更正員工工作文件上的錯誤就像批改學生寫得不好的作業一樣。

如果政府的政策與國家的宏圖不相稱，如果政策很容易導致腐敗，那是因為執行者的心態吞沒了執政者的宏大志向，讓他們的視野被限制在雞毛蒜皮的小事和獎懲上。因此，權力和偏袒對這些公務員產生了如此大的影響，出現這樣的結果也就不足為奇了。

然而，一個國家能夠生存下來，是因為大多數公務員的正直足以抵制獎懲帶來的腐敗的影響。誠信在某種程度上占據上風，就像社會本身會戰勝各種形式的貧困和死亡，走向新的勝利一樣；而且，一個國家追求不斷

的勝利，克服一切障礙，就像追求自由是本能一樣。這種偉大的動力，往往蘊藏在聰明的頭腦之中，推動世界不斷進步。

沒有人完成過真正偉大或成功的事情，只是因為他被我們所說的「獎賞」吸引或被我們所說的「懲罰」嚇退。當一支偉大的軍隊為了晉升、獎章或勛章而發動戰爭，當軍隊失去了英雄主義精神，獎賞和懲罰只能導致它腐敗，並帶來毀滅。

我們說的獎懲，並沒有忽視其基本的、基於人性本身的教育意義。只是為了制止它們的濫用和墮落，避免它們成為目的，而讓它們成為手段。事實上，常識告訴我們，獎懲是一種實用的手段，尤其是在人們被熱情沖昏頭腦時，它們會告訴我們一件事情是好是壞，是值得讚揚還是應該受到譴責的。因此，在某種意義上，獎懲的意義與事情本身的性質是分不開的，正如結果與原因是分不開的。因為道德上的美好或邪惡都來自人類的行為。

人類發展的每一次勝利和進步都來自某種內在的衝動。年輕的學生，如果是出於對職業興趣，他或許可以成為一名偉大的教師或醫生。但是，如果他的動機僅僅是希望留下一筆財產、一段美滿的婚姻或其他一些外在的優勢，那麼，他永遠不會成為一名真正的教師或醫生，也不會透過工作對世界做出貢獻。如果年輕人必須受到學校或家庭的懲罰或獎勵才能學習並獲得學位，那麼他最好也不要這樣做。每個人都有一種獨特的愛好，都有感興趣的事情，或許沒有那麼偉大，但肯定有價值。獎勵會讓人偏離本性，使人失去真正的興趣。

我們一再重申，世界正在進步，人們也必須敦促自己不斷進步。但是，真正的進步在於發現隱藏的東西。通常，人們發現的可能只是需要改進或完善的東西，發現一些不可預見的東西是不會有回報的。事實上，一

個人如果試圖將這些發現公之於眾，往往會受到傷害。如果寫詩只是為了獲得國家獎，那麼這項工作將會是一場災難。這樣的情況下，詩人的幻想最好還是藏在心裡，詩意的繆斯女神最好消失不見。詩人不再思考獎賞或是只想著自己時，詩就會從他的腦海中流淌出來；即使他贏得了獎賞，也不該驕傲。但也有人配得上外在獎賞。例如，演說家看到聽眾臉上洋溢著激動的神情時，會感到一陣激動，而這種激動可以與發現自己被愛時的狂喜相提並論。只有在觸動和征服他人的心靈時，我們享受的獎賞才值得為之付出努力。

我們也會經歷一些歡樂時刻，以便可以繼續度過平庸的生活。這種快樂可能是我們墜入愛河、孕育新的生命、出版新書，也可能是取得了重大發現。我們自欺欺人地以為自己是世界上最幸福的人。然而，如果在那一刻，權威人士或教師等人，走上前來給我們頒發獎章或獎品，沒有人能剝奪屬於我們的真正的獎賞。幻想破滅時，我們會大喊：「你是誰？提醒我我不是至高無上的，還有一個在我之上的人給我獎賞？」

就懲罰而言，我們並不是要否定其社會功能和個人效能，而只是要否定其道德價值和普遍性。懲罰最常用於罪犯身上，但罪犯人數相對較少，社會進步並不依賴於他們。刑法規定，如果我們在法律規定的範圍內不誠實，就會受到懲罰。但是，我們不誠實是因為我們害怕法律，我們不會偷盜和殺人，是因為在我們的認知中，這種行為本質上是邪惡的。法律的懲罰只是使我們更加敏銳地意識到這一點，但生活的基調應該是使我們遠離作惡的可能性。

即使不是從心理學的角度來研究這個問題，我們仍然可以說，違法者在他違反法律之前，就已經意識到法律的存在和可能的懲罰了。換言之，他感受到刑法的壓力卻依舊知法犯法，或者他以為自己可以逃避懲罰而禁

不住犯法。然而，他在自己的頭腦中經歷了犯罪與懲罰之間的掙扎。無論刑法是否能有效地達到阻止犯罪的目的，它無疑是為極為有限的一類人而制定的。絕大多數公民是誠實的，即便他們不了解刑法的制裁細則。

對一個正常人的真正懲罰，是讓他失去對自己力量和偉大的意識。這樣的懲罰常常落在那些享有大量所謂的「獎賞」的人身上。但不幸的是，人們往往沒有意識到真正的懲罰可能會壓垮他們。

在這裡，教育能發揮很大的助力作用。但是，我們反而讓兒童待在學校裡，禁止他們接觸有害身心的東西、物質上的獎勵和懲罰。為什麼呢？是為了讓他們保持安靜。但這將把他們引向何方？不幸的是，沒有任何方向！他們的教育是機械地把教學大綱的內容灌輸進他們的頭腦，而教學大綱往往是由教育部門制定並由法律強制執行的。

我們竟然忘記了自己的生命與子孫後代的生命是相通的。我們應該為此羞愧地低下頭，搗住臉！的確，我們今天迫切需要改革教學和教育的方法，而致力於改革的人正在為人類的復興而奮鬥。

第二章
教育方法發展史

第二章　教育方法發展史

　　如果我們希望發展出一種科學的教育體系，我們就必須走一條不同於以往的道路。我們必須同時培訓教師和改造學校。如果我們要對教師進行觀察和實驗方面的培訓，他們就有必要在學校裡展開這些活動。

　　因此，科學教育的基本要求是，必須有一所允許孩子自由發展天性的學校。如果一種教育體系要從對個別學生的研究中產生，那麼我們要發展的教育體系也必須如此，即從觀察和研究那些沒有被壓抑自由的兒童中產生。如果人們認為一種新型的教育體系的產生，僅僅是在人類學和實驗心理學的幫助下對在校兒童進行研究，那就是一種很愚蠢的觀念。

　　實驗科學的每一個分支都是利用獨特的方法發展起來的。細菌學是從微生物的分離和培養中發展起來的。犯罪學、醫學和教育學起源於人體測量方法在不同階層的人們身上的應用，如罪犯、精神病患者、病人和學生。實驗心理學需要以準確描述實驗方法為起點。

　　一般來說，研究中最重要的是確定實驗的方法和技術，在具體實踐之後，等待實驗的結果。我們必須對其最終結果沒有任何先入之見。例如，如果我們想要用科學的方式研究兒童智力與顱骨發育的關係，就不能將被測量學生的智力考慮在內。我們必須有這樣的預想，這樣我們的研究結果才不會因先入之見而偏頗──越聰明的孩子，他們的頭腦就越發達。

　　人們在做實驗時，必須暫時擺脫所有的偏見，即使那些偏見可能是自身特定文化和背景的產物。因此，如果我們要進行教育實驗，就不能求助於同類的科學。我們必須解放思想，才能不受阻礙地繼續探尋那些完全屬於教學的真理。而且，我們不應該從任何兒童心理學的固有觀念出發，而應制定一個賦予兒童自由的計畫，這樣就可以透過觀察兒童的自發反應推斷出真正科學的兒童心理學。這樣一個計畫可能會為我們帶來巨大的驚喜。

我們的問題在於建立實驗教育特有的方法，而這種方法不可能被用於其他實驗科學。如果科學教育在一定程度上與衛生學、人類學和心理學有關，並且在一定程度上採用了這三者所使用的技術方法，那麼它們的實際應用僅限於對受教育的個體的研究。這些科學的方法與教育的方法類似，但又不大相同，因此在教學本身中只能產生次要作用。這項特別的研究涉及實驗性教學中所使用的方法，是我在中小學校工作經驗的總結。

事實上，我現在只是在介紹一種新的教育體系。我曾在3至6歲兒童身上使用過這種方法，但我相信，與他們一起取得的令人驚訝的成果將激勵他們沿著學習的道路繼續前進。我們的教育體系已經取得很大成功，形成了一個有機的整體，可以在幼兒學校或一年級學生中獲得有益的應用，但它還不夠完善。

這種方法現已經在各所學校得到推廣，在小學課堂上廣泛試用。這在《蒙特梭利小學教育法》（*The Montessori Elementary Material*）中有描述。最近，它的適用年齡範圍已經擴展為出生到成年的全過程，很多中學遵循了蒙特梭利教學法，並得到了大眾的認可。

我們目前的工作是兩年工作經驗的結果，這樣的說法可能不太準確。我不相信透過短期的努力，就能發現我將要描述的一切。「兒童之家」使用的教育系統實際上有更為遙遠的起源。我與正常兒童打交道的經歷相當短暫，但是這些經驗是基於之前對異常兒童的教學經歷，這說明我有相當長的一段時間思考這一問題。

大約10年前，我還在羅馬大學精神科診所擔任助理講師，有機會去參觀精神病院，研究那些被選為教學對象的臨床病人。在那裡，我對住在同一家精神病院的智力缺陷兒童產生了研究興趣。那時，醫生熱衷於對甲狀腺的治療，同時也就對智力缺陷兒童產生了研究興趣。實習醫生的工作

結束後，我開始把注意力轉向了兒童疾病的研究。

正是出於對智力缺陷兒童的關心，我才熟悉了愛德華・塞金（Edouard Seguin）的特殊教育方法。我開始對教育和治療兒童異常疾病感興趣，如耳聾、癱瘓、智能障礙、佝僂病等，這在當時也是醫生們關注的焦點。思考這些問題帶來的實際結果是，人們深信教育必須與醫療相互結合，並特別強調使用物理療法。

我與同事們的不同之處在於，我本能地認為智力缺陷更多是教育問題，而不是醫學問題。在各種會議上，人們都強調使用醫學——教育方法治療和教育智力缺陷兒童。西元 1898 年，我在杜林舉行的教育大會上，提出了道德教育問題。我必須在聽眾中引起共鳴，因為這個想法將由醫生傳遞給小學教師，像星星之火一樣點燃廣泛的火焰。

我的老師圭多・巴切利（Guido Bacelli）是當時的教育部長，他讓我為羅馬的教師舉辦一系列智力缺陷兒童教育主題的講座。這些講座催生了一個官方機構，為智力缺陷兒童培訓教師，我在那裡擔任了兩年多的指導教師。除了這個機構之外，還有一個專為校外學生開設的班級。這些學生由於智力缺陷，被判定為無法正常接受教育。後來，在一個慈善組織的幫助下，我們成立了一個教育機構，除了外校生之外，還把一直住在羅馬精神病院裡的智力缺陷兒童都集中到了這裡。

在同事們的幫助下，我花了兩年時間，讓羅馬的教師們掌握一種觀察和教育智力缺陷兒童的特殊方法。但這還不是全部。更重要的是，我去了倫敦和巴黎，學習智力缺陷兒童的教育方法，承擔起教育兒童和指導學院其他教師的工作。那時，我還是一名小學教師。從早上 8 點到晚上 7 點，我一直和孩子們待在一起，不間斷地教育他們。這兩年給了我第一個也是唯一一個真正的教師頭銜。

西元 1898 年到 1900 年，我開始研究智力缺陷兒童時，我就覺得我採用的方法不僅對智力缺陷兒童有幫助，而且其中包含的教育理念比當時普遍使用的教育理念更為合理，特別是它能夠幫助低智力兒童的智力發展。我離開智力缺陷兒童學校後，這個想法就在我的腦海裡根深蒂固。漸漸地，我開始相信，把此類方法應用到正常兒童身上，會使他們的個性得到驚人的發展。

　　就在那時，我對所謂的「矯正教育」進行了深入的研究，並決定研究正常兒童的教育及其所依據的教育原則。因此，我在羅馬大學攻讀哲學。我被一種深深的信念激勵著，雖然我不知道這一信念的合理性是否能得到驗證，但為了加深這一信念，我放棄了所有其他的工作，幾乎是在為一個完全未知的任務做準備。

　　教育智力缺陷兒童所用的方法，起源於法國大革命時期的一位醫生伊塔爾（Jean Marc Gaspard Itard）的研究，他的著作在醫學史上占有一席之地。因為他是當今「耳科」醫學分支的創始人，該分支主要研究耳部疾病。他也是第一個嘗試對聽力進行系統矯治的人。他在巴黎的聾啞人研究所工作，成功地讓部分失聰的人恢復了聽力。其間，他曾花 8 年時間治療一個被稱為「阿韋龍野人」（Victor of Aveyron）的智能不足的男孩，並將聽力治療的方法成功地擴展應用到所有感官。

　　伊塔爾曾經是皮內爾（Philippe Pinel）的學生，他是第一位觀察學生的教師，觀察方式與醫院觀察病人特別是患有神經混亂的病人的方式相同。伊塔爾的教育作品之所以有趣，是因為他對自己的教育實踐和經歷做了詳盡的描述。今天讀到這些資料的人也必須承認，這是實驗教學的第一次嘗試。

　　事實上，伊塔爾從科學研究中總結出一系列的練習方法，這些練習會

透過糾正一個人的內在缺陷來改變他的個性。他成功地教會半聾啞兒童聽和說，否則他們就會一直是聾啞人，永遠處於非正常的狀態。這確實與實驗心理學對個人進行測試的簡單研究不同。後者僅提供了個人身心狀態的真實資訊，既不會改變心理，也不會對教育方法產生影響。而伊塔爾使用的科學技術成為一種教學手段，教育方法也發生了變化。因此，伊塔爾可以說是科學教育的奠基人。這個頭銜並不屬於馮特或比奈，他們是生理心理學的創始人，而生理心理學僅僅是發現了學校已有的實踐應用。

這是一個值得澄清的基本問題。在瑞士，裴斯泰洛齊（Johann Heinrich Pestalozzi）成為新的有效教育體系的創始人。大約 50 年後，費希納（Gustav Theodor Fechner）和馮特在德國創立了實驗心理學。但是，這兩種趨勢逐漸發展成為不同的學校類型。原有的教學體制持續發展下去，同時學生也會接受心理測驗。然而，這些發展對教育沒有產生任何影響。相反，伊塔稍早時候進行的實驗是科學教育的真正開端，這種教育能夠改變教育方法，也能夠改變學生本身。但是，由於它起源於對缺陷兒童的治療，教育界並沒有給予其足夠的重視。

愛德華・塞金完善了缺陷兒童的教育制度，真正享有創始人的殊榮。他起初是教師，後來成了醫生。他以伊塔爾的經驗為出發點，在巴黎皮加爾街的一所小學校裡，用 10 年的時間，對收容所兒童的治療方法進行修改和完善。西元 1846 年，他在巴黎出版了一本 600 多頁的書，書名為《痴呆的精神治療、保健與教育》（*Moral Treatment, Hygiene and Education of Idiots and Other Backward Children*），首次闡述了他的教育方法。

後來，塞金移民到美國，在那裡為智力缺陷兒童建立了許多教育機構。經過 20 多年的實踐，他出版了第二版著作，書名為《痴呆及其生理治療方法》（*Idiocy: And Its Treatment by the Physiological Method*）。這本書

於西元1866年在紐約出版，塞金在書中明確定義了所謂的教育的「生理學方法」。他不再提及以前用過的「痴呆兒童的教育」，好像這是一種特殊教育，但現在他談到用「生理學方法」治療痴呆。教育始終以心理學為基礎，以及馮特提出的「生理心理學」這一假設，如果我們思考一下這幾個概念，就一定會被它們的相似性震撼；我們必然意識到，生理學方法與生理心理學之間有某種連繫。

我在精神病診所當助手時，饒有興趣地讀了愛德華‧塞金的法語著作。但是，我在任何圖書館都找不到20年後他在紐約出版的英文版本。令我驚訝的是，我甚至在巴黎都找不到這本書。布林奈維爾認為這本書闡述了一個特殊的教育問題，他知道這本書出版過，但從未流傳到歐洲。儘管如此，我還是希望能在倫敦找到一本。然而，我不得不承認，不論是在公共圖書館還是在私人圖書館，都沒有找到這本書。我只好挨家挨戶地走訪許多英國醫生，他們都以治療殘疾兒童或為殘疾兒童創辦特殊學校而聞名，但是依舊徒勞無功。儘管這本書是用英語出版的，但甚至在英國都不為人知，這使我相信塞金的教育體系沒有被人理解。

事實上，在智力缺陷兒童教育有關機構的出版品中，塞金的理論經常被引用，但這些出版品中描述的教育理念與塞金的理念完全不同。幾乎在任何地方，對正常兒童使用的方法都被用於指導那些有缺陷的兒童，德國尤其如此。一位德國朋友曾在德國幫我開展研究，他注意到那裡有專門的教具，但很少被人使用，通常保存在有關智力缺陷教育的博物館裡。德國人始終堅持這樣的原則，即將正常兒童使用的方法運用在智力缺陷兒童身上是很好的做法。但我們必須承認，這種方法在德國比在我們這裡得到了更客觀的對待。

我在法國比塞特學習了相當長的一段時間。那裡的教師可以看懂塞金

的法語著作，但是我看到塞金的儀器相比於理論系統得到了更多的利用。那裡的教學完全是機械的，所有的教師都嚴格遵守規則。然而，我注意到不論在倫敦還是巴黎，人們都渴望從塞金那裡獲得新的建議和經驗，因為塞金聲稱他的教育方法在教育智力缺陷兒童方面是有效的，但這種渴望實際上從未得到實現。

　　失敗的原因也很容易理解。因為每個人都深信，智力缺陷兒童低人一等，難以像正常兒童一樣接受教育。他們沒有意識到一種新的教育制度已經出現，更沒有意識到它可以帶領缺陷的兒童進步到更高的水準。他們甚至沒有意識到，一種教育方法既能培養有缺陷兒童，也能培養正常兒童。

　　在之後的兩年時間裡，我在羅馬繼續進行智力缺陷兒童的教育實驗。我按照塞金在書中的建議去做，也發現伊塔爾那些令人欽佩的實驗是名副其實的寶藏。除了這些作者的引領，我有豐富的教具儲備，其他任何機構都沒有過如此完備的教具。事實證明，如果我們知道如何使用這些教具，最終就會有卓越的發展。但是，即使這些教具是為缺陷兒童準備的，他們也會對這些教具視而不見。現在，我明白了為什麼教師們變得灰心喪氣，放棄使用這一方法。他們堅持把自己放在受教育者的立場上，因而產生了偏見，陷入一種冷漠中。他們知道這些兒童天資愚鈍，教育他們也不會產生成就感。同樣的事情也發生在幼兒教師身上，他們認為必須透過玩遊戲和說傻話，讓自己和兒童處於同一水準，才能達到教育的效果。

　　相反，我們必須知道如何喚醒沉睡兒童內心深處中的意識。我本能地認為，喚醒兒童不是憑藉教具而是我的聲音，鼓勵他們使用教具自學。這一過程中，我十分關心兒童的不幸，也十分關心周圍的人對他們的關愛。塞金早些時候也得出了大致相同的結論。在閱讀他的著作時，我意識到他的主要教學手段是精神上的。事實上，在那本法語著作的結尾處，他把他

的研究結果做了一個列表，然後得出一個令人悲哀的結論：如果教師沒有做好充分的準備，一切研究都不會有結果。他對智力缺陷兒童的教師培訓有獨到的見解，提出了藝術性的建議。他希望教師們形象光鮮，聲音悅耳，如同偉大的演員登臺表演前研究行為和語調，讓自己變得更有吸引力。因為教師們必須想方設法收服兒童脆弱和疲倦的心靈，讓他們滿懷生活中的偉大情感。

這種對兒童精神的影響是一把祕密的鑰匙，開啟了一系列教學實驗。愛德華・塞金對這些實驗進行了深入的分析，證實它對智力缺陷兒童的教學是最有效的。我從他們那裡看到了令人驚訝的結果，但我必須承認，雖然我的努力在學生的智力進步方面取得了顯著成果，但奇怪的是，我自己卻感到筋疲力盡。我覺得自己好像失去了一些內心的力量，鼓勵、安慰、愛和尊重其實都在消耗一個人的心靈。人們在這方面的付出越慷慨，就越能鼓舞周圍的人重新振作起來。如果沒有這種內在的努力，最完美的外部刺激也會被忽視。

我不該在這裡描述自己當時完成的實驗。我只會注意到，在那個時候，我嘗試了一種獨創的方法教兒童如何讀和寫。這些都是兒童教育中的基本要素，在伊塔和塞金的作品中都沒有得到很好的處理。我成功地教會收容所裡的一些有缺陷的兒童如何讀和寫，學習效果好到可以參加在公立普通兒童學校進行的考試，而且還真的順利通過了。

這些結果如此不同尋常，以至於對那些看到它們的人來說幾乎是奇蹟。然而，我個人的看法是，孤兒院的兒童之所以能與正常兒童競爭，僅僅是因為他們接受了不同的教育。這些兒童的心理發展得到了鼓勵，而正常兒童的心理發展則受到了抑制。我一直在想，如果有一天，這種對智力缺陷兒童特別有效的教育能應用到正常兒童身上，這種奇蹟般的效果可能

就不會出現，因為這兩種心理狀態之間的巨大差異是無法彌補的。儘管人們很推崇我在智力缺陷兒童教育方面取得的進展，而我卻在試圖尋找導致普通學校裡健康兒童狀態低迷的原因，他們在智力測試中的表現竟然與我教的智力缺陷兒童處於同一水準。

裴斯泰洛齊對教育的主要貢獻是，教師必須接受特殊的培訓，不僅有智力方面的，還有觸及心靈層面的。他認為，教育的基礎是「靈魂的接觸」，教師必須「尊重和同情」所教的對象。儘管如此，這只是喚醒兒童心靈的第一步，兒童必須找到通向自身發展的方法。

兒童教育的第二個要素是科學教育的貢獻。作為自身經驗的總結，我們會說，教師是兒童和他所處的教育環境之間的「催化劑」，而且兒童可能會感到不安、睏倦或壓抑。兒童與教育環境之間要建立起連線，往往要等到他從之前的壓抑和有害的影響中解脫出來之後。在這種情況下，教師在教給兒童如何發展自我的方法之前，必須設法治癒兒童或如我們所說的「使其正常化」。很多教師沒有成功做到這一點，而且往往會獲得令人極度失望的結果。他們剛開始教學時，覺得兒童看似很健康，而忽略了兒童需要重新適應這一事實。

這也是塞金的教育方法被擱置的另一個原因，因為它需要教師付出極大的努力，而成效往往微乎其微，兩者之間的差異顯然很不合理。再加上，每個人都還在重複同樣的話：「對於正常兒童的教育來說，我們要做的事情還有很多。」

我在工作中應用塞金的教育方法，激發了我對這一理論的信心。在放棄智力缺陷兒童的直接研究之後，我開始致力於研究他和伊塔爾的著作，覺得有必要對他們的作品進行深入的思考。因此，我做了一件之前沒有人做，也許很少有人願意重複做的事情。我把這兩位作者的作品翻譯成義大

利語,並從頭到尾抄寫下來,這樣就有時間斟酌每句話的含義,揣摩作者的思想。我剛把塞金那本 600 頁的法語書抄完,就收到了紐約寄來的西元 1866 年出版的英文第二版。這本書是在紐約一位醫生的私人藏書的廢棄書籍中發現的,很快就轉交給了寄給我的人。在一位英國女士的幫助下,我翻譯了全書。雖然這本書沒有對塞金的教學經驗做出補充,但的確更清楚地闡述了他在第一版中描述的工作背後的哲學。這位對智力缺陷兒童進行了 30 年研究的教師提出了這樣一種觀點,即對正常兒童使用智力缺陷兒童的教育方法將會對人們的教育現狀帶來革新。正如我們指出的那樣,這種教育方法的基礎是對個別兒童的研究和對其教育過程中出現的生理和心理現象的分析。在我看來,塞金的理念就像先驅在荒野上發出的呼喚,它可能會為學校和整個教育理念帶來變革,我被這項工作的重要性深深打動。

那時,我已經被大學錄取,攻讀哲學專業。我正在學習實驗心理學的課程,這些課程最近才被引進到杜林、那不勒斯和羅馬的大學。同時,我還在小學進行一些教育人類學的研究,並利用這個機會研究正常兒童的教育方法。後來,這些研究支持我在羅馬大學教授教育人類學。

這些經歷就是我為以後的研究所做的準備。我已經熟悉了當時的科學問題,對治療精神疾病的醫學特別感興趣。我意識到,科學的教育不是建立在對受教育者的研究和測量的基礎上,而是建立在某種可以改變他們的持續治療的基礎上。但是,其他人卻沒有意識到這一點。

伊塔爾在教育中採用科學實驗的方法,但他測量孩子的聽力只是為了讓那些部分失聰的人逐漸恢復聽覺。在「阿韋龍野人」的案例中,他使用的方法與後來實驗心理學創始人所設計的方法非常類似。以往,人們會認為這樣的孩子智力低下,又聾又啞。伊塔爾的做法成功地使一個看似脫離

社會的人重新回歸社會生活。事實上,伊塔爾在這個不幸的孩子身上的做法非常成功,讓他學會如何傾聽和理解別人說的話,學會如何閱讀。同樣地,塞金使用的分析方法與費希納的方法也有相似之處,但應用更加廣泛。塞金的方法不僅研究了巴黎精神病院的數百名智力缺陷兒童的現狀,而且讓這些兒童能夠進行一定的任務並能接受智力和藝術教育。

對我自己而言,透過簡單的個體研究,使用科學儀器和智力測試,已經讓被普通學校排除在外的智力缺陷兒童可以和正常兒童競爭。他們已經發生了如此大的變化,以至於他們受到社會中聰明的、受過教育群體的質疑。因此,科學教育是一種即使以科學為基礎,也能改變和完善個人的教育。科學教育是以客觀研究為基礎的,應該也能夠改造正常兒童。但是我們該怎麼做呢?我們要做的是讓正常兒童的水準提升到正常以上,讓他們變得更好。教育學的目標不但是「觀察」兒童,而且是「改造」兒童。

因此,我得出的結論是:我們不僅要觀察,而且還要改造我們的教育對象。觀察過程中產生了新的心理學理論,但它並沒有讓學校或學生發生改變。心理學雖然補充了一些新的知識,但由於沒有改變教育方法,學校還是保持了原來的狀態。如果我們要按照科學的思考方式採用新的教育方法,就應該徹底改變學校及其教育,從而產生一種新的教育形式。

我們對智力缺陷兒童進行科學教育的關鍵是,普通教育方法在智力缺陷兒童的身上沒有效果,他們不能執行教師的指令。因此,我們必須使用不同的教育方法來適應不同兒童的能力水準。這種類型的教育實驗研究,試圖發現每個兒童的潛力,為喚醒他的潛力提供途徑和動機。這樣,兒童就會在此基礎上繼續使用和挖掘我們提供的方法,透過適當的練習協調自身的發展。教師第一次面對聽力障礙或智力缺陷的兒童時,就像面對一個新生兒一樣無助。只有實驗科學才能為不幸的人們指明一種新的教育方向。

我想嘗試一下塞金在 6 歲兒童身上成功運用的各種方法。那時，兒童第一次走進學校，沒有接受過任何訓練和教育。但是，由於習慣和偏見的束縛，我從未想過要把這些方法應用到學齡前兒童身上。後來，我們的嘗試也純屬偶然。然而，在學齡前兒童身上使用為智力缺陷兒童使用的教育方法，似乎是合乎邏輯的。人們普遍認為，幼兒的心智還沒有達到足夠的成熟，無法接受正常的指導或教育。

如果考慮到年齡不同，我們就不可能將智力缺陷兒童與正常兒童進行比較。雖然智力缺陷兒童的智力程度看似接近比他們小幾歲的正常兒童，但是發育異常的兒童與發育時間不足的兒童即幼童之間無法相比。儘管這樣的比較沒有考慮到兩個群體本質上的差異，但也不是完全沒有邏輯的。

幼童的肌肉運動還沒有獲得明確的協調性。他們走路不穩，不能完成生活中的日常動作，如穿襪子、扣釦子、綁鞋帶、戴手套等。他們的感覺器官還沒有完全發育成熟，如雙眼的聚焦功能還不完善。他們的語言很原始，表現出明顯的缺陷。他們的注意力難以集中、情緒反覆無常等，都是這一階段的年齡特徵。

嬰兒心理學的研究中，布洛卡（Paul Broca）對語言的病理缺陷和兒童發展過程中的正常缺陷進行了大量的比對。智力缺陷兒童的心理訓練中被證明有效的方法，對所有兒童都有一定的幫助，從而為所有正常兒童提供一種有效的指導方法。

人們身上許多永久性的缺陷，如語言缺陷，都是在兒童時期形成的。在他們生命中最重要的時期，也就是 3 至 6 歲時，我們卻忽視了對他們的照顧，而這個時期正是他們主要身心功能形成和穩定的重要時期。但是，在智力和性格塑造時期，透過科學的教育方法促進兒童的發展，這樣的想法很偉大，但是並沒有引起我的興趣。人們也普遍對這種「心理發現」感

興趣，但是對科學教育方法毫無興趣。

很多科學發現都有偶然性，如電流的發現。事實上，機會是一種特殊的境遇，幾乎總是會帶來靈感的火花。這樣一種特殊的境遇，提示人們發現新事物，喚醒人們的直覺和興趣，為科學的進步開闢一條嶄新的道路。

我自己的研究經歷也充滿了偶然性的樂趣，除了帶來研究慣性和偏見之外，還提供了一種特殊的境遇，促使我發現新的兒童教育方法，發現如何將社會生活和情感完美統一起來。

正常兒童科學教育的發展過程

1906年年底，我在米蘭被選為科學教育和實驗心理學國際展覽會的評審委員，應羅馬優秀建築協會總幹事之邀，在該協會管轄的公寓裡成立幼兒學校。他有一個偉大的想法，就是改造擠滿了難民和不幸的人的落後建築，如羅馬的聖洛倫索。那裡生活了3萬多人，有失業的勞工、乞丐、妓女和剛從監獄釋放的罪犯，他們擁擠且混亂地生活在一起。經濟危機讓該地區所有的建築活動中斷，那些人就住進了尚未完工的房子裡。

工程師塔拉莫提出一個大膽的想法，他想買下這些尚未完工的建築，然後逐步完善，使它們適合人們居住。他還有另外一項令人欽佩的計畫，即把所有學齡前兒童（3至6歲）都聚集在一個類似「家庭學校」的地方。

建築協會在羅馬有超過400個場地，每座公寓建一所學校的專案才有了發展的可能。在聖洛倫索地區，協會管轄58棟建築，理事們想在這些公寓裡創辦16所學校。

1907年1月，第一所學校在一座大型公寓裡建成。這所特殊的學校被

命名為「兒童之家」，於 1907 年 1 月 6 日正式開學。當時我 37 歲，被委託規劃學校的發展方向。我意識到了這樣一個機構在社會和教育方面的重要性，我堅持的理念在當時看來是對其輝煌未來的一個誇大設想；但是，在今天，許多人開始明白，我當時的設想是可以實現的。

在義大利，1 月 6 日是兒童節，那年的 1 月 6 日，50 多個孩子第一次聚在一起。有趣的是，這些孩子與那些正常上學前班的孩子不同，他們膽小、笨拙，難以完成一些簡單的任務。他們牢牢抓住前面一個人的罩衫，排著隊往前走。每個孩子眼中都飽含淚水，對一切都感到害怕，害怕在場的漂亮女士，也害怕聖誕樹和樹上掛著的裝飾。他們不收禮物，不吃糖果，也不回答問題，就像一群初入社會的小野人。當然。他們沒有像「阿韋龍野人」那樣和動物生活在森林裡，而是迷失在文明社會之外的文化荒野裡。在場的女士們看到這一怵目驚心的場景後，說教育好這些孩子需要有奇蹟，希望一兩年後再看看他們變成了什麼樣子。

我被邀請發言，由於無法詳細介紹這項工作的架構和成果，只做了大致上的工作介紹。最後我總結補充道：「也許『兒童之家』可以成為一處新的耶路撒冷，如果它將新的思想散布在世人之中，就可以給教育帶來新的光明。」但是，當地的報紙批評這些話言過其實。

這就是我在「兒童之家」的兩年裡進行教育工作的意義，是人們依據新方法教育孩子的一系列實驗的結果。這僅僅應用了塞金在幼兒學校使用的教學技巧，任何看過他作品的人都能看出來。誠然，這兩年工作的理論基礎可以追溯到法國大革命時期，以及塞金和伊塔爾畢生的努力成果。在塞金的英文著作出版 30 年後，我繼承了他的思想，還繼承了他從伊塔爾那裡延續而來的新鮮感和熱情。伊塔爾是塞金的老師，在塞金的悉心照料下安然離世。

10年來，我以這些傑出人物的思想進行了實驗，並對他們的工作進行研究。可以這樣說，我10年的學習歷程是以伊塔爾和塞金40年的研究工作為基礎的。因此，在這場只有兩年的短暫實驗開始之前，我們已經積極準備了50年，而他們的英雄生涯卻是在相對默默無聞的情況下度過的。從伊塔爾到我自己，三代醫生不斷傳承，透過自身的努力在精神病學的道路上邁出新的一步。

第一次教育實驗的外在因素即第一次成功的原因分析

第一所「兒童之家」建立的環境一定是非常有利的，因為最初幾年裡取得的驚人成效是後來很難複製的。這就是我們有必要分析影響這項事業成敗的各種因素的原因。首先，我們必須在家庭中營造出一種和平、幸福、親密的感覺，這種感覺之前不為人們所了解。此外，人們也經歷了一種「道德選擇」。他們窮困且誠實，但沒有什麼工作能力，只能靠打零工過日子，當搬運工、洗衣工，或是在花開的時候在田裡採摘紫羅蘭等。他們生活在一群粗野、墮落的人中間，住在這些破敗的公寓裡的人無一例外都是文盲。

孩子們在一個共同的樂園裡一起學習。由於父母自身沒什麼知識，他們沒能從家裡接受教育，也沒有機會在普通學校裡接受教育。第一所「兒童之家」的負責人並不是真正的教師，而是一個只受過很少教育的婦女，她曾做過傭人，曾在田裡勞動。她沒有任何教育經驗，沒有任何官方資格，也沒有受過學校的督導。

白天，孩子們被外出工作的父母留在家裡。這些情況似乎對學校不

利，但事實證明這是一種教育的必要條件。父母營造了一種中立的教育氛圍，學校的教學工作就不會受到阻礙，會以真正科學的方式開展。這種不受任何阻礙的自由，相當程度上促成了教育實驗的圓滿結果。因此，「兒童之家」是一座心理實驗室，不受任何偏見的影響。

這裡發生了一些令人驚訝的事情，如「孩子們在書寫和閱讀過程中的意外表現」、「自發的紀律」和「自由的生活」，激起了人們的好奇心，引發了全世界的關注。這群毛毛躁躁、蓬頭垢面的孩子，吸引了來自世界各地，特別是美國的遊客，彷彿這裡是一個教育的聖地。科學家、國務大臣和貴族也都會到聖洛倫索參觀，渴望近距離地觀察這些神奇的孩子。以此為中心，後來的「兒童之家」開始遍布世界各地。

1月6日，第一所「兒童之家」成立。4月7日，另一所「兒童之家」在美國建築協會修復的建築中成立。1908年10月18日，米蘭的烏曼尼塔利亞成立了「兒童之家」。烏曼尼塔利亞有義大利最大的社會組織，由猶太社會主義者建立，以服務一般民眾。這裡有供工人使用的板房（簡便住處），也是一個政治宣傳中心。當時，在這裡工作的有一位沉默嚴肅的記者，後來在全世界聲名狼藉，他就是貝尼托．墨索里尼（Benito Mussolini）。烏曼尼塔利亞為我們的工作做出了重大貢獻，致力於創造「兒童之家」使用的科學資料。

後來，優秀建築協會在羅馬各地的公寓裡創辦了學校。這時，中產階級也產生了為自己的兒子和女兒建一所「兒童之家」的願望。後來，英國駐羅馬大使為貴族建立了一所「兒童之家」，接收社會菁英階層的孩子。

西西里島墨西拿發生致災性的地震，人們在廢墟中發現了大約60名兒童。這些孩子被帶到位於朱斯蒂街的「兒童之家」，這是在聖母瑪麗亞方濟會的修女的指導下建立起來的。當時，他們剛剛經歷了可怕的災難，

處於一種受驚嚇的狀態。後來，他們在這裡發生了驚人的改變，這所「兒童之家」也因此而出名。這裡甚至成為美國作家桃樂絲‧肯非爾德‧費雪（Dorothy Canfield Fisher）的《蒙特梭利媽媽》（*The Montessori Mother*）等作品的靈感來源。

弗朗凱蒂男爵夫婦贊助了首個教師培訓專案。專案最初的目標是為義大利鄉村學校培養教師，但是最終來自歐洲 9 個不同國家的教師註冊並參加了第一屆培訓會。這自然帶動其他地區開設了更多的「兒童之家」。1913年，第一次世界大戰前夕，在美國的倡議下，羅馬舉辦了第一次國際培訓班。歐洲、美洲、非洲和印度的學員參加了這次活動。這就是兒童科學教育的起源，並對教育產生了深遠的影響。

儘管偏見和戰爭為我們的工作帶來了困難，但是，「兒童之家」還是在全世界迅速發展。第二次世界大戰期間，「兒童之家」的數量在印度以倍數成長。這一發展歷程表明，同樣的教育會為了適應環境而發生改造，最終適用於社會各階層和世界各國，適用於來自幸福的家庭的兒童，也適用於那些在地震或類似災難中受到驚嚇的兒童。在我們的時代，兒童教育已經被視為一種動力，可以給被黑暗吞噬的人們帶來新的希望。

「兒童之家」有雙重重要性。一方面，它有很重要的社會意義，因為它是「公寓裡的學校」。另一方面，它也有很重要的教育意義，它的成功取決於將我從經驗中學到的方法加以應用。「兒童之家」可以為社會進步做出貢獻，這是值得稱道的。事實上，它已經解決了許多社會和教育問題。雖然它曾經看起來像是烏托邦，但它確實幫助人們改變了家庭，直接觸及社會生活的重要方面和人的內心。

第三章
「兒童之家」的教育方法

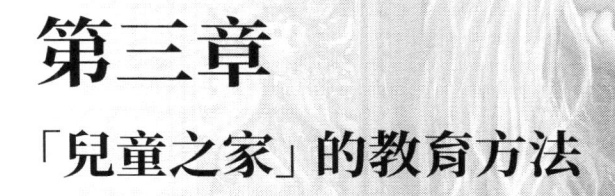

第三章 「兒童之家」的教育方法

我意識到有一所兒童學校在我管理之下時，我決定對這裡的教育進行科學的研究，開闢一條新的道路。其他人或多或少把兒童研究和教育混為一談，將對兒童的研究稱為「科學教育」，儘管學校本身沒有受到這種研究的影響。恰恰相反，我希望引入的新型教育是建立在客觀研究的基礎上的，希望這種研究能夠真正地「改造學校」，對學生產生即時的影響，激勵他們開始新的生活。

如果「科學」僅限於進一步了解兒童，而不試圖使他們擺脫在學校和整個教育系統中出現的問題，就不可能成為真正的「科學教育」。如果從事研究的人只局限於提出「新的問題」，我們也無法相信科學教育正在向前發展。真正的科學教育要指出普通學校存在的困難和危險，無論這些困難和危險以前是未知的或本就是整個教育系統的一部分，我們都應該努力給出問題的答案。

衛生學和教育實驗的目標是發現迄今未知的問題，但它並不是一種新的教學體系。由於學校工作的特殊性，心理學本身無法發現支配兒童發展的自然特徵及其心理規律。這使學生們產生一種疲憊或防禦的態度，不能表達自然屬於他們的創造力。心理生理學的奠基人馮特也不得不承認「孩子的心理是未知的」。

我的工作原則是與他人的研究保持一定的連結，但也要保持個人研究的獨立性。馮特的格言是我們要堅持的重要原則：「實驗心理學的所有方法都可以歸結為仔細記錄和觀察」。處理兒童的問題時，我們還要重視另一個要素——研究他們的成長。在這裡，我也遵循了一些基本的成長規律，但是不會根據孩子的年齡對他的活動提出任何具體的要求。

身體發育

我從一開始就很關注兒童的身體發育，會根據人類學原理對其進行研究和測量。但是，我簡化了測量過程，採用了一種更簡單的方法來記錄數據，也試圖讓兒童對這個過程感興趣。家長會定期收到兒童的測量數據，同時根據兒童的年齡算出正常的平均尺寸。這樣做的結果是，家長可以有科學的參考，關注兒童的身體發育。

我們用一臺機器測量兒童的身高，刻度從 50 公分到 150 公分不等。測量平臺上放著一個 30 公分高的可移動的小凳子，這樣兒童可以測量坐著時的身高，起始刻度從凳子的高度開始。我建議這臺機器做成雙刻度的，一邊是兒童站著時的身高，另一邊是坐著時的身高。兩根定位桿可以在溝槽中獨立地上下滑動至兒童的頭頂，這樣的便捷之處，一是可以同時測量兩個兒童的身高，二是不會因取放凳子或計算不同刻度差浪費時間。在這臺儀器的幫助下，我們在每月同一天都會測量兒童站立和坐著時的身高，盡可能準確地評估兒童的成長進度，並為我的研究提供便利。

我們還在浴室旁邊的更衣室裡放了一臺體重機，每週測量兒童的體重。每個兒童出生的時候是星期幾，就在每週的那一天洗澡前脫光衣服量體重。這樣，50 個兒童被分配在一個星期的不同的日子裡洗澡和量體重，每天安排 5 到 7 個兒童。事實上，每個兒童每週洗一次澡操作起來會有很多困難，有必要對這種方法進行改進。但是，我們還是設計了每週洗澡量體重的計畫，也明確表明要保證這一計畫執行過程中的規範性。

我認為，教師完成這些生理測量就夠了，因為只有指標與學校的工作有直接的關係。其他的測量應該由兒科醫生來完成，或者至少由專門從事這一領域的醫生來做。但是話說回來，我也參與過醫生的這些測量工作。

第三章 「兒童之家」的教育方法

醫生的工作必然是十分複雜的，為了協助他們的工作，我還製作了表格，用於記錄兒童的成長資料，如下圖所示。

9月				
	第一週體重	第二週體重	第三週體重	第四周體重
週一				
週二				
週三				
……				
每一頁對應一個月				
姓名：_____ 年齡：_____				
父親姓名：_____ 母親姓名：_____				
遺傳病史：_____ 個人病史：_____				
入學日期：_____				

我使用的表格十分簡單，因為我希望醫生和教師可以更多地依據客觀需求來指導他們的觀察，認真確定哪些數據需要測量，以便以適當的方式對兒童進行研究。我還建議每年對兒童進行以下指標的測量，即頭圍和直徑、胸圍、身高、體重和顱骨發育情況，以及其他可能由環境或人類學研究進展揭示的細節。醫生應在兒童出生後一週或至少一個月內進行測量，如果可能的話應在出生當天進行。遵循這樣的原則，醫生可以定期進行測量，絲毫不會感到工作負擔過重。每到兒童的生日，教師應通知醫生前來測量。

這種物理測量也有教育價值。兒童養成了有條理的習慣，習慣自己動手。（這裡我要插一句，兒童喜歡被測量。教師一說「身高」，他會立刻開心地脫下鞋子，跑到測量器具前，擺出完美的姿勢，教師只需把定位桿放低，寫下結果即可。）

	站立的身高	
	體重	
	胸圍	
	坐著的身高	
	身高指數	
	體重指數	
頭部測量	周長	
	前後直徑	
	前後直徑	
	橫面直徑	
	顱骨發育	
體格：		
肌肉結實度：		
皮膚顏色：		
頭髮顏色：		
備註：		

　　醫生除了用卡尺和膠帶等普通儀器測量外，還會記錄兒童皮膚的色素沉澱、肌肉力量、淋巴狀況、血液供應等。他還注意到結構性的缺陷和偶爾的病理狀況，如佝僂病、小兒麻痺症、眼部缺陷等，這些都必須詳細記錄下來。這樣客觀的研究能幫助醫生發現問題，告知父母，以備不時之需。

　　此外，醫生還會進行常規的健康檢查，排查溼疹、耳部感染、結膜炎、發燒、胃部不適等問題。與「兒童之家」合作的醫務室會對這些疾病進行治療，隨時和持續地關注兒童的健康狀態。我在建築協會「兒童之家」的研究中得出結論，常規診所的病歷不適合學校使用。一般來說，兒

童的家庭如果沒有問題，我就會鼓勵教師與母親交談，了解兒童的生活環境，如父母的教育情況、生活習慣、收入、開支等，以便能按照勒普萊的方式勾勒出一幅家庭肖像。但我相信，只有當教師與學生住在同一地區時，這樣的計畫才是現實可行的。

無論如何，將醫生的意見經由教師傳遞給母親是非常有利的，不管這是對某一個孩子還是對所有孩子的健康來說，都是如此。除了這些建議，教師也可以依照個別孩子的教育提出自己的建議，但我不會在這一點上贅述，因為這是「兒童之家」給健康衛生和社會生活帶來的影響。

環境

教師在觀察中遵循的基礎原則只有一個：兒童必須能夠自由地表達自己，揭示那些在他們自發行動的環境中不被隱藏或壓抑的需求和態度。觀察者顯然需要一定的外部條件，必須接受訓練才能看到和認清客觀事實。兒童也需要一個能夠自由表現的環境。在我看來，後者最為重要，因為這與兒童活動直接相關，而教師還沒有意識到這一點。因此，我開始改造學校的設備，使之適應兒童的體型，滿足他們靈活走動的需求。

我做的桌子形狀各異，結實且輕巧，兩個 4 歲的兒童可以很容易搬動。椅子有木頭做的，也有稻草做的，同樣也很輕便。這些椅子不是按照成人椅子的樣式做的縮小版，而是與兒童的身體比例相稱。除此之外，我還訂購了一些木製的小扶手椅、柳條製成的椅子、供一名兒童坐的小方桌，以及大小和形狀各異的桌子。桌子上面鋪著桌布，擺上花瓶，插滿鮮花或植物。洗手檯很矮，三、四歲的兒童也可以使用，白色的臺子上還放

著肥皂、刷子和毛巾，便於兒童洗手。有些房間只用一塊簡單的門簾隔開，有些房間則裝上了門，每扇門都有不同的鑰匙。櫥櫃很矮，設計簡單，安全鎖在兒童伸手可及的範圍內，便於他們開關，或取用和放回物體。櫥櫃狹長的頂部擺放著各種容器，裡面養了魚或盛放各種裝飾品。牆上到處都是黑板和畫，畫上描繪的是令人愉快的家庭場景、動物或花卉之類的自然景物，或者是歷史和宗教圖片。畫掛得很低，兒童也可以搆得著，可以每天更換。

我們將拉斐爾（Raphael）的〈椅上聖母子〉（*Madonna della Seggiola*）掛在牆上，它代表著「兒童之家」的象徵和喻義。事實上，「兒童之家」不僅代表了社會的進步，也代表了人類的進步，與提高母親地位、女性地位和呵護後代等理念一致。拉斐爾理想中的聖母瑪麗亞和孩子的形象甜蜜且美好。這是義大利最偉大的藝術家的作品，如果有一天「兒童之家」遍布世界各地，拉斐爾的畫也將在全世界展示了他的國家文化。

兒童還無法理解這幅畫的象徵意義，但他們從其中看到了比其他母親、父親、祖父母和嬰兒的畫像中更偉大的意義，他們懷著單純的虔誠將它記在心中。環境的作用就是如此。

實際觀察

我們的討論可以從墨守成規者的反對意見開始。他們認為兒童四處走動時，會把桌椅弄翻，帶來噪音和混亂。但這其實是一種偏見。他們還認為，應該用包巾把新生兒裹起來，應該把學走路的孩子放在學步車裡，學校裡的課桌應該是穩固的，像釘在地板上一樣。所有這一切都是基於這樣

第三章 「兒童之家」的教育方法

一種信念,即兒童應在固定的環境中成長,教育應將兒童固定在一個特定位置。

輕便的桌椅和扶手椅允許兒童選擇最方便的位置。他可以讓自己坐得舒服一些,而不是固定在位子上。這種外在追求,其實是追求內心自由和更高級的教育的手段。如果兒童笨拙的動作使椅子嘩啦一聲倒在地上,顯然證明他的行動不協調,不應該發出那麼大的聲音。這樣,兒童就有了自我糾正的方向,就會受到積極的引導,在行動中學會保持椅子和桌子在原地不動且不要發出聲響。這樣,我們才可以說兒童已經學會了如何行動。此外,在舊的教育制度下,情況正好相反。兒童的安靜和靜止被認為是有教養的表現。但安靜和靜止實際上會使孩子很難學會輕鬆優雅地活動。結果是,當他周圍沒有桌子時,也會打翻一些輕的東西。但是,在我們的學校裡,兒童學會了如何舉止放鬆、行動自如,這對在其他地方的活動也很有幫助。雖然他還是個孩子,但他已經學會了在不同的場合輕鬆自由地活動。

在米蘭的「兒童之家」,教師在一扇窗戶旁邊放置了一個長長的架子,上面擺著盛放有繪畫工具的金屬容器(這些材料將在後面討論)。但是,窗臺太窄了,兒童取用起來很不方便,經常會掉一些到地板上,繪畫工具四處掉落,發出很大的噪音。教師決定把架子換一下,但木匠遲遲沒來。與此同時,兒童學會了小心翼翼地取用這些物品,不會再四處掉落。兒童學會了取用物品的技巧,彌補了物品存放方式的不足。因此,外部物體的簡陋或不完美,有助於兒童活動能力和靈巧性的發展。

所有這一切都是合乎邏輯且很容易理解的,現在也被實驗闡明和證明,對所有人來說,這就像克里斯多福・哥倫布(Christopher Columbus)的蛋一樣顯而易見。

紀律與自由

傳統學校的擁護者的另一個反對意見是紀律與自由之爭。在一個兒童可以自由走動的班級裡，怎樣才能做到紀律嚴明呢？

我們的教育體系中，紀律的定義顯然有所不同，我們尋求的紀律是正向的。我們不認為兒童應該要像啞巴一樣安靜，像癱瘓者一樣一動不動，才算是受到訓練。這樣的兒童不是受到了紀律約束，而是被磨滅了天性。我們主張，當兒童成為自己的主人時，才能夠控制自我；當他必須遵循生活規則時，就是有紀律的。這種正向的紀律的概念不容易理解，也不容易實現。但是，它的確體現了一種崇高的教育原則，與絕對的、不加商量的強制教育截然不同。

教師必須具備一種特殊的技能，才能引導兒童走上這條紀律之路。兒童應該終身遵循這種紀律，並不斷完善自己。正如兒時，當他學會如何行動而不是固定在一個地方時，不是在為上學做準備，而是為一種井然有序的生活做準備。因此，他習慣了一種應用範圍不局限於學校，而是延伸到整個社會生活的紀律。兒童的自由應該以其所屬團體的利益為邊界，形式應該包括我們所說的良好的教養和行為。因此，我們應該防止兒童做任何可能冒犯或傷害他人的事，或是不禮貌、不得體的事。但是，任何有益的行為，兒童都可以表達出來，教師對此行為不僅要允許，還應支持。這是至關重要的。教師透過科學訓練，不僅要獲得觀察自然現象的能力，而且要培養觀察自然現象的興趣。

在我們的教育體系中，教師行為更多處於被動地位而非主導地位，這種被動性應該由對科學的好奇心所帶來的焦慮和對希望觀察到的現象的尊重所支撐。教師必須理解並欣賞自己身為觀察者的角色。每所學校的教師

都應該具備這樣的態度，兒童才能在這裡第一次發現自己的精神生活。兒童剛剛開始自主活動時，我們無法預測遏止這種自發性的後果，甚至可能會扼殺生命的活力。兒童在童年時代所展現出來的智慧的光輝，就像黎明時分的太陽或剛開始綻放的花朵的生命力，我們應當帶著一種崇敬的心情來看待它。

教育只有幫助兒童向生活敞開心扉，才能真正有效。為了達到這一目的，我們不應該壓抑兒童的自主活動，或強迫他按照別人的意願行事——這才是至關重要的。但是，我們當然也不應該允許他沉溺於無用或有害的活動，我們必須阻止和制止兒童參與這些活動。

學校紀律的難題

為了推行我們的教育計畫，我通常不得不起用普通學校裡習慣傳統教學方法的教師。這讓我看到了新舊教育體系本質上的區別。即使是很聰明的教師，即使她已經理解了這一教育的原理，也很難將它實現。她無法理解自己看似被動的角色，就像一個天文學家坐在望遠鏡前，看著行星運轉。如果我們想要洞悉它的祕密，預測它的活動，就必須不加干涉地觀察和理解。她曾認為抑制學生的活動是她的任務，很好地學習了新的教育方法，她不再讓自己成為這個房間裡唯一能自由活動的人。最初，她無法讓教室裡安靜有序時，會沮喪地環顧四周，彷彿在請求世界原諒她，並呼籲在場的人證明她的無能為力。後來，她被告知最初的混亂是不可避免的，除了觀察什麼都不要做時，她開始懷疑，既然自己不能履行教師的任務，那是否應該遞交辭呈。最後，當她意識到自己有責任區分哪些行為應該被

阻止，哪些行為應該被觀察時，她感到自己的力不從心，開始問自己是否有能力完成這樣的任務。

事實上，一位沒有做好準備的教師會在很長一段時間裡感到無助和困惑。但是，如果一位教師的科學知識越淵博，實踐經驗越豐富，就會越快欣賞到生命展現的奇蹟，興趣也就會越強烈。

諾塔里（Umberto Notari）的小說《我的億萬富翁叔叔》(*The Three Thieves*) 中，對維持紀律的傳統方法做了精彩的描述。故事裡的叔叔顯然是一個被寵壞了的孩子，他的惡作劇遍布全城。迫不得已，他被送到一所學校裡。在這裡，福福（叔叔的名字）初識漂亮的福菲塔時，注意到她餓了，沒有東西吃。他第一次表現出善意的行動，第一次體驗到情感：

他環顧四周，又望向她，默默地拿起他的午餐籃子，放在她的腿上。然後他離開她幾步遠之外，莫名地垂下頭，哭了起來。

叔叔也不明白為什麼自己的情緒會突然爆發。可能是因為他第一次看到一雙溫柔的眼睛裡充滿了淚水，情緒因此激動起來。與此同時，他自己也不好意思再吃東西了，因為身邊還有一個餓著肚子的人。

他既不知道如何表達自己的感情，也不知道該以什麼樣的藉口把籃子遞給她，他已經完全被這顆小小心靈的第一次悸動給征服了。

福菲塔一頭霧水，立刻跑到他面前，溫柔地把他遮在臉上的手臂拉開。

她低聲說：「別哭，福福。」福福又傷心又羞愧，但是看到她帶著慈愛的關切，好像在和她的布娃娃說話。

然後她吻了他一下，叔叔又一次屈服於內心的激動，伸出雙臂摟住她的脖子。他不假思索地噘起嘴唇吻了吻她的臉頰，還帶著隱隱的啜泣。然後，他長嘆一聲，用衣袖擦了眼睛和鼻子，恢復了平靜。

第三章 「兒童之家」的教育方法

　　突然，刺耳的聲音從球場的遠處傳來：「喂，喂，裡面的兩個人，快點出來！裡面的兩個人！」訓導主任在遠處喊叫，用一種盲目的殘忍鎮壓了一個叛逆者心中第一次溫柔的悸動。她的反應就像是看到兩個孩子打架，認為每個孩子都必須服從於她，這又激起了叔叔心中的叛逆。

　　這件事說明了年輕的教師最初的行為是多麼草率。他們帶著不滿的情緒抑制孩子們的一切活動，不加觀察和辨識，讓孩子們幾乎處於一種安靜的狀態。例如，有個小女孩把同伴們聚在一起，然後自己在他們中間轉來轉去，興高采烈地揮舞著雙手。教師立刻跑過去，制止她並讓她安靜下來。但是，我看到的是她假裝自己是其他孩子的教師或母親，用誇張的手勢教他們做事，扮演一個領導者的樣子。另一個小男孩，經常做出一些尷尬的動作，被認為行為有些異常。有一天，小男孩用心地挪動小桌子，但其他人立刻衝過去制止，因為他製造出了噪音。但實際上，他的行為有明確的目標，顯示出他內心的渴望，這樣的行為理應受到他人的尊重。在這之後，每當他移動桌子上的東西時，都會變得小心翼翼。

　　有時還會發生這樣的情況，教師在更換箱子裡用過的物品時，兒童會走近並拿起那些物品，明顯是想模仿她。教師的第一反應是把他送回到座位，並像往常一樣告誡他：「別管這些東西，回到你的座位上去。」然而，兒童的行為確實表達了他想要提供幫助的願望。毫無疑問，他會成功地完成這些秩序感的練習。還有一次，孩子們吵吵鬧鬧地圍在一盆水旁，水面上漂浮著很多玩具。我在遠處饒有興趣地觀察一個不到兩歲半的小傢伙的舉動，他被人群擋在後面，因為強烈的好奇心而變得激動。他走到人群中，試圖用小手把其他孩子推開，在意識到自己沒有力氣給自己開出一條路來後，他停下來環顧四周，稚嫩的臉上的表情非常有趣。如果我有照相機，就能捕捉到這個表情。他看見了一把小椅子，顯然是想把椅子搬到人群後面，然後爬上去。

於是，他帶著一臉希望朝椅子走去。說時遲那時快，教師殘忍地拉他到懷裡（或者像她想的那樣溫柔地抱過來），把他舉過其他孩子的頭頂，說：「可憐的小孩，你也來看一看。」當然，孩子看到了那些玩具在水裡漂來漂去，但他並沒有體驗到那種透過自己的努力克服障礙的快樂。看到那些東西對他來說不是全部的目的，更重要的是透過自己的智慧和努力發展自己的內在力量。教師阻礙了孩子的自主學習，還沒有給孩子其他的補償。他馬上就要體驗到勝利的快感了，卻發現自己被一雙大手高高地舉起來，愈發顯得自己很無能。他臉上那種使我很感興趣的焦慮、希望和喜悅的表情都消失了，取而代之的是一種明知別人會替他完成任務時才有的麻木。

教師對觀察感到厭煩時，就會讓孩子們自由活動。我看到一些孩子把腳放在課桌上，手指插在鼻子裡，教師也不去糾正。我看到一些孩子對同伴推擠拉扯，在同伴的臉上畫上誇張的表情，教師卻毫不在意。然後，我必須耐心地介入，讓教師明白指導孩子們的必要性，消除孩子們不應該出現的行為，幫助孩子們清楚地辨別是非。

這是建立紀律性的必要起點，也是教師最艱難的時刻。孩子們要想主動遵守紀律，首先要學會的是區分對錯；教師的職責是防止孩子們就像傳統的紀律觀念那樣，將善與惡、活躍與靜止混淆在一起。我們的目標是訓練孩子們的活動能力、工作能力、正確做事的能力，而不是靜止或被動。在我看來，孩子們都能在教師眼裡以一種有益的、聰明的、自由的方式活動，而不做任何粗魯或無禮的事情時，他們就是有紀律的。

普通學校的做法是，孩子們排成一列，為每人安排一個位置，並希望他們保持安靜，遵守既定的秩序，這可以是集體生活的一種練習。畢竟在日常生活中，人們在聽音樂會或講座時，也不得不安靜地坐在一起。我們知道，這種場合下，成人也需要做出不小的犧牲。因此，在適當的場合，

我們可以要求孩子們遵守秩序，但重要的是要讓他們理解秩序的概念，從而學習和理解集體活動的準則。

他們有了這個概念之後，站立、說話、行動就不會像以前那樣不假思索，而是出於他們的真實意圖。換句話說，他們打破熟悉的安靜狀態，是為了從事某種自主活動，因為他們知道某些行為是被禁止的，所以他們被迫學會正確與錯誤之分。從這種有序的狀態開始，孩子們的日常活動變得更加完美和協調，學會了反省自我。

我們為教師準備的書能鼓勵她採取行動。如果她想成為一名教育專家，這便是能讀到和學到的唯一資訊，書中觀察和記錄了兒童從最初的混亂動作過渡到自發協調動作的全過程。兒童起初的混亂無序說明他尚未反思和選擇，而後來的協調說明他在某種程度上做出了選擇。

如果我們遵循這個過程，就會看到每個兒童都會表現出自我，個體差異也會越來越明顯。有些兒童故步自封，無動於衷，渾渾噩噩。相反，有些兒童會站起來大聲喊叫、攻擊他人、打翻各式各樣的物體。最後，還有一些兒童的目標是完成確定的動作，如把椅子擺放在一邊並想要坐上去，或者移動桌子，再或者欣賞圖片。兒童的表現說明他們或是智力遲鈍，或是生病了，又或者是心理發展遲緩，甚至說明他們原本是聰明的，最終也能適應周圍的環境，表現出他們的品味、傾向、專注力以及忍耐力。

獨立性

觀察兒童的自由活動時，我們不能採用觀察植物和昆蟲的方法。兒童天生固有的弱點和社會身分，束縛著他的活動。一個以自由為基礎的教育

體系，其目的應該是幫助兒童獲得自由，具體目標應該是使兒童擺脫那些限制其自然表現的束縛。當兒童沿著這條道路前進時，他將以更清晰和更真實的方式自由地顯現自己，從而展示自己的本性。這就是為什麼兒童最初的教育應該以引導其獨立行動為目標。

如果個體不是獨立的，他就不可能是自由的。因此，為了獲得這種獨立，從幼年時期，個體積極的自由表現就應該得到引導。從斷奶開始，兒童就應該沿著獨立之路前進，雖然這條路可能存在危險。斷奶意味著什麼？兒童從母親的懷抱獨立，離開了營養來源，將面臨百餘種不同食物的選擇。這就等於說，他的生活豐富性成倍增加了，他可以做出自由選擇，而不再像之前那樣只能選擇一種食物。

然而，斷奶之後的兒童依然依賴他人，不會走路和洗澡，不能用明確的語言提出要求。3歲的時候，兒童雖然還在一定程度上受制於他人，但已經在相當程度上獲得了獨立和自由。我們還沒有真正理解獨立的重要性，因為我們生活的社會仍然具有奴役性。社會上只要還存在僕人的觀念，就不能培養出真正獨立的思想，正如奴隸制盛行的時候，自由的思想是模糊的。不是僕人依賴我們，而是我們依賴他們。社會道德標準沒有普遍降低，我們就不能容忍這種極端的認知錯誤。我們常常認為我們是獨立的，沒有人命令我們，而是我們命令別人。但是，主人需要僕人的侍奉，本身就表明了他的無能。癱瘓者因體弱不能站立，君主因社會習俗而無法獨立，事實上都處於同樣的境況。

接受奴役觀念的民族，認為一個人在任何事情上都能得到他人的服務而不是幫助。這是一種內心的優越感，認為奴性是一種本能。事實上，我們很樂意為他人服務，這是向他人展示禮貌、善良和仁慈的重要方式。但事實上，在某種意義上，一個人接受服務而不是給予幫助，其實是被剝奪

第三章 「兒童之家」的教育方法

了獨立性。相反，他身為人的尊嚴應該使他意識到：「我不希望有人為我服務，因為我不是無能的人，但我們既然是社會中的一部分，就應該互相幫助。」這種認知普遍被人接受，人們才能真正感到自由。

兒童教育要產生效果，就必須幫助他們走上獨立的道路，引導他們完成那些可以獨立完成的活動，使他們不會因為自己的無能而成為他人的負擔。我們必須要幫助他們學會獨立走路、跑步、上下樓梯、撿起掉落的東西、穿衣脫衣、盥洗，清楚地表達自己的需求，努力滿足自己的願望。所有這些都是獨立教育的一部分。

我們以舊的方式服務孩子，其負面後果等同於直接做一些會扼殺他們有益的、自發的行動的事情。這樣的情況下，我們認為孩子就像木偶，幫他們洗澡，餵他們吃東西，就好像他們是洋娃娃一樣。我們從沒有停下來想一想，一個不會獨立行動的孩子該怎樣學會行動，因為大自然已經給予他學習這些的一切手段。我們的首要責任是幫助他做有益的事。母親餵孩子時，如果不花些力氣教他怎樣用勺子，或怎樣將飯送到嘴裡，或者不讓他看看大人是怎麼吃東西的，那她就不是一個好母親。母親把孩子當作傀儡，侵犯了他的尊嚴，認為他本質上就是一個需要被託付給她照顧的人。每個人都知道，教孩子如何吃飯、洗澡、穿衣，比直接替他完成這些事情需要付出更多的時間和耐心。

前者是教育家的做法，後者是低一級的僕人的做法。後者的服務雖然容易，但很危險，會為正在展開的生活道路上設定障礙，甚至關閉生活道路的出口。除這些直接後果之外，這樣的服務對兒童的未來還有其他更為嚴重的後果。兒童如果有許多僕人，就會變得越來越依賴他人，最終成為他人的附庸。他的肌肉會因為缺乏活動而變得虛弱，最終失去工作能力。這樣的人不需要勞動，而只需要提出需求，大腦最終也會變得虛弱和萎

縮。我們正是用這些懶惰的惡習汙染了兒童的心靈。

如果有一天，一個始終被服侍的兒童腦海中靈光一閃，想要重新獲得獨立，也會發現自己很難達到真正的獨立。富有的父母在教育孩子過程中，尤其需要注意這一點。

越是無用的幫助，就越會阻礙自然力量的發展

兒童過度地接受他人的服務，不僅會無端地浪費生命，還會帶來一種無助的狀態，甚至發展為一種異常反應，類似於歇斯底里或癲癇的發作，行為完全不受控。這種缺乏自我控制的狀態會發展為一種類似絕望的狀態，常常伴隨著憤怒與懶惰。

讓我們想像一下，一位熟練而謹慎的工作者，不僅能完美地完成自己的工作，而且能在商店裡向人提出建議，能平靜地處理工作中出現的一切問題。他在工作中是一個好好先生，哪怕別人生氣了，他也總是滿臉笑容。然而一旦回到家裡，妻子沒有按時做好晚飯，他就會暴跳如雷。看到這一點，我們也不會感到驚訝。在家裡，他很容易生氣，有經驗服侍和照顧他的人是妻子。這樣的表現告訴我們，一個人在他可以掌控的場合是怎樣的平靜，在他被服侍的場合是怎樣的專橫。如果他能自己學會做飯，他的行為或許會變得完美。也就是說，一個獨立的人，需要將精力放在自己的行動上，增強和完善自我。一個人如果想要在未來變得更加強大，就必須擁有獨立和自由。

第三章 「兒童之家」的教育方法

對兒童的獎懲

我們只需要恰當地運用獎懲原則，就能看到兒童所有的行為表現都有變得有序。因此，有的孩子在認知上會優於大多數被視為無助和無能的孩子，內心有一種全新的尊嚴感。這些孩子對征服自我感興趣，對外部的小誘惑漠不關心，而這些小誘惑是過去認知水準較低的他無法抗拒的。

過去我也一直被一種傳統教育中最荒謬的教育方式蒙蔽。我和其他人一樣，認為有必要透過某種外在的獎勵來鼓勵孩子，去迎合他的低階情感，如貪食、虛榮或自戀，以培養他的工作能力，養成他平靜的性格。當我得知一個自我教育的孩子真的會放棄這些低階的本能時，我感到很驚訝。然後，我敦促教師不再對孩子們進行不恰當的普通獎懲，而只是在工作中溫和地指導他們。我必須承認，這樣的轉變讓我有了驚喜的發現。

但是，對於一位教師來說，沒有什麼比放棄舊習和偏見更困難的事情了。有一位教師特別想改進我的教學方法，於是趁我不在的時候，使用了她慣用的教學方式。有一天，我意外地來到她的課堂時，看到一個聰明的孩子胸前戴著一個巨大的銀色的希臘十字架，上面繫著一條漂亮的白絲帶，而另一個孩子則坐在房間中間的扶手椅上。

後來，我才知道第一個孩子得到了獎賞，第二個孩子正在接受懲罰。至少在我在場的時候，教師不會去打擾孩子，所以一切都是我看到的樣子。我靜靜地看著，戴著十字架的孩子在小桌子和教師的桌子之間來回跑，忙碌而專注地做著自己的事。他多次從那個坐在扶手椅裡的男孩子面前走過，十字架碰巧掉在椅子前。第二個孩子撿了起來，仔細地看了看，然後對它的主人說：「你看到你的東西掉了嗎？」第一個孩子轉過身來，漠不關心地看著十字架，臉上的表情似乎在說「別打斷我」，嘴上說：「這跟

我有什麼關係？」第二個孩子平靜地問：「這對你不重要嗎？」又接著說：「如果那樣的話，我就戴上了。」第一個孩子回答說：「是的，是的，你戴吧！」語氣好像在說「別煩我！」第二個孩子慢慢地把十字架戴在胸前，仔細地看了看，然後伸出雙臂，放鬆地坐在椅子上。這個小插曲就這樣結束了。十字架可以讓被懲罰的人感到滿足，但不能讓主動做著某件事中的孩子感到滿足。

有一天，一位女士在我的帶領下去另一所「兒童之家」參觀，她對孩子們的表現讚不絕口。最後，她開啟一個盒子，從裡面拿出許多閃閃發光的小銅牌，上面還繫著紅絲帶。她說：「老師，我要把這些獎牌掛在最聰明、表現最好的孩子的胸前。」既然我沒有義務用我的教育方法指導她，就只好保持沉默，讓老師拿走了盒子。一個4歲的男孩，靜靜地坐在第一排，皺著眉頭抗議了幾句：「這不適合男孩子！不適合男孩子！」這件事提供了一個多好的啟示！儘管沒有人提示，但這個小傢伙已經知道他會是受獎賞的人之一，他不想被這個獎品冒犯。他不知道如何為自己辯護，只能找了男孩不適合紅絲帶這個理由。

就懲罰而言，我們經常遇到一些孩子，他們會打擾別人，不聽教師的教導。醫生為他們做了檢查，結果往往是一切正常。然後，我們在教室的角落裡放了一張小桌子，把這類孩子安置在那裡，讓他坐在扶手椅上。小夥伴可以看到他，並把他想要的東西拿給他。這種隔離總能使孩子平靜下來，他會從那個位置望出去，觀察所有同伴的行為，這本身就是一門實踐課。漸漸地，他意識到和其他人在一起的好處，渴望跟小夥伴們有同樣的表現。

我們就用這樣的方式管教那些看起來很叛逆的孩子。大多數情況下，隔離的孩子是會得到特殊照顧的，好像他生病了或很無助。每當走進教

室，我都會直接走到他面前，像對待嬰兒一樣跟他說話。然後，我再轉向其他人，關注他們的正在做的事，就好像他們是大人一樣。我不知道被隔離的孩子心裡在想什麼，但可以肯定的是，他的轉變是真實和持久的。他為自己的工作和行為感到驕傲，對教師和我都抱有一種溫柔的情感。

發展的自由

從生物學的觀點來看，幼兒教育中的自由概念是對他們的身心發展最有利的條件。對生命懷有深切敬意的教師在進行有趣的觀察時，應該尊重兒童生命的逐漸擴展。兒童的生命不是抽象的，每個人的存在都是獨特的。個體的存在只是一種簡單的生物現象；教育就是正常生命擴展所需要的正向支持，應該向兒童全面開放，因為他們會一個接一個地被他人看到。兒童有一個成長的身體和一個成長的心靈，身心發展有一個相同的源頭，那就是生命。我們不應侵蝕或扼殺兒童的神祕潛力，而應等待它們相繼被表現出來。

在生命現象中，環境當然是次要的。環境對人的影響可以是改變、幫助、摧毀，但永遠不能是創造。兒童的成長的泉源在於內在，不是因為他被餵養，不是因為他在呼吸，不是因為他生活在適宜的氣候條件下，而是因為他的生命潛能得到了實現，因為飽滿的生命種子正在按照它的天然命運發展。成人吃飯、呼吸、經歷冷熱，但是他已經不再成長。青春期的到來，不是因為孩子變得愛笑、喜歡跳舞和體育運動、食慾變好，而是因為這是一種生理現象。生命會讓個體長大，顯示個性，並不斷完善，但它也是有限度的，受不可踰越的法則支配。

因此，我們說兒童應該擁有自由，並不意味著鼓勵他們去做一些無謂的事情，而是為了讓他們從無序的狀態中解脫出來。我們認為自由就是把他們的生命從妨礙其正常發展的障礙中解放出來。兒童總是受到偉大使命的驅使，那就是長大成人。但是兒童並不知道自己的使命和需求，成人也遠遠不能理解他們，所以家庭和學校裡就會設定許多條件阻礙他們生命的擴展。兒童的自由在於盡可能地消除這些障礙，深入研究兒童早期的祕密，真正地幫助他們。

成人對兒童的真正需求給予更大的關心和更密切的注意，是客觀的要求。事實上，這一要求的結果是營造一個合適的環境，使兒童可以追求有趣的目標，引導他將精力分配到有序的活動中，並認真執行。

在上面描述的快樂的環境中，所有的物體都依據兒童的需求布置，允許兒童使用它們以達到一個確定的目標。例如，一些簡單的模型可以讓兒童學會如何扣釦子、綁鞋帶、把東西鉤住或綁在一起，還有供兒童洗手用的盆子、掃地用的掃帚、擦家具的抹布、擦鞋或洗衣服的各種刷子。所有這些物體都要求兒童去做一些事情，去完成一項真正的任務，並實現一個實際的目標。例如，鋪好地毯，用完後捲起來；鋪上桌布，飯後仔細摺好、放好；布置好餐桌，好好吃飯，然後把盤子洗淨；把每個物品都放在櫃子裡合適的位置。兒童需要一定的耐心執行任務，需要一定的責任感完成任務。因此，兒童完成這些任務不僅需要不斷提升技能，還需要逐步完善性格。

我剛才描述的這些活動被稱為「實踐生活中的練習」，因為兒童在家裡過著實際的生活，以一種虔誠和認真的態度完成日常的家事，變得平靜和有尊嚴。除了在「實際生活」中使用的各種物品外，還有許多能夠逐漸發展和完善兒童智力的物品，用於感官教育，學習字母、數字、閱讀、書

寫和算術等。這些物品被稱為「發展的教具」，以區別於實際生活中使用的物品。

我們談到的「環境」，是指兒童可以自由選擇和使用的物品的總和，也就是說，根據兒童的需求和傾向而使用的一切。起初，教師只是幫助他了解不同事物之間的關係，並教他準確地使用每一種物品，營造一種積極有序的生活環境。後來，教師會讓他自由選擇和完成他的工作。一般來說，兒童在特定的時刻會有不同的欲望，一個人忙於一件事，而另一個人忙於另一件事，互不干擾。就這樣，他們過著一種令人羨慕的、充滿活力的社會生活。兒童在平靜的喜悅中獨自解決各種社會生活問題，而這些問題正是在他們自由且多樣的活動中不斷呈現出來的。教育的影響擴散到整個環境中，兒童和教師都在其中扮演著自己的角色。

第四章

自然教育

第四章　自然教育

伊塔爾在他的經典著作《阿韋龍野人的初步發育》(*An Historical Account of the Discovery and Education of a Savage Man*)中，講述了一個戲劇般的教育故事，具體描述了如何驅散一個智力落後兒童的心理陰霾，把他從野蠻狀態中拯救出來。

阿韋龍野人是一個在自然環境中長大的棄嬰。在森林裡，獵人打傷了他，以為他已經死了。後來，他痊癒後，在森林裡赤身裸體自由生活了許多年。最終，獵人發現了他，把他帶到巴黎，過著文明生活。

這個孩子被發現時還不會說話，一直沉默。他小小的身體上有多處傷痕，說明他曾遭遇過野獸襲擊，也曾從高處墜落。皮內爾（Philippe Pinel）對他的心理診斷結果為智力低下，無法接受智力訓練。然而，這個男孩身上發生的轉變證明了科學教育的一大進步。伊塔爾身為一名醫生，也對哲學很感興趣。他專門研究聾啞人的身心缺陷，在幫助近乎失聰的人恢復聽力上取得了一定成功，並將這種方法應用在野人身上。他認為，野人的缺陷與其說是生理功能紊亂，不如說是因為缺乏教育。他贊同愛爾維修（Claude Adrien Helvétius）的理論：「沒有勞動，人就什麼都不是。」他相信教育可以完成很多事情，反對法國大革命前盧梭的理念「人的一切都是選擇的結果」，即教育對人是有害的。

伊塔爾的第一個結論是，野人透過他的行為證明愛爾維修的說法是正確的。之後，伊塔爾受皮內爾的影響，相信野人不可能發展出智力，他的哲學理論讓位給透過實踐實驗進行的令人欽佩的教育嘗試。

伊塔爾把野人的教育分為兩個階段。起初，他設法讓他適應普通的社會生活。然後，他試圖為他教授思想。這個被人拋棄的孩子從大自然中找到了幸福，幾乎成為吸引他的大自然的一部分，以雨、雪、風暴和無邊的風景為樂，因為這些都是他幻想、陪伴和愛的對象。文明的生活意味著放

棄這些自然的東西,但它確實有利於人類的進步。伊塔爾在書中生動地描述了他為這個野人重返文明所做的努力。現在,這個孩子被關愛包圍,需求也在成倍增加。伊塔爾是個有耐心的研究者,對學生的自主行為有著敏銳的觀察力。他的耐心和自律,可以從下面的描述中看出來,這對準備在教學中使用實驗方法的教師是一種鼓舞。

如果有人在房間裡觀察這個男孩,就會看到他不停地、單調地來回走動,眼睛總是盯著窗外的空地。如果突然吹起了三分鐘熱風,太陽破雲而出照亮了天空,男孩就會放聲大笑,欣喜若狂。有時,這種歡樂會變成一種憤怒。他扭動手臂,握緊拳頭,怒目圓睜,咬牙切齒,威脅任何靠近他的人。

一天早晨,雪下得很大。男孩一覺醒來,高興得大叫一聲,跳下床跑到窗前。然後,他跑到門口,不耐煩地來回踱步,最後衝進花園。他縱情歡樂,尖聲喊叫,在雪地裡打滾,捧起一把雪,迫不及待地送進嘴裡。

但是,當他被大自然的壯觀景象震驚時,並不總是表現出如此活潑、欣喜的樣子。有時候,他似乎帶有一種平靜的悔恨和憂鬱。例如,天氣不好時,大家都會離開花園,男孩就會選擇這個時間走出去,繞著花園轉幾圈,然後坐在噴泉邊上。

我花了整整幾個小時的時間,頗有興趣地觀察他站立的姿態,注意到他那張毫無表情的臉上逐漸浮現出悲傷和憂鬱的表情,注意到他的眼睛注視著水面,不時地往水面上扔幾片枯葉。

夜晚,當滿月的月光照進房間時,他幾乎總會醒來,走向窗戶。大部分時間,他會一動不動地待在那,探出頭去看月光下的風景,沉浸在一種對美的沉思中。這種沉思靜謐而沉靜,會以一聲長長的嘆息結束,就像一聲哀嘆一樣消逝。

據書中描述,男孩不會正常走路,只會跑。伊塔爾還記錄了,他帶著男孩在巴黎的街道上散步時,最初如何追著他跑,而不是強制讓他行走。

第四章　自然教育

　　伊塔爾對野人的處理方式，為我們提供了一系列寶貴的教育原則，這些原則可以推廣並應用到所有兒童的教育中。我們還特別注意到，他用漸進而溫和的方式向孩子介紹社會生活方式，先讓自己適應學生，而不是等待學生適應自己。他會讓新的生活看上去很有吸引力，以喚起男孩的注意，而不是以一種痛苦和壓迫的方式強加諸於孩子。

　　我相信沒有任何一篇文章能如此鮮明地展現自然生活和社會生活的對比，清楚地說明社會生活是由放棄和限制構成的。想想書中描述的跑步如何變成有節奏的走路，尖叫如何變成日常說話的語調，這就足以說明問題。

　　然而，在當今時代，在現代社會的環境下，兒童的生活遠離自然，很少有機會與自然親密接觸或直接體驗自然生活。在很長一段時間裡，人們認為大自然對兒童的教育只有心理上的影響，對大自然的奇蹟、花、植物、動物、風景、風和光做出合理的反應。

　　後來，人們試圖透過給兒童一小塊地耕種，引發他對大自然的興趣。但是，在兒童教育中，生活在大自然中的概念是最近才出現的。事實上，孩子需要在自然中生活，而不是簡單地了解自然。最重要的是，如果可能的話，把孩子從城市人造生活的與世隔絕的束縛中解放出來。今天，兒童衛生學有助於兒童體育教育的發展，鼓勵兒童到公園的露天環境玩耍，讓他們接觸陽光和海水。兒童可以穿上簡單輕便的衣服，穿著涼鞋或光著腳走路，這是讓兒童從城市生活的過度負擔中解脫出來的一些嘗試。經驗表明，在現代療養院，治療兒童結核病和佝僂病的主要方法就是讓他們接觸大自然，讓他們在露天睡覺，在陽光下生活。我們反思這一點時，應該清楚的是，正常的、強壯的孩子不僅不應該抵制與大自然的接觸，而且還會從中受益匪淺。

　　但是人們仍然有太多的偏見。我們心甘情願地放棄了自由，愛上了禁錮我們的牢籠，並把它傳遞給下一代。漸漸地，我們對大自然的看法只限

於種花或飼養家畜，因為家畜會為我們提供食物，幫助我們勞動或保護我們的安全。這樣的做法只會使我們的心靈萎縮，充滿矛盾。我們甚至會將看到真正的動物的快樂，和接近一個注定要犧牲自己養活我們的可憐動物的快樂混淆在一起。我們也會欣賞那些被關在籠子裡的小鳥的羽毛和歌聲，對大自然產生一種朦朧的愛。我們甚至認為一盤海沙會對兒童了解自然有很大的幫助，以為有了這樣的沙子就有了海洋教育。我們被囚禁在這樣一個混亂的世界裡，難怪會得出一些荒謬的結論。

事實上，大多數人都害怕自然。他們像害怕天地一樣害怕空氣和太陽。他們像害怕藏身在草地裡的蛇一樣害怕夜晚的霜凍。他們怕雨，也怕火。文明社會的人是一群心甘情願的囚徒，如果有人警告他，為了身體健康，要享受自然，他就會帶著膽怯照做，雙眼時刻警惕任何危險。我們可以討論在露天睡覺，暴露在風雨中，不顧太陽曝晒在水裡泡個澡，但通常都並不會付諸實踐。

誰不會因為怕風大而跑去關門？誰不會在睡覺前關上窗戶，尤其是在冬天或下雨的時候？在野外走很長的路，不論晴天還是雨天，僅僅依靠大自然提供的庇護，人們都會認為這是一件很危險的事，需要英雄般的魄力。人們會說，我們確實應該習慣付出這樣的努力，但是沒有人會真正採取行動。所以，人們該如何習慣這樣的活動呢？也許小孩子天性熱愛自然。不，兒童是最應該受到保護的。即使是對運動充滿熱情的英國人，也不希望自己的孩子被自然的風和雨折磨。即使兒童長大了一些，即使天氣很好，護理師也會用嬰兒車把他們推到陰涼的地方，不讓他們長時間走路，也不讓他們隨意活動。體育運動會成為最強大和最勇敢的年輕人之間的真正戰鬥，而這些年輕人正是要響應號召與敵人作戰的人。

我們現在經常說：給兒童多一些自由；多鼓勵他們；讓他們在下雨的

第四章　自然教育

時候跑到戶外；讓他們脫下鞋子踩著水玩；讓他們光著腳在被露水打溼的草地上奔跑；一棵樹的樹蔭剛好適合睡覺時，就讓他們安靜地休息；清晨的太陽叫醒他們時，任由他們像畫出夜伏的生物一樣歡呼和大笑。但是，我們捫心自問，我們擔心的從來不是這些。我們擔心的是，怎樣不讓兒童在太陽昇起後還繼續睡覺，怎樣教會他們不要脫鞋或在草地上跑跳玩耍。由於各種限制，兒童的心理不斷墮落，被困住他的牢籠給激怒，殺死昆蟲或弱小無辜的動物。我們把這些視為自然而然的事，卻沒有注意到他的心靈已經與自然疏遠。我們只是要求孩子適應他的牢籠，不要為我們帶來任何麻煩。但是，即使是年齡很小的孩子，能量也比我們想像得要大，他必須自由地活動以展示自己。

在城市裡，兒童剛走一小段路就會說累了，會讓我們以為他力量不夠。但是，他的疲憊來自他所處環境的非天然屬性，來自他的倦怠，來自他笨拙的衣著，來自他那雙穿著皮鞋的小腳踩在硬邦邦的人行道上時的痛苦，來自周圍行人的沉默、冷漠、面無表情帶來的沮喪。他可能會參加俱樂部活動，可能會穿上令人豔羨的衣服，但這些對他來說什麼都不是。他只會感到被束縛，懶惰，想要被拖著往前走。

但是，兒童與大自然接觸時，會展現出自己的力量。正常的孩子，如果身體強壯、營養充足，即使不到 2 歲，也能走完幾英里。在陽光下，他們會不知疲倦地爬上長長的陡坡。我記得有一個 6 歲左右的孩子，某次失蹤了好幾個小時，竟然是獨自爬上一座山，心想如果爬到山頂，就能看到山的另一面。他並不覺得累，但會因為沒有找到想要的東西而大失所望。我曾經認識一對夫婦，孩子才 2 歲。他們想去一個遙遠的海灘，需要輪流抱著孩子走，擔心這一路會很累。然而，父母沒有把他抱在懷裡時，孩子會興致勃勃地自己走，每天都是如此。孩子會停下來摘一朵小花，或坐下來看一頭毛驢在草

地上從容地吃草，神情嚴肅，若有所思，與這個弱小而又幸運的動物共度片刻。父母沒有選擇抱著孩子走，而是跟孩子一起解決問題。我們常說只有詩人和孩子才能感受到涓涓細流淌過鵝卵石的獨特魅力，孩子看到這樣的情景還會開心地笑，想停下來用手摸一摸溪流，好像愛撫一樣。

我建議你試著抱起一個還沒有學會走路的孩子，走在鄉間小路上，自己面向廣闊而美麗的風景，而讓孩子背對著風景！孩子也會轉過身來欣賞美景，即使他還不會自己站起來，還不能說話讓你停下來。你有沒有見過小孩子為一隻從鳥巢裡掉下來的小鳥的屍體而悲傷肅立，或來回奔波著關切地詢問和報告發生了什麼事？雖然他們很快就會「墮落」到偷鳥蛋的地步。

像其他事物一樣，兒童對自然的感受會在訓練中增加。我們當然不會用迂腐的描述或勸誡的方式來與一個被關在房間裡的無精打采、百無聊賴的孩子交流，殘忍地對待動物是他生活的一部分，他已經習慣於看到或聽到這樣的事情。但是，家人故意殺死的第一隻鴿子，幾乎是每個兒童心中的陰影。我們必須治癒那些不堪設想的創傷和折磨著這些可愛的孩子的精神疾病，他們是所處的人造環境的受害者。

自然在教育中的地位

學校教育能讓兒童的注意力集中在一些特殊事物上，這些事物能準確反映，它在多大程度上激發了兒童內心對自然的感覺，或者喚起他內心潛在的或失落的情感。不僅在這些活動中，在其他活動中也如此，學校的作用就是為他提供有趣的資訊和行為的動機。兒童比任何人都更適合成為自然的觀察者，當然他也需要可以用來工作的素材。

第四章　自然教育

關心他人

兒童對生命有一種焦灼的關注，滿足這種本能會使他們充滿了喜悅。因此，他們很容易對照顧動植物尤其是動物感興趣。對兒童來說，沒有什麼能喚醒他們的遠見卓識，因為他們總是活在當下，僅此而已，從不考慮明天。他們知道動物需要他們，也知道不澆水植物就會枯死，他們就用「愛」作為新的橋梁，把逝去的今天與明天的時光連結在一起。

兒童會連續好幾天小心翼翼地把食物和水放在孵蛋的母雞身旁，他們在觀察自己的勞動成果，而我們應該觀察這時候的他們。他們看到母雞長時間用翅膀覆蓋著的蛋中孵出了嬌嫩的小雞，由此表現出溫情和熱情。出於對弱者給予更多幫助的願望，他們收集稻草、棉線或者一縷縷的棉絮，為屋頂下或花園裡樹上的鳥兒準備築巢的材料，聽著小鳥發出啾啾聲表示感謝。

兒童耐心地觀察昆蟲的蛻變和雌性動物對後代的照料，這些常常引起他們和驚奇和興趣。有一次，他們被蝌蚪成長經歷過程中的變化震撼，甚至可以描述出蝌蚪整個發育過程，像一個小小科學家一樣報告青蛙生命的各個階段。

兒童也會被植物吸引。「兒童之家」沒有可以耕種的土地，所以，他們把花盆都擺在露臺周圍，一直記得用小噴壺替植物澆水。一天早上，我發現他們在地板上圍坐一圈，中間是一朵美麗的紅玫瑰，所有人的表情都沉默而安詳，沉浸在幸福的沉思之中。

還有一次，一個小女孩興奮地從陽臺上往下看。母親和教師都知道她從小就喜歡植物和花園，但現在她被更多的東西吸引了。她告訴母親：「下面的花園裡，有一些可以吃的東西。」那是一個果園，母親並不覺得果園有什麼特別之處，但它卻讓她的小女兒興奮異常。

對花園的偏見

我們對自然也存有偏見,這似乎很難理解。我們對花的看法太具象徵意義,還試圖塑造兒童的反應,而不是跟隨兒童的引導以理解他們真正的品味和需求。這就是為什麼即使在花園裡,兒童也被迫模仿成人勞動時候的樣子。他們發現,把一粒種子種在土裡,等著一棵小苗長出來,需要花費太長的時間,而且這個任務對他們來說也太簡單了。他們想做點大事,恨不得勞動成果直接就是成熟的果實。

兒童的確喜歡花,但他們需要做的不僅是待在花叢裡,觀察五顏六色的花朵。他們發現,最大的樂趣不在於外在美的吸引,而在於行動、了解、探索。

最愛的工作

我們與那些自由的兒童接觸的經歷,使我們得出了許多不同於以往的結論。

對兒童來說,最愉快的工作不是播種而是收穫。我們都知道,收穫的重要性不亞於播種,甚至可以這樣說,正是收穫加強了人們對播種的興趣。收穫越多,就越能體會到播種的神祕魅力。

收穫穀物或葡萄是最美妙的經歷之一。收割麥田,把麥子捆成捆,用鮮豔的彩帶束起來,這些都是最受歡迎的活動,可以成為農場節日的慶祝活動之一。照料葡萄藤,清洗葡萄,把葡萄放進漂亮的籃子裡,準備各式

各樣的盛宴，同樣受歡迎。

果園也提供類似的工作效果。即使是年齡很小的孩子，也喜歡收集橄欖，蒐集掉落的果實放在籃子裡，尋找藏在葡萄藤葉子下的草莓和芳香的紫羅蘭。

從這些體驗中，兒童開始對大規模的播種產生興趣。例如，麥田播種需要各式各樣的操作，大人要在地上犁出溝壑，兒童要把穀種堆起來。然後，兒童可以把種子裝進小籃子，沿著犁溝種下。植物柔弱但又強大的生命力，為兒童的眼睛和心靈帶來了極大的愉悅。均勻的平行線構成的圖案，似乎強調了植物生長的儀式感。生命的宏偉似乎來自各個元素的集合，單獨的元素本身並沒有什麼吸引力。金黃的麥稈在風中搖曳，長到兒童肩膀的高度，等待著收穫的來臨。雖然我們那一小塊耕地是為了做麵包而播種的，但我們仍然能夠得出這樣的結論：鄉村生活比哲學和花卉的象徵意義更適合兒童。

種花也有實際的教育價值。兒童的活動包括尋找、辨別和收集不同氣味的植物。分辨和尋找相似的氣味而不是花朵，這是一項嚴格的練習，能為兒童帶來發現的滿足感。

當然，鮮花也很有趣，但是採集鮮花與採集從鮮花中生長出來的果實相比，少了一些與自然接觸的機會。花兒似乎在召喚昆蟲而不是人類來幫助它們完成繁衍的使命。事實上，兒童常常在欣賞鮮花的過程中滿足了精神需求，但是很快就會起身去尋找要做的事情，因為正是活動讓他們的天性如蓓蕾一樣綻放。

簡單性

　　兒童的工作必須具有一定的多樣性。他們不需要知道為何而播種或收割，就能產生對這些活動的興趣。他們很樂意採取一些簡單的行動，有的可以立即達到目的，有的需要付出特別的努力。例如，他們會很樂意地拔掉路上或犁溝裡的雜草，清掃枯葉，或撿起一根老樹枝。總之，兒童需要一塊可以耕種的土地，一個可以經歷全新的體驗和困難任務的場所，使其具備成功走向新世界的活力。

　　我們的一些照片顯示，兒童在牛群和羊群中無所畏懼地行走；還有一些照片顯示，他們篩土，用手推車運東西，或者堆起一大堆樹枝。但是，有些勞動由於缺乏適當的環境而不可行，諸如溫室環境、水生植物的控水設備、池塘的防蟲網等。我們選擇的工作強度，通常不會超出兒童的能力範圍。

我們的花園

　　我們觀察兒童能夠自由表達其需要的條件，得出的另一個結論是，將田地或花園限制在他們的精神需求範圍內。然而，人們普遍認同的理念卻與此相反，他們認為要給兒童無限的空間，這種理念幾乎完全是出於對兒童身體活動的考慮。然而，兒童行動的敏捷程度似乎圈起了活動範圍的界限。具體地說，我們假定兒童的活動範圍是跑道，會發現他們活動的範圍要比我們想像的小得多。即使在一個大的場地裡，兒童也總是在某個地方、某個角落或某個狹窄的地方奔跑和玩耍。所有的生物都傾向於為自己

第四章　自然教育

　　找到一個地方，並讓自己保持在那個界限之內。

　　同樣的標準也適用於心理活動，我們必須在空間或任何東西的過度和不足之間找到一個邊界。兒童不喜歡所謂的操場，因為那裡對他來說太小了，只有本身就不夠強大的兒童才屬於那裡。兒童並不在乎某樣東西是否屬於他，他想要的恰恰是一種滿足感。他應該能夠照顧盡可能多的植物，盡可能多地去記住它們，這樣他才能真正地去了解它們。

　　對我們來說，花園裡有太多的植物和鮮花，是一個充滿未知的地方，這些未知對我們來說是陌生的。在花園裡，肺可以好好地呼吸，但心靈不會受到影響。小小的花壇不能滿足我們，它可以裝載的內容物太少，不足以滿足我們與自然接觸的精神渴求。因此，我們的心理邊界就由花園裡的植物來界定，那裡的每一株植物對我們來說都是珍貴的，幫助我們支撐內在的自我。

　　判斷兒童活動範圍的標準引起了人們極大的興趣。在許多國家，人們試圖按照字面的解釋，建造一個符合兒童內心需求的花園。如今，修建花園的計畫與修建「兒童之家」的計畫是並行的[01]。

---

[01]　瑪麗亞・蒙特梭利博士透過實踐，對兒童自然教育做了進一步的闡述。這裡不單單考慮了為滿足孩子的興趣和活動準備大量的活動和教具。值得注意的是，這包括了很多動植物的形態和分類，為孩子們進一步學習生理學做好準備。此外，學校還精心準備了水族館和蔬菜田，這是每所學校都應該有的設施。這些研究方法讓孩子們對自然產生了自發和有目的的探索，並有了一些自己的發現。這些活動滿足了孩子們鍛鍊感官和行動能力的需求，並為基礎教育的長遠發展奠定了基礎。它為滿足年齡較大的孩子的興趣提供了一種實踐形式，不必勉強他們理解那些已經不感興趣的思想和術語。兒童在年幼時欣然而熱情的學習活動，為後來人生階段打下基礎，然後在這些基礎上滿足自己更高的興趣。—— 英譯本譯者注

第五章

運動教育

紅色的人和白色的人

我認為有一點應該向教師們澄清一下，那就是人體的植物性和神經性的區別。前者與血液循環系統有關，後者與神經系統有關。

神經系統可分為交感神經系統和中樞神經系統，交感神經系統在相當程度上控制著身體的機能，與情緒有著密切的關係，而中樞神經系統有無數的分支，它使感覺器官與外部世界相連，並使肌肉服從意志的控制。情感和意志的存在表明，交感神經系統既從屬於中樞神經系統，又依賴於中樞神經系統。任何對教育感興趣的人都必須重視這一點。

目前我們特別關心的是兩種不同的系統，一種是血液循環系統，以心臟為中心，透過微小的微血管系統擴散到身體表面。另一種是神經系統，它以大腦為中心，有無數的分支，最後到達身體內各個微小的神經末梢。

眾所周知，微血管和神經末梢在體內隨處可見，它們提供血液，並保持所有組織的活力。我們可以回憶一下，無論身體的哪個部位被紮了一下，不論是身體外部還是內部，都會出血和疼痛。這樣，我們就知道了微血管和外周神經系統的分布。如果我們能透過某種方式，從人體上移除一個完整的血液循環系統和一個完整的神經系統，就能重現軀體的所有細節。首先，「紅色」的人屬於植物性生命，軀體透過各種途徑從環境中吸取生存所需的食物、氧氣等養料，也有排洩廢物的器官。其次，「白色」的人與從外部環境獲得印象的感覺器官和執行動作的肌肉系統有關。儘管這兩種「人」截然不同，在功能上也有明顯的區別（一個是身體的物質化，另一個是精神的物質化），但它們如此緊密地連繫在一起，有機體的任何功能都離不開它們的相互合作。心臟跳動並帶動血液循環，因為它與神經系統相連，而神經和神經中樞的功能則依賴於血液的供給。

肌肉是人體的重要組成部分，它們附著在骨骼上，並利用骨骼的支撐作用，對神經系統和血液循環系統起著保護作用。正是透過肌肉，個體才能採取行動，表達思想。微小的感覺器官可能被比作接受心靈發展所必需的資訊的毛孔，但生命的實際運作則取決於肌肉。意志透過這些奇妙的運動工具來實現它的願望。心靈必須擁有所有這些表達方式，並透過這些方式，將觀念轉變為行動，讓情感在工作中得以實現。肌肉要完成如此重要的目標，必須透過複雜的操作才能實現。它們同時有助於血液循環，幫助心臟實現其功能。所有這些都是肌肉作為運動器官，與其他生物產生連繫的必然結果。

　　然而，確實有些人，特別是兒童，被迫過著毫無生機的生活，他們開展的活動被人為地從與之保持連繫的器官分離。這些器官不僅包括大腦，還包括肌肉和感覺器官。這將導致身體機能退化，因為植物神經系統也是個人存在的一部分。在教育領域，這啟發人們追求積極的生活，即增強體育鍛鍊，平衡營養結構，恢復身體健康。人體營養不足時，其特點是缺乏活力和體質虛弱，新陳代謝降低，由此導致對疾病的抵抗力減弱。因此，與生命活動密切相關的肌肉系統已經退化到一定程度，僅僅是幫助血液在艱難而複雜的循環過程加速流動。因此，我們用來表達思想的器官，也只是幫助血液循環而已。

　　這種功能的逆轉顯然不能使人恢復正常的活動狀態。這種冷漠導致了功能性障礙，人們還試圖用一個錯誤彌補另一個錯誤，這就導致了對人類智力和道德生活的持續性損害。因為人們的活動過分強調純粹的體力活動，所以遊戲、體育和類似的活動消耗了更多的能量。

　　關節脫臼會帶來疼痛、痛苦和身體畸形。但是，當骨頭固定好後，肢體就會恢復正常功能，所有痛苦就會消失。教師錯就錯在讓學生的感官和

肌肉處於閒置狀態,而讓他們的思想處於胡思亂想的遊蕩之中。然而,肌肉、神經和感官構成一個整體。如果要糾正這種功能上的錯亂,就必須啟用與精神生活有關的器官。腦力勞動應該伴隨著對真實和美好事物的欣賞,而這種欣賞將產生活力、啟用思想,並在人們應該互相幫助的外部世界留下他們的痕跡。肌肉活動應該總是服務於人或是人的思想,而不應該卑躬屈膝地讓自己成為人類所謂的「植物性」或「肉體生活」的奴僕。

我們可以注意到,工作是一種為心靈服務的身體鍛鍊。個體的工作間接地促進其血液循環和呼吸。因此,健康問題也是工作問題。健康和正常的生活通常是透過適當的飲食和戶外工作來獲得的,讓大腦的高級功能有更多的自由發揮空間。

紀律和體操

在普通學校,「體操」一詞是指一種集體活動,其目的是使全班同學統一地鍛鍊肌肉。還有一種更正式的體操形式,與雜技類似。

人們發現,學生長時間坐在木製課桌前,在課堂上保持固定的姿勢,而不同類型的活動有助於打破肌肉動作的慣性。因此,體操是在彌補強加給學生的限制帶來的影響。教師強加給學生的行為和反應是舊體制的典型代表,體操則是教師為被動的、遵守紀律的學生採取的補救措施。現代教育的趨勢是允許體操有更多樣的變化。例如,我們從英國人那裡借用了露天體操的形式,並引進了達爾克羅茲開創的節奏體操。這些活動更具有人道主義精神,給了兒童一個從僵硬的姿勢中放鬆肌肉、發展天性的機會。但是,所有這些做法都是對被錯誤理解的生命的補救措施而已,對生命

本身沒有任何改變個性的影響。它們就像一種娛樂，不屬於日常生活的範疇。

我們的教育方法中最重要的實際方法之一是將肌肉訓練引入兒童的生活，使之與他們的日常活動密切相關。因此，運動教育成為兒童性格教育的重要組成部分。

每個人都承認兒童必須不斷地活動，尤其是在童年時期，這種對運動的需求是難以遏制的。但隨著抑制力的發展，兒童學會協調抑制力與運動衝動之間的關係，發展出使衝動服從意志的手段，運動需求就明顯減少了。因此，兒童越成熟，他的行動就越順從意志；如果受到外界意志的壓力，他就越能反抗。但是，運動始終是與外界維持關係的基礎，因為正是這種運動能力，使人類乃至整個動物界與植物界區分開來。因此，運動是生活的重要組成部分，教育不能減少或抑制運動。相反，它應該允許兒童的能量正常發展，並幫助他更好地發揮能量的益處。

大自然是教兒童如何行動的嚮導。這一點幾乎無須證明。嬰兒的動作像木偶一樣是僵硬笨拙的。3歲的兒童總愛多動，到處亂跑，觸控一切。9歲的兒童已經學會走路，不再需要四肢著地在地上爬或抓住遇到的一切支撐著走路。這些轉變是自發的，不受任何教育的影響。與之相關的是身體比例的變化，即軀幹的長度和下肢的長度之間比例的變化。新生兒從頭頂到腹股溝的長度約占身高的68%，意味著腿長是身高的32%，而成人的軀幹和腿部的長度大約相等。這種比例上的變化是成長的一部分。3歲的兒童入學時，腿長占身高的38%，相比軀幹的生長，腿長的比例大大超過成人。7歲的兒童，腿長占身高的57%。然而，在青春期後，兒童的軀幹的長度增加，直到達到正常成人的比例。

這樣一個關於成長的基本因素足以使我們了解到，兒童對運動的需求

第五章　運動教育

有著非凡的意願。為了幫助他們充分發揮潛力，我們必須觀察他們的自發運動，只要注意一些基本事實就夠了。兒童用他們的小短腿站立著，努力保持平衡，用跑步掩蓋行走的困難。他們需要休息時，就會躺在地上，翹起雙腿。但是，嬰兒仰臥時，雙腳和雙手都會伸向空中並相互靠攏，幾乎是一種天然的姿勢。3～5歲的兒童趴在地上，下肢常常翹起，靠手臂肘支撐起上半身。兒童還找到了一種不同於坐在椅子上休息的姿勢，他們坐在地上，將重心放在交叉的雙腿上或其中一條腿上，平穩地支撐著身體。兒童需要不時地休息，這會打斷他們的連續活動。我們在兒童房間裡準備了小地毯，這通常會捲起來放在房間的某個地方。他們如果想坐在地板上而不是小桌旁，就必須先拿一塊小地毯鋪在地板上，然後在上面活動。成人不會要求他們改變姿勢，而兒童也會平靜地順從自然的需求。

工作和體操

我們只需要簡單想一想就會明白，實踐生活提供了豐富的鍛鍊，而我們的生活環境正是完善一個人運動能力的場所。這與生產新東西的體力勞動是不同的。相反，我們不斷地根據智力需求移動物體，而我們的智力預見了所要達到的目標。捲起地毯，擦鞋、清洗水槽、擦地板、擺桌子，開啟和關上箱子、門窗，整理房間，把椅子擺放整齊，拉開窗簾，搬家具，等等。這些都是全身參與的鍛鍊，完美地呈現一個又一個動作。兒童透過慣常的工作而不是普通的體操，學習如何移動雙手和手臂，增強肌肉的力量。然而，實際生活中的練習不能被看作一種簡單的體操，它們是「工作」。但是，這項工作令人有煥然一新的感受，而且不會覺得累，因為人

們對自己的一舉一動都很感興趣。

這是一種自然的活動，因為人在活動時應該有某種目標。肌肉應該始終為智力服務，從而保持其功能與人的性格的統一。如果一個人頭腦聰明、肌肉靈活，那麼他存在的意義就在於智力活動中，正如多數生物存在的意義在於行使適當的功能。因此，我們必須為在這個環境中的兒童提供開展活動的手段。然而，我們必須記住的是，「兒童之家」面向3～6歲年齡不等的兒童開放，他們像家人一樣生活在一起，完成不同的工作。

我們為兒童提供了一些適用於實際生活的物品。這些物品不是用於科學研究，而是供兒童在家裡使用，只不過之前是看家裡人使用。在「兒童之家」，這些物品的尺寸特別適合兒童使用。物品的數量不是由教學方法決定的，而是取決於學校現有的資源，特別是取決於兒童每天在學校待的時間長短。如果學校附帶一個花園，清掃、除草或採摘等，都會成為兒童工作的一部分。如果學校日程安排足夠豐富，晚餐也會成為工作的一部分，包括布置餐桌、端飯、吃飯、洗碗、收拾廚具等。在所有實際生活的鍛鍊中，這是最困難，同時也是最精細、最有趣的工作。

工作

兒童來到「兒童之家」，脫下外套和帽子，掛在牆上的衣帽鉤上。衣帽鉤的位置很低，3歲的兒童也能輕易夠到。洗臉盆的位置也很低，高度還不到成人的膝蓋位置，還配有小塊肥皂、小毛巾、清理指甲的小刷子，這些都在兒童夠得著的範圍。如果沒有專門的洗手檯，也至少會在一張矮桌上放一個臉盆，旁邊放著一個小水罐或盛水的容器。除此之外，我們還

會在旁邊準備一個盒子，或在牆上掛幾個袋子，裡面裝著兒童小手可以握住的衣服刷子。如果可能的話，小桌子上應該還會有一面鏡子，位置也很低，只能照到成人的腳和膝蓋之間的位置。兒童可以坐著照照鏡子，用桌上的梳子理順因摘下帽子或在街上吹了風而弄亂了的頭髮。接著，兒童穿上圍裙和罩衫，準備好進入房間。

如果教室不夠整潔，兒童就有工作要做了。他們會扔掉花瓶裡枯萎的花，或者換掉花瓶裡的水。牆上的鉤子上掛著各種顏色的抹布和一個色彩鮮豔的羽毛撢子，兒童會選擇最適合的工具開始清潔工作。如果桌子上有汙漬，他們就用肥皂和水清洗掉。如果水灑在了地板上，他們會立即擦乾淨。如果麵包屑或枯葉掉在地上，他們就用小掃把打掃乾淨。白色的毛巾潔白如雪，綠色簸箕上裝飾著紅色斑點，用起來讓人心情愉悅。掃帚的顏色很漂亮，還有閃閃發光的漆面搖桿，吸引兒童來使用。只要一有機會，兒童就會完成這些工作，從上午到下午，沒有固定的時間。他們不時地檢查周圍，巡視他們的「家」。如果椅子放錯了地方，打亂了房間的布局，我們可以肯定，哪怕年齡最小的孩子也會注意到這些雜亂的細節。兒童在3歲之前做的最複雜和最具挑戰性的工作就是整理家具和擺放物品，也是活動量最大的工作。

召喚

的確，有些時候是教師在監督兒童做事，但是也有很多時候是事情在「召喚」不同年齡的兒童去做。物品華麗的光澤、色彩和美感都是吸引他們的注意並鼓勵他們行動的「召喚」，這樣的號召力是任何教師都不具備

的。它們發出聲音:「帶我走吧,讓我安然無恙回到原來的位置上吧!」兒童的活動是對這種邀請的回應,既滿足了自身活動的需求,也喚醒了自身的能量。這種能量的覺醒使他們能更容易完成一些更複雜的事情,即發展智力。然而,很多時候,不止一個聲音在呼喚他們,或者給他們一些複雜的任務。重要的工作,如擺好餐具,清洗餐具等,需要獲得一個有組織的群體的關注,而不是一個人的關注,這需要長期的訓練和準備。

能力

我們總是試圖根據兒童年齡來猜想他們的工作能力,或者憑藉兒童只有在他人幫助之下才能完成某件事而認定其不具備完成該任務的能力,這些觀點都是錯誤的。教師應該敞開胸懷,不應因為對兒童缺乏信心而打擊他。即使是最小的兒童也渴望做些事情,而且比那些年長的兒童更渴望發揮自己的能力。因此,好教師總會尋到一些方法,讓最小的兒童也能做出貢獻。2歲半的小傢伙可以端著麵包,4歲半的兒童則可以端起一盆熱湯。兒童不會因為工作的重要性不同而懊惱,只要能盡其所能地完成某項工作,看到自己在所處的環境中能發揮自身的能力,他們就會感到滿足。

對兒童來說,最有價值的事就是為每個人提供更多的工作機會。就像預言中說的那樣,他們有一種內在的抱負,渴望充分發揮他們的才能。當他們成功做到這一點時,就會引起許多人的敬佩。兒童被邀請共進晚餐時,會很高興,不僅是因為可以有東西吃,還因為這是鍛鍊他們的內在力量的好機會(如等待同伴或一起祈禱)。他們不會浪費時間,而且很清楚如何利用自己的機會。你會看到一個穿著白色圍裙的小侍者,小心翼翼地

把桌布鋪在桌上，站在桌子前認真思考最佳的座位方案。你還會看到一個小女孩微笑著往玻璃杯裡倒水，小心翼翼地不讓水壺碰到玻璃杯的邊緣，也不讓水灑在桌布上。你會看到一群小小的服務生拿來一摞盤子，放在不同的座位上。兒童在工作中獲得的滿足感，給了他們一種優雅和安逸的感覺，這與音樂帶給他們的感受類似。

精確性

與這些兒童相處一段時間後，人們都會注意到精確性是使兒童成功地完成實踐活動的特殊祕密，即行為執行過程中的準確程度。與其說兒童對往杯子裡倒水感興趣，倒不如說他們對倒水動作的精確性感興趣——不僅要把水從瓶子裡倒出來，還不能碰到杯子邊緣，也不能把水灑在桌布上。如果兒童必須記住肥皂的位置，以及毛巾必須掛在哪裡，那麼洗手這件事就會變得有趣。

兒童的動作本身是不完善的，但當兒童試圖完善動作時，這一動作的價值就提升了。例如，兒童洗手不再僅僅是為了使雙手變得乾淨，而是為了能夠完美地完成洗手的動作。這時，洗手的價值，不僅在於清潔，也在於使兒童掌握更多的動作技巧，並使他們表現得更有教養。兒童體驗到的快樂不僅來自透過活動達成特定的目標，還來自在活動細節中為自己開闢的全新的鍛鍊機會。換言之，我們應該優先考慮實踐活動中的教育，它是教育過程的一種外部激勵，促使兒童組織和優化自己的行為。

敏感期

兒童正處於對活動非常感興趣的年齡階段，而且似乎急於學習如何完成某項活動。他們所處的人生階段，正是必須主宰自己行為的階段。從生理學上講，他們的肌肉和神經正在經歷一個學習如何協調工作的時期。成功地度過這一時期對於個體的最終完善至關重要，良好的開端對兒童的未來發展也是至關重要的。在這一階段，教師付出最少的努力完成在兒童內心播下種子，從而在將來獲得巨大的收穫。因為，她正在教的是一群對學習「如飢似渴」的兒童。

教師以這種方式開展教學時會有一種感覺，與其說是在教學，不如說是在贈與，是在做慈善。她在一群兒童中播下特定年齡所需的種子時，就像給飢餓的人餵食，覺得自己正在做一件極具慈善價值的工作。後來，兒童會忽視動作的準確性，對發展肌肉協調性的興趣也會下降。兒童的思想繼續發展，不再擁有之前那樣的渴望。他的思想必將沿著一條既定的道路前進，這條道路既獨立於自己的意志，也獨立於教師的意志。後來，他會堅持不懈地努力做好某些事情，支持他的不再像以前一樣是愛好，而是責任感。到那時，他必須在自己的內心產生一種新的工作態度，即使是年齡最小的兒童也有可能學會分析自身的動作。

動作分析

每一個複雜的行為都包含一系列截然不同的動作。分析動作的意義就在於重新認識和準確地執行這些獨立的、截然不同的動作。例如，穿衣、

第五章 運動教育

　　脫衣是高度複雜的行為，除非在特殊場合，否則成人也不能完美地完成這樣的動作。這類行為的難度在於各種動作同時進行，各種原本應該接連進行的動作經常混作一團。類似於長單字的發音，有時不同的音節以一種令人費解的方式連在一起。人們的發音出了問題，是因為沒有分析組成單字發音的每一個發音。漏讀或混淆與語速的快慢無關，有的人的發音可以又快又清晰，但讀錯單字的人有時說話會很慢。因此，這不是語速的問題，而是準確性的問題。

　　通常，人們的許多動作是不精確的。因為缺乏相關的動作教育，所以儘管我們可能沒有注意到，但動作的不精確性成為一個內在特徵，始終伴隨著我們。例如，我們可以回想一下給夾克扣釦子時，手把鈕扣按進了釦眼後，會把拇指插入釦眼，並從另一側捏住釦子，而我們並沒有意識到自己已經把鈕扣按進了釦眼。我們首先要做的是把外套的兩側衣襟放在一起，然後把鈕扣調整到釦眼的位置，讓它穿過去，然後把衣襟拉直。事實上，這就是僕人給主人或裁縫給顧客穿衣時的操作，這樣衣服就能完好無損地保存很長一段時間。但是，如果我們以錯誤的方式扣釦子，三四次後衣服就會變形。類似的事情還有，我們隨意地插入鑰匙，把轉動鑰匙和拉門這兩個連續的動作混在一起，就會破壞鎖的結構。我們經常用插入門上的鑰匙把門拉開，但是鑰匙不是用來拉開門的，門把手才是。相似地，我們粗暴地翻頁，會毀掉一本好書。我們濫用外部事物，動作粗暴而笨拙，會破壞身體的和諧。

動作效率

動作的分析和效率緊密連繫，即完美達到目的且沒有多餘的動作。這是審美和藝術的泉源。但這不僅是審美和藝術的問題，也是每一項重要行為都要遵循的普遍原則。笨拙的行為通常是因為被與目標不相關的動作拖累。試想一下，如果一個人在馬車還沒停下來，或者還沒把腳跨向門口時，就把車門開啟了，那麼他就無意識地做了兩三個無用的動作。這樣的做法本身也是魯莽的表現。但是，就下車而言，這些動作本身都是必要的。

我們要把這些事情教給兒童，看似很複雜和困難的事情，但是在某一個發展時期，兒童對動作有著濃厚的興趣。在童年時期，一個人的肌肉和神經對動作做出反應並且已經成了習慣，預示著他在未來生活中會成為一個有教養的人。

固定框架

我們透過固定框架，為兒童提供動作分析。這些框架是木製的，每個框架都有兩塊可以繫在一起的長布條，提供了不同類型的固定方式，如鈕扣、掛鉤、鞋帶、緞帶、釦環等。這些物品都是穿戴過程中要用到的。首先，這兩塊布的位置必須一前一後，以便讓連線布條的扣件彼此相對。扣件可能是孔眼、絲帶、鈕扣、緞帶等，提供了足夠多樣和複雜的操作，以使兒童對連續的動作進行分解，並逐一完成。例如，他必須用一隻手將鈕扣斜插進釦眼，而另一隻手按住釦眼使鈕扣穿過。然後，他把鈕扣從釦眼

中穿過，並將布條展平。教師準確地告訴他該怎麼做之後，他就會不停地扣扣子、解釦子，直到掌握了動作的速度和靈活性。

其他方式

類似活動的範例有：鎖上或開啟抽屜或門的過程中，要區分握住鑰匙、插入鑰匙、轉動鑰匙、拉出抽屜或開啟門的一系列動作；正確地開啟一本書，輕輕地一頁一頁地翻頁；從椅子上站起來，再坐下；搬運各種東西，停下來，然後放下；走動時避開障礙物，不要撞到人或家具。所有這些都是「兒童之家」常用的鍛鍊方法。

除此之外，我們還引入了一系列與禮儀或社交有關的行為。例如，互相問候、撿起和歸還他人掉落的物品，避免在他人面前穿過，給別人讓路，等等。

路線

每一項複雜的活動都有一種單一的思想貫穿其中，而這一思想必須被視為解決任何一般性問題的關鍵。完善不同類型的活動，還有一個關鍵祕密，那就是平衡。因此，我們設計了一種方法幫助兒童保持平衡，同時完善他們最基本的動作，即行走。

我們用粉筆或更耐用的油漆在地板上畫出長橢圓形的路線。然後，由一位兒童展示如何線上路上行走，他會把腳完全放線上上面，也就是將腳

的中線踩線上上。首先,我們要教兒童如何把腳準確地放線上上,讓腳跟和腳趾都壓線上上。兒童以這種姿勢向前移動時,會有一種即將摔倒的感覺,他必須努力保持平衡。兒童開始自信地行走時,就需要克服另一個困難,即走路時如何讓後腳尖碰到前腳跟。這個練習不僅要求兒童努力保持平衡,而且要求他密切注意將腳放在規定的位置上。這滿足了兒童在木板或窄條上行走的本能,也就解釋了兒童對這個練習產生強烈興趣的原因,以及我們在學校裡使用這一練習的理由。

教師彈奏鋼琴、小提琴或小風琴,不是為了讓孩子們跟著音樂的節奏走,而是透過啟用動作來幫助他們。

同步練習

今天,在我們的學校裡,作為標準設備的一部分,會有一個架子,上面掛著許多不同的小旗。兒童會被這些顏色鮮豔的小旗吸引,喜歡把它們拿在手裡。一旦兒童克服了在路線上行走的初步難題並學會了保持平衡後,他們就會高舉一面小旗。如果他們沒有注意控制手臂,舉著小旗的手臂就會逐漸垂下來。因此,他們不僅要注意腳下的路線,還要注意手裡的小旗。

接下來的練習難度更大,需要兒童不斷加強對動作的控制。我們準備了一排玻璃杯,裡面裝滿了有顏色的水。兒童端著玻璃杯走路時,必須讓杯子直立,才能避免水灑出來。兒童透過同樣的意志努力,正確地走在路線上,並控制手臂的動作。兒童沿著這條線往前走時,還必須攜帶鈴鐺,一旦他們走神,鈴鐺就會發出聲音,因此他們必須保持專注。

第五章　運動教育

　　在這個階段，兒童常常是自信且大膽的，對克服更大的困難感興趣，熱情地參加各種活動，一點一點地掌握所有的動作。我曾看到有兒童保護手裡的一摞積木不掉下來，還有兒童頭頂籃子小心翼翼地四處走動。

安靜與沉默

　　另一種完全不同的控制的運動方式，是讓兒童盡可能地創造出一種絕對的安靜狀態。這種安靜不是要求兒童靜坐不言而獲得的半沉默狀態，而是逐漸獲得的完全靜止狀態。它包括不發出任何聲音，不引起一點噪音，如動作的聲音或沉重的呼吸。絕對的沉默狀態與完全的靜止狀態類似。我們會在感官練習中討論什麼是沉默，進一步討論各種動作的分析和協調，這裡只是簡單地提一下。

開放道路

　　練習的最終目的是完善個人動作，但可以採取的方式有很多。一個在通向完美的道路上不斷前進的人，能夠完成很多事，自身活動的不斷完善也會帶來一些實際的結果。

　　兒童透過長時間的反覆練習，最終成為自己行為的主人，並被他從事的愉快與有趣的活動鼓舞。這樣，他就是一個健康快樂的人，擁有冷靜和自律的特質。他還將以自然的方式獲得許多實用的技能，當他的身體適應了音樂的節奏，就為完成體操做好了準備。音樂對他來說不再是一種簡單

的刺激，而是成為他行動的內在指導，使他的動作順應音樂的節奏。

現在，我們來考慮一些完全不同的事情。兒童即將進入一個神聖的領域，在那裡人們必須保持沉默和安靜。他們積極地關注每一根神經纖維的活動，站著、坐著、走路不發出一點聲音，或移動椅子而不打擾身邊的寧靜。所有這一切是在適應一個莊嚴肅穆的氛圍。兒童的舉止優雅完美，能夠幫助他們走上有助於自身進步的道路。

自由生活

征服自我的人最終也獲得了自由，因為他們擺脫了無序和無意識，而這些傾向必然使兒童受到成人的嚴苛而持續的控制。他們可以興高采烈地走進花園，而不會破壞小路或花朵，也不會在草地上亂跑，總之，他們沒有任何不當的行為，表現得優雅自如，這是耐心和努力鍛鍊的必然結果。在某種程度上，他們是「自我控制的」，而不受他人控制的，因而他們是自由的。

有人對我們的教育方法進行理論研究後，得到的結論往往與他之前的看法相反──「兒童可以隨心所欲完成任何想做的事情」。然後，他們開始為「兒童之家」那些自由的兒童感到擔心，因為那些兒童不得不以某種方式試圖讓自己的小小身體保持靜止，像侍者一樣耐心地等待他人，分析自己的每一個動作的路線。但是，只有與這些兒童直接接觸後，他們才會了解到，兒童願意做出這些犧牲。並且，他們還會相信，成長中的兒童最基本的需要就是順應這個成熟的過程。

現實

　　保持平衡和分析動作的練習，有助於兒童完善動作。這些練習迫使兒童使用平衡器官，使他關注自己的每一個動作。實際生活中的練習，使兒童注意到他的日常動作。這兩者相輔相成——分析動作有助於產生綜合和實際的結果，反之亦然。

　　熟能生巧，這就是為什麼我們將練習與日常活動連繫在一起。如果兒童沒有為就餐者布置餐桌，不用刷子清潔，不清理地毯，不洗淨擦乾盤子和杯子，他就永遠不會獲得可靠的能力。如果兒童的社交沒有以適當的教育為基礎，他就永遠也不會達到那種優雅自然的狀態。這就像是，即使是最光滑、最圓潤的球體在平滑的表面上滾動，最終也會因為摩擦力停下來。所以，即使一個人知道他應該做什麼，也必須不斷奮鬥，防止自己陷入懶惰的深淵，從而導致他在追求完美的道路上止步不前。個人的修養如果不能以某種方式在日常生活中表現出來，那麼修養再高又有什麼用？日常生活沒有提供太多放鬆的機會，而後天習得的技能又會對人產生影響。粗枝大葉和粗心大意就像雜草生長在乾旱的岩石上一樣，從其本質來看，似乎也是對它們的一種保護。

行動安排

　　人們通常不太了解的是兩種教育制度的區別：一種是教育兒童如何行動且在實際行動中享有自由，另一種是將成人的意志和力量強加於兒童，從而指導其所有行動。那些贊同傳統教育觀念的人認為，我們捍衛的兒童

的自由是在沒有他人權力和意志干涉的情況下維持下去的，因為我們剝奪了成人意志對兒童的特別監督。但是，事實上，我們並沒有採用這種簡單化的態度。我們的教育不是消極被動的，也不是對兒童的剝奪，而是在改變、加強和完善。

新的教育理念認為，兒童的一切都必須得到教導，一切都必須與生活相連繫。但是，這並不意味著兒童需要學習生活的每一細節，要受到我們的壓制或指導。兒童不僅學會了如何保持沉默，而且學會了應該在什麼時候保持沉默。兒童不僅學會了各式各樣的問候，而且還學會了跟其他兒童、母親、父親、陌生人、受人尊敬的老人等不同的人打招呼。換言之，他必需根據時間和情境運用所學的知識，這種行為的整合是兒童能做的最大努力。兒童意識到，運用所學知識是他的任務和責任。這樣，他就能從危險中解脫出來了。否則，他就是在讓成人對他的行為負責，而使自己的意識處於一種無所事事的休眠狀態。新的教育體系不僅是為個人行為的發展提供手段，還是在給予兒童自主安排自身行為的自由。

這是讓兒童成為一個雖然年齡小但富有思想且勤奮的人的原因，他在內心中祕密地做出決定，選擇與之前預期完全不同的事情，或者以慷慨的衝動或完美的行為迅速完成內心的計畫。他用這樣的方式鍛鍊自己，憑藉智慧選擇一條道路，然後帶著驚人的自信沿路前行。

兒童內心有一種謙虛的情感，只有當成人沒有用建議、勸告、命令或質疑干涉他時，這種情感才能表達出來。我們應該讓他自由地發揮自身的潛力，他也會以行動告訴我們，他總是能做得比現在更好。他會一絲不苟地按照完美的秩序完成每一項活動，就像小孩子（大約2歲的孩子）知道如何將物體放在適當的位置一樣，從而產生一種自豪感。

每當學校有重要參觀時，他不僅知道如何問候客人，也知道如何適當

地表達問候。每當坐在教室或教堂裡時，他會按照適當的順序完成學過的動作，增加知識和力量。每當喝完了一碗湯，如果他知道如何讓自己的行為更得體時，他就會暫時抑制自己再要第二碗的衝動；他會鍛鍊耐性，直到服務員開始第二輪盛飯，邀請已經喝完湯的孩子再盛一碗。擔任服務工作的兒童也一樣急於把每件事都做好，並且是按照適當的順序做好。不論是作為餐桌上的客人、侍者、藝術家還是學生，只有自覺地按照規則去完成恰當的事情，他們的內心才會產生一種滿足。

體操和遊戲

我們應該如何看待戶外體操和遊戲呢？它們都是消耗過剩的能量（也就是尚未消耗的能量）的一種方式。兒童在日常工作還沒有消耗完的力量，就應該自由地加以利用。這與僅僅把體操和遊戲本身看作體育鍛鍊或一種應對惰性的活動是完全不同的。

今天，很多人在談論體育運動的德育優勢，不僅因為它消耗了被壓抑的能量，而這些能量會危害兒童應始終保持的平衡，更是因為有組織的遊戲要求兒童精確地使用物體、集中注意力、控制動作，這才是最重要的。而且，遊戲會帶來一種競爭感，並激發參與者的競爭意識。與漫無目的的玩耍相比，這代表了道德的進步。

但是，現實的需要同樣具有優勢。例如，精確地使用物體，集中注意力，以及透過運動達到的最終完美。然而，道德目標是不同的，因為這些練習不是由競爭感或成就感引起的，而是出於兒童對環境的熱愛。兒童透過工作實踐，發展出一種真正的「社會性」，因為他們的工作是在生活的

社區中進行的,不必考慮是為了自身利益還是為了集體利益。事實上,他們以同樣的熱情糾正錯誤,不論是他們自己犯錯還是他人犯錯,而不是停下來去尋找犯錯的人並要求其改正。

我們所有人,不僅是兒童,都應該透過工作來鍛鍊肌肉,並選擇將這種活動作為消耗精力的最主要和最自然的方式。工作使人成為獨立的個體,建立人與社會的聯結,而社會又是由人的勞動連繫在一起的。迄今為止,任何人都無法誇口說他在體育運動中的獲益與辛辛納圖斯在田間勞作中的獲益是一樣的;任何一個年輕的運動員也都無法說他在活動中獲得的道德上的益處,與一個年輕的修道士在初期的以獲得內心平和的日常勞動中獲得的道德上的益處是一樣的。

選擇的自由

現在,我們可以看看學校,看看我們的教育原理的實踐過程。我們在研究的基礎上確定用於感官訓練的教育材料,也是教育環境的一部分。教師遵循經驗建立的規範,根據兒童的年齡和學習材料的難度,逐步地提供教育材料。

但是,教師向兒童展示這些材料只是第一步,只是將這些材料介紹給他們。接下來,重要的活動才剛剛開始。兒童被各式各樣的事物吸引時,會從已經認識的或面前呈現的材料中做出自由的選擇。教學材料已經為他們準備好了,兒童只要伸手去拿就行了。他們可以把選中的東西帶到任何想去的地方,桌子上、窗戶旁、黑暗的角落或地板上鋪開的一塊漂亮的小地毯上,他們可以隨意地反覆使用。

兒童選擇某一材料的原因是什麼？這不是模仿，因為每樣物體只有一個，同一時間裡只有一個人能用。因此，這不是模仿行為，它甚至可以透過兒童使用材料的方式表現出來。他如此專注於手頭的事情，沉浸在工作中，以至於對周圍發生的事熟視無睹，同樣的練習重複了數十次。這一現象證明了兒童注意力的集中以及內在的發展。

兒童不能透過模仿集中注意力。事實上，模仿使我們與外部世界連繫在一起。但在這裡，我們看到的是一種截然相反的現象，即兒童退出外部世界，與內心的祕密世界緊密連繫。他們對學習或實現外在目標不感興趣。這種活動與物體的擺放無關，因為這些物體總會被放回到原來的位置。因此，這種活動完全是內在的，與兒童當前的需要和年齡特點有關。事實上，成人永遠不會對這些簡單的東西產生如此大的興趣，以至於把它們取出、放回幾十次並在這個過程中樂此不疲，更不會有一個成人的內在能力強大到心無旁騖地專注於正在做的事情。教師與兒童的心理狀態完全不同，教師可能完全不受這種現象的影響。因此，我們面臨一種真實內心世界的啟示。外部的刺激，如一些重大災難，可以啟迪心靈。但是在這裡，我們發現自己看到的只是一個純粹而簡單的成長現象。

當我們觀察年齡較小的兒童的行為時，這一事實就變得更加明顯了。他們有時會表現出類似的活動，儘管僅限於運動領域，包括把物體從一個地方搬到另一個地方。直到後來，兒童才開始喜歡擺弄一些很明顯的東西，如擺桌子、往碗櫃裡放東西等。因此，兒童的行為有一個形成階段，在此期間，行為沒有外部表現或應用。我們發現，兒童在學習說話的過程中也存在類似的情況，他們會長時間重複誦音、音節或單字，而不是真的在說話，更不用說把這些單字應用到外部物體上。這種現象在心理發展中如此常見，因此引起了人們極大的興趣。這意味著兒童可以自由選擇想要

的東西。我們越是能夠消除兒童和他們無意識裡渴望的目標之間的障礙，對兒童的發展就越有利。

每一個外部物體，尤其是每一種脆弱而隱蔽的生命衝動的外部活動，哪怕衝動仍然是未知的，它仍然會成為兒童的嚮導。因此，教師可能成為兒童發展的主要障礙，因為她的活動與兒童的活動相比，具有更清晰的意識和更高的活力。教師向兒童展示了感官刺激材料並教他們如何使用之後，應設法遠離兒童的環境。驅使兒童發展的動力來自兒童自身，而不是教師。

第五章　運動教育

第六章
發展的教具

第六章 發展的教具

我們用來訓練兒童感官的教具有它們自己的發展歷史。它們一部分來自伊塔爾和塞金在教育智力缺陷和智力障礙兒童時使用的教具，一部分來自心理測試中使用的素材，還有一部分來自我之前在自己的實驗中設計的教具。透過兒童對各種物品的反應、使用的方式和頻率以及從這些物品中獲得的益處，逐漸建立起篩選教具的可靠標準，以便學校引進、改造、淘汰教具。關於不同物體的所有屬性的選擇，如顏色、大小、形狀等，均取決於經驗。我們在本書中沒有討論這一時期的研究，那麼在這裡稍做解釋。

為了防止人們誤解，駁斥那些在我們的教育方法廣為人知之後遭受的批評，我們當然有必要說明一下感官訓練的目的。訓練和磨礪感官具有明顯的教育優勢，即擴大了感知領域並為智力發展提供了更加堅實的基礎。智慧的人透過接觸和探索周圍環境，建立起實踐理念的寶庫。沒有這些理念，智力就會在抽象的操作中喪失精確性和靈感。誠然，某些工作對各種感官的使用要求非常精確。然而，感官的訓練和完善，即使只是許多人一生中一個短暫的成就，那也是極有價值的，因為正是在這個發展時期，兒童的基本邏輯和智力習慣得以形成。

這種感官訓練還有另一方面的重要意義：在過去的幾年裡，2歲半或3歲的孩子來到「兒童之家」後，身體和精神力量逐步發展，發生了很大變化。而且，兒童在沒有任何外部幫助或指導的情況下，就已經取得了這一成就，其重要性不言而喻。偶然性和必然性交織在一起，在他的潛意識中創造出一份模糊但分量極重的財富。

如果有人質疑精準的感官在生活中的持久價值，顯然是質疑這是不是一種永久的習得。一般來說，精確性是我們的教育方法如此強調感官訓練的原因，而永續性同樣重要，事實上這才是主要動機。我們和我們的追隨者的經驗只是證實了這一信念。總之，我們會描述感官相關的教具以及利

用其進行的練習在檢測和糾正感官功能缺陷方面所給予的巨大幫助。

感官教具是由一系列物體組成的，並根據它們的物理屬性分組，如顏色、形狀、大小、聲音、質地、重量、溫度等。例如，我們有展示音調的鈴鐺、呈現不同色調的平板、形狀相同但尺寸不同的物體、尺寸相同但重量不同的物體或具有不同形狀的物體等。每一組物體都具有相同的屬性，但在該屬性上的表現程度不同。因此，不同對象之間存在規則且漸進的差異，還有可能符合一定的數學規律。然而，規則是可以修改的，由兒童的心理決定。經驗告訴我們，只有兒童真正感興趣的、可以自由選擇的並經常使用的教具，才適合兒童的教育。

每一組物體，不管它們是發出不同的聲音還是代表不同的顏色，都是分等級的，所以會有一個最大值和一個最小值，決定兩個極端值。或者更恰當的說法是，極端值是由兒童對它們的使用決定的。兩個極端值清楚地展示了一組物體的差異，決定了一組物體可以實現的屬性上的最顯著的對比。兩個極端值之間的鮮明對比，使物體之間的差異顯而易見，一下子就引起了兒童的興趣。

分離出材料的單一屬性

任何我們想要用於感官教育的物體都必須呈現多種不同的屬性，如重量、質地、顏色、形狀、大小等。我們該如何從眾多的屬性中分離出單一屬性，從而將注意力集中在它上面呢？這是透過一組物體的屬性差異來實現的，不同物體之間除了某一屬性的變化外，其他屬性都是相同的。例如，區分不同顏色的物體僅有顏色不同，材質、大小和尺寸都必須完全相

同。或者，區分不同音調的物體，外觀必須完全相同，如一組鈴鐺樣的物體安裝在統一支架上，大小和形狀相同，但用小木槌敲擊時會發出不同的聲音。聲音成為唯一的感官差異。

這也說明了一個事實，兒童的小樂器通常是一種玩具，並不能真正訓練音樂家那樣的樂感。音樂教育材料由一組長短不一的管或桿子製作排列而成，外觀就像一個管風琴。兒童判斷聲音的唯一依據是耳朵，眼睛只有輔助作用。這一方法精確地顯示了聲音之間的差異，引起了兒童的興趣。

心理學研究顯示，如果要展示某種單一的屬性，就必須盡可能地把相應的感官隔離開來。熱或冷的物體可以訓練人們的觸覺，如果一個人被安置在一個黑暗寂靜的房間裡，隔絕了視覺或聲音的干擾，觸覺就會更加敏銳。因此，這裡可能會有一種雙重的分離，一種是主體的隔離，與周圍環境產生其他感官印象分離，另一種是材料的分離，根據單一屬性進行系統的分級。

這一練習的完美之處在於盡可能消除所有的干擾因素，使兒童進行內在和外在分析，幫助他梳理思路。兒童天生就是一個對周圍環境的熱心探索者，因為他還沒有時間或方法準得以準確了解它們。兒童用手探索各種形狀或用耳朵傾聽各種聲音時，會自然地閉上眼睛或矇住眼睛以擋住光線，從而覺察到細微的差異。

所有事物的基本屬性

除了上面提到的多種屬性之外，我們還增加了許多其他的屬性。這些屬性不涉及某一特定的感官對象，而是盡可能擴展到兒童周圍的一切事物上。具體如下。

（1）誤差控制。我們應盡一切努力確保提供給兒童的教具包含對錯誤的控制。這方面的一個典型例子是固體擺飾，它由木質底座和圓柱體組成。木製底座上有多個孔，可插入不同的圓柱體。圓柱體從粗到細，從短到高，從小到大，各不相同。木質底座上的孔正好與圓柱體一一對應，因此圓柱體的位置不能放錯。如果底座上有一個孔被剩下了，就說明前面有一個孔放錯了。扣釦子也是如此，如果前面有一顆忘了扣，或者扣錯了，最後就會多出來一個。在使用其他材料時，如三組不同的積木，兒童對比大小、顏色等屬性，再加上已經習慣於發現問題所在，因而總能發現錯在哪裡。

兒童透過對教具的錯誤控制，訓練理性、批判力和辨別力。即使這些差異對感官來說不重要，也不明顯，兒童也會習慣性地糾正錯誤。但是，兒童糾正錯誤的能力不是來自訓練感官和養成習慣的物體，而是來自整個環境的設計。房間裡的一切，從家具到學習教具，都是不容忽視的提示。

鮮豔的顏色和光亮的表面會暴露出汙漬。輕巧的家具被掀翻在地或拖來拖去，發出噪音說明兒童的動作依然笨拙和不完美。整個環境就變成了隨時處於警戒狀態的指導員或哨兵。每個兒童都聽從他的警告，彷彿面前的教師不存在一樣。

（2）美學。這些物品的另一個特點是它們很有吸引力。兒童周圍的一切事物都突出了顏色、亮度和比例等屬性。不但是感官教具，而且整個環境都已經準備就緒，足以吸引兒童的注意力，就像自然界中五顏六色的花朵吸引昆蟲採食隱藏的花蜜一樣。

乾淨閃亮的桌子說：「小心點使用我。」裝飾著小花的掃帚說：「別讓我閒著。」乾淨的臉盆說：「把你的小手放到這裡來，清洗用的小刷子和小肥皂都準備好了。」銀色的鈕釦縫在綠色的布條上，積木是紅色的，色板

有 63 種不同的顏色，漂亮的彩色字母放在適當的盒子裡……這些都會吸引兒童的注意力。

兒童會在特定的時刻，被當時最需要的東西吸引。同樣的道理，在開闊的田野中，所有花朵的花瓣都在用顏色和香味召喚其他生物，但每隻昆蟲都會選擇為之生存的花朵。

（3）活動。這種教具的另一個特點是，必須適合兒童的活動。它們吸引兒童興趣的原因與其說是事物本身的屬性，倒不如是它們為兒童提供的活動機會。

這就等於說，事物本身有趣是不夠的。如果要引起兒童的興趣，事物就必須適合兒童的活動。例如，物體必須是可以移動的，兒童就可以移動雙手而不是物體。兒童樂於製造和拆開某物，多次取出和放回某物，並長時間持續這一過程。一個非常漂亮的玩具，一張迷人的圖畫，一個精彩的故事，無疑能激起兒童的興趣。但是，如果他只是簡單地看、聽或觸摸而不敢移動，那麼他的興趣就是膚淺的，很快就會轉移。這就是環境如此布局的原因，以使其符合兒童的活動需求。物體的漂亮外觀，只能在短時間內吸引兒童的注意力，而事實是，每一個物體都可以在移動狀態下使用，這樣環境的吸引力就會無窮無盡。

（4）限制。最後，所有應用於兒童教育的教具還有另一個共同的屬性。迄今為止，人們還不太了解這一原則，但這也是很重要的一點，即限制教具的數量。我們應該意識到，這一原則是明確且合乎邏輯的。正常兒童不需要外界刺激喚醒他或讓他接觸外部世界。他已經覺醒了，並且已經和周圍環境產生了千絲萬縷的關聯。相反，他需要做的是在外界帶給他的眾多感覺所造成的混亂中找到秩序。他不像一個智力缺陷的兒童那樣在精神世界中沉睡，而是成為對新世界的熱心探險者。身為一名探險者，他要

做的是找到一條路（一條筆直而有限的路），引導他實現目標，防止他漫無目的地遊蕩。然後，他將自己限制在有限範圍內的事物之中，為他內心的混亂帶來秩序。這一秩序為他的探索提供了光明，為他的研究指明了方向。最初放棄的探索者，最終會成為一個開放的人，每一步都有新的發現，並從內心的滿足中獲得力量而前進。

　　這類證據當然會改變許多人固有的觀念，即兒童獲得的益處與掌握的教才的數量成正比。人們普遍認為，兒童擁有的玩具越多，獲得的益處也就越多，發展也應該是最好的，但這種看法實際上是錯誤的。相反，周圍那些紛亂的東西只會加劇他頭腦中的混亂，並進一步讓他感到挫敗。為了讓兒童的頭腦變得清晰，我們應該幫助他理解周圍的無數事物，為他提供多少幫助也應該由他的需求來決定，但同時也能使他安全地沿著艱難的發展道路前進。

第六章　發展的教具

第七章

練習

教師如何授課

兒童最初開始進行感官訓練時，接受的是教師的單獨授課。教師小心翼翼地接近已經準備好要接受訓練的兒童，坐在他旁邊，拿起一件他可能會感興趣的物品。教師已經受過簡單的實驗訓練，做好了授課的準備。她希望兒童的反應是：在內在動力的驅使下使用提供給他的教具。我們在這裡要提醒大家，如果某一物品滿足了兒童的內在需求，並能使兒童感到滿意，那麼它將刺激兒童進行長時間的活動，掌握它的使用方法並反覆使用。

這一課程的第一個特點是，語言並不總是必要的。通常，我們要做的就是向兒童展示如何使用物體。教師不得不講解時，只需告訴兒童如何用這些教具促進他的成長和發展。教師的指導語應當簡短一些，最好是用最少的詞語來發出任務指令。教師要特別注意精簡和挑選用詞，語言越簡潔，指導過程就越完美。

課程的第二個特點是簡潔，應該只包含絕對的真理。即使第一個特點中已經包含了避免空泛的話語這一點，那麼第二個特點也有必要重申一下。教師在課程中使用的語言應該是最簡練的，最具真理性的。

課程的第三個特點是客觀性。這意味著教師要處於一種忘我的狀態，讓兒童的注意力完全集中在物體上。大多數情況下，課程內容應該包括對物體的解釋以及如何使用物體的指導。教師會注意到兒童是否對物體感興趣、如何表現興趣以及興趣的持續時間等，絕不勉強兒童對她提供的東西感興趣。如果教師以簡潔、直接和真實的方式對物體做出解釋，兒童依然理解不了，那麼教師就應該注意兩點：一是不應該堅持重複這一內容；二是避免讓兒童認為自己犯了錯誤或聽不懂，因為這可能會在很長一段時間

內抑制兒童的活動衝動，而這種衝動正是兒童進步的基礎。

我們可以想像一下這樣的場景，教師想向孩子展示紅色和藍色的區別。如果她想把讓兒童將注意力放到物體上，就會說：「看，注意這裡！」如果她想教兒童顏色的名字，給他看紅色的物體時會說「這是紅色」，說到「紅色」一詞時，她會提高聲音，放慢語速，給他看另一種顏色時會說：「這是藍色。」為了檢驗兒童是否理解，她會說：「給我紅色，給我藍色。」假設兒童犯了錯，教師既不會重複相同的內容，也不會堅持講下去，而是笑著把物體收起來。

普通教師通常驚訝於課程如此簡單，會說：「任何人都能做到。」事實上，他們根本做不到，就像哥倫布的蛋的故事那樣。在實踐中評估兒童的行為是很難的，對那些接受過傳統方法培訓的教師來說，情況更是如此，他們會用大量無用的語言和錯誤的資訊使兒童不知所措。

以剛才提到的情況為例，普通教師試圖把顏色教給一組學生時，想要所有的學生都跟著她的節奏走，但也許不是所有的學生都願意這樣做。她可能會以這樣的方式開始一節課：「孩子們，你能猜出我手裡有什麼嗎？」她非常清楚他們是猜不出來的，不過是以故弄玄虛的方式引起他們的注意力。然後，她可能會問：「孩子們，你們有沒有抬頭看過天空？你們有沒有看過夜晚的天空群星閃耀的樣子？沒有嗎？那看看我的圍裙，你們知道它是什麼顏色的嗎？你們覺得它的顏色跟天空一樣嗎？好，現在來看看我手裡的顏色。它和天空或圍裙一樣，是藍色的。看看你的周圍，還有其他藍色的東西嗎？你知道櫻桃的顏色嗎？你知道燃燒的煤塊的顏色嗎？」諸如此類。所有的學生在被提問弄得一頭霧水後，頭腦中會被天空、圍裙、櫻桃等概念淹沒，因此很難找到這節課的主題──藍色和紅色兩種顏色的區別。尤其是在他無法理解前面冗長的論述的情況下，兒童的大腦無法

第七章 練習

在其中做出選擇。

　　有一次在數學課上，教師要教學生學會二加三等於五。為此，她使用了一種棋盤結構，可以把小球放入相應的孔中。兩個球可以放在棋盤的上面一行，三個球在棋盤的第二行，五個球在最下面一行。我不記得那堂課是如何進行的，只記得教師在最上面一行的旁邊放了一個紙做的跳舞娃娃。娃娃穿著一件藍色的裙子，教師不時地用班上一個孩子的名字喊它：「這是瑪麗蒂瑪。」然後，在中間一行的旁邊放了另一個跳舞娃娃，叫做「吉吉諾」。我不知道教師是怎麼講解的，但她和娃娃們聊了很久，來回擺弄。如果我對娃娃們的記憶比對加法的記憶還深刻，那學生腦子裡又能記得什麼呢？如果他們不能透過這種方式學會二加三等於五，還得花很大的精力在集中注意力上，畢竟他們已經看著教師和娃娃們聊了那麼久。

　　在另一節課上，教師想演示噪音和音樂之間的區別。她先講了一個長長的故事給孩子們聽，突然被另一位教師大聲的敲門聲打斷。教師喊道：「這是什麼聲音？發生了什麼事？他們做了什麼？怎麼回事，孩子們？我搞不清楚了，沒法繼續講故事了。我什麼都不記得了，只好隨它去吧。你知道發生了什麼事嗎？你聽到了嗎？你明白了嗎？那是噪音！太吵了！我寧願把這個孩子抱在懷裡。」說著，她抱起裹在毯子裡的曼陀林。「親愛的寶貝，我寧願和你一起玩。你看見他了嗎？你看到我抱在懷裡的這個孩子了嗎？」一個學生大聲喊：「那不是個孩子！」其他人也附和：「那是曼陀林。」教師回答說：「不，不，這是一個嬰兒，一個真正的嬰兒。你想讓我證明嗎？噓，安靜點！他好像在哭，是不是在喊爸爸和媽媽？」她摸了摸毯子下面的曼陀林琴弦，接著說：「你聽到了嗎？你聽到他做了什麼嗎？他在哭訴還是哭泣？」一些學生說：「那是曼陀林，是你撥了琴弦。」教師回答說：「保持安靜，仔細聽。」她開啟曼陀林，輕輕地撥動琴弦，說道：

「那是音樂聲！」

我們無法想像兒童會因為這樣一節課理解到，教師的意圖竟然是表現出噪音和樂音之間的區別。兒童會認為教師是想開玩笑，只是因為一聲噪音而失去了頭緒，把曼陀林和嬰兒混淆了，看上去相當愚蠢。在兒童心目中，印象更深刻的是教師的個人形象，而不是課程目標。

我們很難找到一個按照傳統和簡單的方法備課和上課的教師。有一次，在我詳細描述了這個問題之後，請一位教師用擺飾來講解正方形和三角形的區別。教師要做的就是把木製的正方形和三角形放到相應的空白區域裡，讓兒童用手指描畫出擺飾的輪廓，然後說：「這是一個正方形，這是一個三角形。」教師還會讓兒童描畫擺飾的邊緣說：「這是一條線，這是另一條線，還有兩條，一共四條。現在，你用手指數一數有多少條線？數一數有多少個角？用你的手指摸一摸，按一下。角也有四個。仔細看看，這是一個正方形。」我糾正了教師的錯誤，指出她並不是在教學生辨識形狀，而是在灌輸他關於大小、角和數字的概念，完全不是應該要教的東西。但是，教師為自己辯護：「這兩者沒有什麼區別。」但是情況並非如此，她一直在對物體進行幾何和數學分析。兒童不知道怎麼數到四，不知道邊和角的數量，也不能掌握正方形的概念。這些概念都是抽象的，概念本身是不可見的，兒童看到的只是一塊特定形狀的木頭。教師的講解擾亂了兒童的思維，讓他們難以跨越具象與抽象、物體形狀與數學之間的深淵。

我對教師說，假如建築師可以用兩種方式向你展示一個吸引你注意力的優美穹頂：一種方式是，他指出周圍環境的美以及穹頂與周圍元素之間的協調性，讓你繞著穹頂走一走，欣賞各部分的比例，了解環境的整體和諧；另一種方式是，他會計算窗戶、寬簷或窄簷的數目，畫一幅結構草

第七章 練習

圖,說明建築結構的穩定性,並教你計算結構的數學公式。在第一種情況下,你會直觀看到穹頂的形狀。在第二種情況下,你可能什麼都聽不懂,得到的不是對穹頂的印象,而是對建築師的印象。而建築師想像自己正在和另一位建築師對話,而不是在和朋友進行愉快的旅行。

與此類似,我們與其對學生說「這是一個正方形」,還不如讓他觸控這個正方形並注意它的輪廓,然後再對它進行進一步幾何分析。我們認為,僅僅因為我們把圖形和數學概念連結起來,就教孩子平面幾何還為時過早。但是,兒童並不是不能學習簡單的幾何知識。事實上,兒童在生活中隨處都可以看到正方形的窗戶和桌子,他們的眼睛已經適應了周圍的各種形狀。因此,我們要把他們的注意力集中在某個特定的形狀上,就必須使它清晰醒目、印象深刻。這就好像我們站在湖邊,漫無目的地望向岸邊。突然,一位藝術家走了過來,驚嘆道:「在懸崖的陰影下,河岸構成了多麼美麗的曲線啊!」於是,這一原本沉悶的景象在我們的眼前生動起來,就好像它被一縷陽光照亮了一樣。我們體驗著欣賞美景的樂趣,而以前我們並未充分感受到這種樂趣。這就是我們的使命:投下一道光芒,然後傳遞給兒童。

課堂帶給兒童的感受,與孤獨的旅人走在樹蔭下時的快樂和平靜相似,他內心的思想在安靜中漫遊。突然,他被附近教堂的鐘聲喚醒。這時,他更加敏銳地感受那些原本已經擁有卻從未意識到的幸福和寧靜。這就是教師的首要職責:喚醒生命,任其自由發展。

然而,完成這樣一項微妙的任務,是一門偉大的藝術,要求教師在適當的時間和適當的限度下進行介入。否則,教師在做的就是干擾或誤導,而不是幫助一個正在甦醒的靈魂獨立生活。這種藝術的發生必須伴隨著科學的方法,因此我們的課程與心理學實驗有很多相似之處。只要教師依次

觸動兒童的心靈，像使用魔杖一樣喚醒和召喚他們，她就會征服這些孩子的內心。教師要讓兒童意識到她的存在並聽到她的聲音，一個指令或一句話就夠了。總有一天，教師會驚奇地發現所有兒童都像小羊一樣順從，不僅會迅速回應她的建議，還會耐心地等待。兒童把教師視為給予他們生命的人，本能地希望從教師那裡獲得更多。

這種幾乎是透過魔法獲得的集體紀律，正是人們紛紛前來參觀「兒童之家」的原因。五六十個孩子，從 2 歲半到 6 歲，僅靠教師的一個指令，就會變得非常安靜，讓教室變得像沙漠一樣寂靜。如果教師用低沉的聲音對孩子們下一個溫和的指令：「站起來。踮著腳尖走一分鐘，然後安靜地回到座位上。」他們就會整齊劃一地起身完成動作，並盡量減少噪音。教師低聲跟每一個孩子說話，每一個人都希望從教師的指導中獲得些許光明和喜悅，就像虔誠的探索者一樣專心而順從地走自己的路。

在這裡，我再次想起哥倫布的蛋的故事。如果音樂會的指揮想要樂團是高度和諧的，每位樂手都必須讓自己的演奏接近完美，準確地聽從指揮棒無聲的命令。在普通學校，我們也安排了一位負責人，協調不同的人單調甚至不和諧的旋律。同樣的情況也發生在社會生活中，那些最完美的人往往是自律的，他們的行為不乖張、不殘酷、不專制。

就兒童心理學而言，我們的偏見多於智慧。目前為止，我們一直想用棍棒控制兒童，而不是透過人性化的引導征服他們的內心。這就是為什麼我們與兒童近在咫尺，卻無法了解他們。但是，如果我們拋開試圖誘導他們的伎倆，拋開我們為維持紀律而採取的暴力手段，他們就會向我們展示自己的另一面。他們的溫柔和純粹、對知識的熱愛，使他們能夠克服我們認為可能會阻礙他們的障礙。

利用感官教具開展練習 —— 對比、辨識和分級

　　感官教具的連結應該從對比不同刺激之間的差異開始，這樣兒童就可以將刺激的特徵遷移到相似的物體上。但是，感官教具的有些差異是細微和不易察覺的。例如，在辨識觸覺差異時，兒童將從對比兩個物體的表面開始，一個是完全光滑的，另一個是非常粗糙的。辨識不同物體的重量時，兒童首先拿起整個系列中最輕的木塊，然後再拿起最重的木塊。聲音練習也是如此，兒童先辨識聲音列表中的兩個極端。在顏色練習中，兒童則會首先選擇最亮和對比度最高的顏色，如紅色和黃色。在形狀練習中，兒童會首先選擇圓形和三角形等等。

　　為了更全面地了解物體之間的差異，教師最好把相同的物體放在一起，再把與之形成強烈對比的物體放在一起。例如，兩個同樣響亮的聲音和兩個同樣微弱的聲音，兩個黃色的相同物體和兩個紅色的相同物體。在對比中尋找相似性，透過相似性突出差異性，以一種顯著的方式顯示出物體屬性的不同。

　　最後才是物體屬性的分級練習，把一系列相似的物體混合在一起，按照某一屬性的等級順序進行排列。例如，一組顏色相同但邊長相差半英寸（1英寸約為2.54公分）的立方體按順序排列。類似地，一組黃色的物體，色調從亮到暗漸變。或者，一組長方體，其中一對邊長相等，另一對邊長有規律地遞減。這些物體必需根據它們在某一屬性序列中的等級位置擺放。

觸覺練習

　　雖然觸覺遍布全身，但兒童的觸覺練習僅限於指尖，特別是右手指尖。這種練習上的限制很有必要，一方面是出於實際的考慮，另一方面也兼顧了教育的有益作用。觸覺會幫助兒童為正常生活做好準備，因為他在生活中經常會用到觸覺。在我們的教育系統中，觸覺練習也有重要作用。正如後文將要描述的那樣，兒童用手進行的各種練習，間接地為之後的書寫動作做好準備。

　　因此，我讓兒童在水盆裡用肥皂好好洗手，然後在旁邊的溫水盆裡洗乾淨，再讓他把手擦乾，輕輕地摩擦。這就完成了準備工作。然後，我會教兒童如何觸摸，也就是應該如何觸摸物體的表面。為此，我必須抓住兒童的手指，極其輕柔地在物體表面上劃過。這種教學方法的細節在於，兒童在觸摸某物時要閉上眼睛，更好地感受觸覺的差異，分辨出物體表面的變化。孩子們學得很快，看起來也很喜歡這個過程。確實如此，每當我們走進「兒童之家」時，他們就會跑上前來迎接我們，閉上眼睛，用手心輕輕地觸控我們的皮膚，或者觸控我們的衣服，尤其是絲綢或天鵝絨的飾物。他們的觸覺得到了訓練，不知疲倦地觸碰物體（如綢緞）光滑的表面，也非常善於區分砂紙之間的差異。

　　觸覺練習的材料包括：

　　（1）一塊長方形的厚木板，平分成兩個相等的形狀，一個表面覆蓋著光滑的紙，另一個表面覆蓋著粗糙的紙。

　　（2）一塊形狀與之前相同的木板，表面用光滑和粗糙的紙條交替覆蓋。

第七章　練習

　　（3）一塊形狀與之前相同的木塊，表面覆蓋金剛砂和砂紙條，粗糙程度遞減。

　　（4）一塊形狀與之前相同的木板，表面覆蓋大小相同的紙條，光滑程度從羊皮紙到第一塊木板上光滑的紙。

　　這些木板將觸摸對象固定在同一位置上，使兒童能夠輕輕觸摸，並教他們如何有系統地區分。他們閉上眼，依次觸摸木板的不同區域，透過手臂的移動來區分差異。在許多感覺帶來的運動中，刺激物是導致運動的手段之一。

　　我已經準備好了之後要用的活動教具，這些教具被分為不同的類別，每類教具對應特定的練習：①不同光滑度的卡片；②不同粗糙度的砂紙；③不同種類的布料。

　　我們通常先把同一類別的素材混合起來，有時兩兩成對排列，有時按系列排列。每一面料都選擇一對材料，存放在一個特殊的盒子裡，有天鵝絨、絲綢、羊毛、棉花、亞麻、針織物等。孩子們可以學習各種素材的名稱。

　　以上練習都是蒙著眼睛進行的。

溫度感覺

　　在溫度的練習中，我使用的是卵形的小型金屬容器，把每個容器中不同容量的水加熱到 167°F（約為 75°C），然後用 69°F（約為 18°C）的冷水將容器加滿。容器溫度會隨著水的冷卻迅速發生變化，在溫差控制上具有一定的準確性。因受熱條件不同的材料，如木頭、毛氈、玻璃、大理石和鐵，可以用於更精細的訓練。

重量感覺

重量感覺的教育會用到長方形的木板或木塊，3/4 英寸長，1/2 英寸寬，1/8 英寸厚。材料分別為紫藤、胡桃和杉木，重量分別是 1 盎司（1 盎司約為 28.35 克）、3/4 盎司和 1/2 盎司，因此它們兩兩之間的重量差為 1/4 盎司。木塊的表面經過打磨和拋光，非常光滑且依然保留了木材的本色。兒童看到顏色不同，就知道它們重量不同。最初，他會拿起兩個木塊在手裡上下估測，判斷它們的重量。透過練習，他的手部動作幾乎覺察不到。我們建議兒童閉著眼睛比較，他高興地照做，對自己是不是猜對了很感興趣。

我剛剛描述的方法提供了一種必要的技術手段，用於精確地判斷不同物體的重量。如果要獲得物體重量的真實感覺，就必須將它輕輕地放在皮膚上，並避免溫度差異（這就是為什麼所有教具都是木製的）。由於大氣的阻力，手的上下移動會讓重量受力發生變化。雖然這樣的運動出自本能，但是如果我們想對物體的重量有更準確的猜想，就應該盡可能地減少動作。這種方法能使人達到某種程度的精確性，這一過程本身就很有趣。

立體感覺的教育

兒童像盲人一樣，透過指尖觸控物體的所有細節辨識形狀，這不是一種簡單的觸覺練習。事實上，「觸覺」感知到的只有物體表面的光滑和粗糙。但是，當手和手臂在一個物體上移動時，觸覺之外還加入了運動感覺（kinesthetic sense）。這種特殊的第六感覺，被稱為肌肉感覺，即將對物體

的印象保存在「肌肉記憶」中，從而能回憶起已經做過的動作。

我們可以在不觸碰任何東西的情況下完成動作，記住並再現運動的方向和力道。這是肌肉感覺的結果。但是，當我們在移動中觸碰某物時，觸覺和肌肉感覺混淆在一起，便產生了心理學家所說的「立體感覺」。在這種情況下，我們不僅產生了完整的動作記憶，還產生了對外部物體的「知識」。這種知識與透過視覺獲得的知識相結合，從而對物體產生更加精確的感知。這一點在幼童身上尤為明顯，他們似乎更能準確地辨識事物，尤其是他們觸控而不是看某一物體時，更容易記住它們。兒童的天性很早就揭露了這一事實，他們觸摸看到的一切，從而獲得周圍環境中無數物體的雙重印象（視覺和肌肉）。

但是，我們從經驗中發現，這種觸摸一切東西的習慣，遠不只是對兒童看到的物體進行簡單的驗證。這種敏銳的肌肉感覺的外部表現，是兒童在生命中動作的協調性大抵上穩定下來的時期開始擁有的。因此，立體感覺不僅是對所見之物的一種驗證，還是動作本身和生理結構的完善以及運動的協調，更是表達器官有效執行所必需的感覺。

事實上，幾乎所有的感覺練習都伴隨著動作，這一事實表明，即使兒童年齡很小，動覺也有突出的作用。這就是為什麼要在我們的教育方法中廣泛鍛鍊立體感覺。但這種感覺在學習中也很重要，因為運動感覺是繪畫、寫作等表達手段中的必要因素。由於這些感覺對實現教育目標最為有用，我們特別注意它在幼兒成長期的發展。

在教師的幫助下，我們在這類實驗中取得了顯著的成就，值得在這裡一提。我們最初使用的材料是福祿貝爾（Friedrich Fröbel）的方塊和積木。我們將兒童的注意力吸引到這兩種物體上，為他們做簡短的描述，以使他們專注於觀察細節。然後，我們讓他們透過感覺而不是視覺來區分物

體的形狀,把立方體放在右邊,把長方體放在左邊。最後,我們再把他們的眼睛蒙起來完成同樣的操作。幾乎所有的兒童都能成功地完成練習,經過幾次重複,不再出現錯誤。在這一遊戲中,兒童的注意力可以維持很長一段時間,因為一共有 24 個方塊需要練習。毫無疑問,兒童總是感受到鼓舞,因為他知道自己在被好奇的同伴關注著,一旦他犯了錯就會受到嘲笑,相反的,一旦自己成功完成任務就會產生一種成就感。

有一次,教師帶著一個 3 歲的女孩來找我。她是班裡年齡最小的孩子之一,總是習慣性地、完美地重複這個練習。我們讓女孩舒舒服服地坐在桌子旁的扶手椅裡,然後把 24 個方塊混在一起,放在桌子上。我們提醒她注意方塊的形狀,把立方體放在右邊,把長方體放在左邊。當她被蒙住眼睛後,女孩開始完成我們教給她的練習,她用兩隻手同時隨機拿起兩個方塊,摸了摸,然後把它們放在適當的位置。她有時同時拿起兩個長方體,有時同時拿起兩個立方體,有時右手拿著一個長方體,左手拿著一個立方體。在整個練習過程中,女孩必須區分兩組方塊並記住相應的擺放位置。對一個 3 歲的孩子來說,這是一項相當難的任務。但是,我注意到,她不僅可以輕鬆完成練習,而且不需要過多的感知就能區分它們。她同時拿起兩個方塊,動作輕柔且優雅。如果長方體在右手,立方體在左手,她就立即交換過來,然後才像我們教的那樣,用手撫摸物體的形狀,好像這是必要的步驟。但是,她已經透過簡單的觸摸辨認出物體的形狀,也就是說,她拿起物體的那一刻就已經認出它們的形狀。

經過一番思考,我意識到兒童的雙手異常敏感。這種敏感性在三四歲兒童的身上很常見,但後來就消失了。我讓其他兒童重複這個練習,意識到他們都是直接辨識物體,然後再觸摸物體的細節,即使在較年幼的兒童那裡也是如此。因此,我們的教育方法為兒童提供了比較物體差異的美好

第七章 練習

體驗，並使他們獲得了驚人的判斷力。

立體感覺的練習可以廣泛地推廣使用。這對兒童來說是一種極大的樂趣，因為立體感覺不是關心單一刺激（如熱）的感覺，而是重建對熟悉物體的完整認知。兒童可以撫摸玩具士兵、彈珠、硬幣，最終獲得區分精細物體的能力，如區分鳥食和稻米的差異。兒童為不用眼睛就能「看見」而自豪，他們興奮地伸出手來：「這是我的眼睛，我可以用手看東西，不再需要眼睛了！」我常常回應他們：「好吧！那我們就不用眼睛了！眼睛看不見了，我們還能做什麼？」這讓他們爆發出更大的歡笑聲。

兒童的表現超出了我們的預期，他們的進步也讓我們出乎意料。有時，他們似乎是欣喜若狂，讓我們留下深刻的印象。後來，兒童自主發現了「兒童之家」裡最有趣的練習之一。在此之前，他們已經進行了一段時間的高難度的感覺練習，現在又回過頭來，重新使用觸摸材料，如固體擺飾、幾何形狀和三組積木。例如，他們取出三組立體擺飾，經常把三個容器和三個不同系列的圓柱體混合在一起，蒙上眼睛觸控圓柱體並放回相應的底座位置。或者，他們取出幾何形狀的積木，閉上眼睛，認真仔細地觸控積木的邊緣，描畫相應的輪廓。他們常常坐在地毯上，反覆地撫摸那些不同長度的木棒，手指從上到下滑動，彷彿透過手臂的動作幅度判斷長度。或者將搭建粉色高塔的積木堆在一起，然後蒙上眼睛搭出高塔。

因此，肌肉訓練是對兒童教育內容的重複，如後文所述，再加上視覺，這樣可以幫助兒童準確理解各種物體的形狀和大小。

味覺和嗅覺訓練

　　我們也很想讓感官練習極具吸引力，只能說相比心理測量學中常用的練習，我們的練習對兒童更合適和更可行，至少對年齡非常小的兒童來說是這樣。

　　因此，我們進一步的嘗試是進行感官遊戲，讓兒童能夠自主練習。我們會讓他們聞一聞新鮮紫羅蘭和茉莉花的香味，5月下旬時會採一些玫瑰放在花瓶裡，或者在他們面前放一束紫羅蘭，然後矇住他們的眼睛說：「現在要讓你聞一聞花香，你猜是什麼花？」兒童必須學會辨識不同的花香，為了區分氣味的強度，還會聞一朵花和一束花的區別。

　　我們認為藉助環境來完成這項工作會更容易一些。首先，我們必須採集訓練嗅覺的不同氣味。嗅覺與視覺、聽覺不同，轉瞬即逝，很難保存。我們會噴灑一些香水使氣味逐漸變得濃郁，在牆上掛著一些中國風的香包作為裝飾，在花園裡栽種鮮花和香草，使用散發著杏仁和薰衣草香味的香皂，總之，讓不同的味道縈繞在兒童周圍。後來，我們在花園裡開闢了一小塊地方種植香草，散發出來的香味吸引了他們的注意。我們發現，3歲左右的兒童對尋找不同氣味有著最濃厚的興趣。更令我們驚訝的是，兒童為我們帶回來一些我們都沒種過的香草，堅持要我們聞一聞，我們發現它確實有一種淡淡的香味。

　　這塊土地上種植的植物在顏色和外觀上只有細微的差別，這有助於它們成為嗅覺練習的材料。因此，這裡成為嗅覺「實驗中心」。兒童的注意力被引導到某種系統的感官練習中時，即使是嗅覺也會變得更加「敏銳」，從而成為探索環境的工具。

　　即使是年齡再小的兒童，也會選擇或拒絕不同種類的食物。這一現象

第七章 練習

表明，嗅覺是飲食中味覺的天生輔助。兒童的嗅覺與飲食有著微妙的關聯，值得我們特別注意。基於味覺是建立在辨別四種基本味道的能力上這一事實，我們得出結論，飲食過程是嗅覺練習的最佳時機。

兒童對區分不同的味道很感興趣，並開始辨識四種基本的味道。甜和鹹令人愉悅，即使是苦也可以嘗試一下，而酸，尤其是各種水果中的酸，則有不同程度上的區別。一旦人們知道了味道極具局限性，味覺和嗅覺的融合，就會讓飲食過程中（如牛奶、新鮮或乾麵包、湯、水果等）的香味更加清晰。大腦還會努力分辨出舌頭接觸食物時的觸覺（如黏性物質、油性物質和其他物質），從而區別於味覺和嗅覺。

較小的兒童在認真探索大自然賦予植物的芳香，而 5 歲的兒童是最合適的實驗對象。他們用舌頭接觸特定的苦、酸、甜和鹽溶液，無形之中投身於這項研究，就好像參加了一場遊戲。他們覺得漱口也很有意思，絲毫沒有想到自己已經是成人主導的科學實驗的研究對象。

第八章
視覺與聽覺區別

第八章　視覺與聽覺區別

材料：固體擺飾和木塊

視覺感知物體的大小

我們使用的不同類別的教具，在不同維度的尺寸上存在差異：第一種教具只有一個維度的差異，即高度；第二種教具是在兩個維度（平面）上的尺寸顯示出差異；第三種教具涉及三個維度的差異。

固體擺飾

這類材料包含四個原木製成的底座，尺寸和形狀相同，長 22 英寸，高 2 英寸，寬 3 英寸。每一個底座都配有 10 個光滑的圓柱形擺飾，這些擺飾可以輕鬆插入底座上相應的孔中。每個圓柱體擺飾形狀相同，尺寸大小遵循一定的變化規律，每組圓柱體看起來就像一套秤錘。

（1）第一個底座上，圓柱體的直徑相同但高度不同。10 個圓柱體的高度從 3/16 英寸到 1 又 7/8 英寸不等，依次遞增 3/16 英寸。

（2）第二個底座上，圓柱體高度相同，直徑從 3/16 英寸到 1 又 7/8 英寸不等，依次遞減 3/16 英寸。

（3）第三個底座上，圓柱體的高度和直徑都逐漸減小，綜合了前兩組的變化規律。

這三組擺飾的練習過程是相同的：底座放在小桌子上，所有的圓柱體擺飾都被取出來混在一起。兒童要嘗試將它們全部放在適當的位置。這個練習很基礎，只用準備三張小桌子，桌面最好有凹槽，以防圓柱體會四處

滑動。原則上,每個兒童每次只能使用一組擺飾,因此同時可以有三個兒童參與這項練習。兒童在圓柱體和底座的精確對應中,可以學會「控制誤差」。

第一組擺飾的練習過程中,如果兒童操作有誤,那麼就會有一個圓柱體無法與孔洞對應,孔不是太深了,就是太淺了放不下。由此產生的可見或不可見的違規,提醒兒童檢查自己在哪裡犯了錯。因此,兒童必須小心地把每個圓柱體放到該在的位置,並且反覆檢查,以便所有圓柱體各歸其位。

第二組擺飾中圓柱體的高度相同但直徑遞減,因此操作錯誤就會更明顯。如果兒童把某個圓柱體放進過大的孔裡,當時沒有注意到這一失誤,而繼續把剩下的圓柱體依次放進過大的孔裡,前面的操作看起來沒有問題,但是最後一個圓柱體就會無法放進剩餘的那個孔裡。這個錯誤如此明顯地呈現在兒童面前,立即摧毀了先前對於成功的幻想。兒童注意到這一明顯的失誤後,必須取出所有放置錯誤的圓柱體,並將它們放到正確的位置上。

現在我們來看一下第三種擺飾。圓柱體的變化是雙重的,既有第二組那樣的直徑變化,也有第一組那樣的高度變化。結果是,每個圓柱體,從最小的到最大的,形狀相同,但尺寸不同。這組擺飾的練習與前兩組一樣提供了對錯誤的控制。

對兒童來說,這三組擺飾乍看之下很難區分,彼此之間的差異很小。但是,兒童學會如何使用這三組擺飾後,就會對它們產生更多的興趣。重複這樣的練習,自然會使兒童具有更強的辨別力,在觀察時更敏銳,在操作時更加專注,反過來又激發了兒童發現和糾正錯誤的能力。所以,這一練習是透過感官練習完善兒童的性格,給予兒童持續而深遠的練習。

木塊

我們有三組不同外觀的木塊，在一維、二維和三維上有大小的變化，分別是色彩鮮豔的木棒系列、長方體系列和立方體系列。

木棒系列是紅色的，橫截面為 3/4 英寸 ×3/4 英寸的方形，長度從 4 英寸到 40 英寸不等，依次遞減 4 英寸。兒童要動用全身的力量操作這些長而笨重的木棒，必須來回搬運，並根據長度把它們排列在一起，擺成管風琴的樣子。因此，他們得先在地板上鋪一塊足夠大的地毯，在上面完成這個練習。他們把木棒擺成管風琴的樣子之後，再把它們打亂，混合在一起，樂此不疲地反覆擺弄。

長方體系列是深棕色的，所有的長方體都是等長的（7 又 1/2 英寸），但切面大小不同。最大的長方體底面邊長為 3 又 3/4 英寸，最小的為 3/8 英寸。這些長方體從大到小依次排列，看起來像一個樓梯。兒童也可以在地毯上進行這項活動。

最後是粉色的立方體系列，邊長從 3 又 3/4 英寸到 3/8 英寸不等。兒童先在地毯上放上最大的立方體，再在上面放上第二大的，依次類推，搭成一座塔，同樣被反覆地拆除重建。

肌肉記憶

兒童會想用手抓積木。但是，3 歲或 3 歲半的孩子很難用手抓住一個 3 又 3/4 英寸見方的立方體，7 又 1/2 英寸長的長方體對他來說也太重。因

此，他們必須努力伸展手指，用力完成動作。兒童在用棕色長方體反覆練習之後，手會自動調整為所需的精確動作，以便拿起 3 又 3/4 英寸、3 又 3/8 英寸、3 英寸、2 又 5/8 英寸、2 又 1/4 英寸、1 又 7/8 英寸、1 又 1/2 英寸、1 又 1/8 英寸、3/4 英寸或 3/8 英寸的長方體。換言之，兒童發展出一種肌肉記憶，以確定不同的空間位置。兒童使用粉色立方體反覆練習，獲得了進一步的訓練。他們要將較小的方塊放在較大的方塊上，兩者的中心處於同一位置，四周留下 3/16 英寸寬的邊緣。為此，兒童的手和手臂必須進行預定的動作。最難放置的是最小的那個，邊長僅為 3/8 英寸。我們可以從孩子在進行任務時的高度專注和努力中看出來，兒童的手臂必須非常穩定，才能對齊這個最小方塊的中心點。

毫無疑問的，在固體擺飾和木塊的練習中，對視覺的訓練有著極大的幫助。漸漸地，兒童開始辨識到以前沒有注意到的細節差異。此外，如果三組擺飾一起使用，三組圓柱體混合在一起，就是一個更複雜的記憶和推理練習。兒童必須先判斷圓柱體所屬的位置，從而回憶起容納它的底座是哪一個——這就是這項練習的魅力所在。兒童會認真地將智慧運用在面前的任務中，並盡其所能完成這些令人愉悅的事情。

兒童的雙眼在經過特殊的訓練後，能夠辨識木塊的大小，發現偶然的錯誤，如木棒的位置不對導致規則錯亂，或較大的立方體被放在兩個較小的方塊之間導致塔身有凸起。不只這些錯誤，還有木塊明亮的顏色，都會吸引兒童的注意力。

我們會發現，所有材料屬性的設計都是為了吸引兒童用眼睛去關注，然後用手去糾正。

伴隨著雙眼的活動，兒童開始產生肢體活動，包括擺弄小物件，如從固體擺飾的底座上取走圓柱體，或搬運和擺放較大的木塊。因此，感官練

第八章　視覺與聽覺區別

習是透過目標明確的肢體活動完成的。這種活動，再加上之前雙眼的觀察，有助於兒童集中精力反覆練習。

兒童可以在三組木塊的差異序列中發現不同的數字關係。

木棒長度對應一組數字：1，2，3，4，5，6，7，8，9，10。

長方體長度相同，橫切面不同，對應一組數字的平方：1^2、2^2、3^2、4^2、5^2、6^2、7^2、8^2、9^2、10^2。

立方體的大小不同，對應一組數字的立方：1^3、2^3、3^3、4^3、5^3、6^3、7^3、8^3、9^3、10^3。

事實上，兒童對這些數字關係只有感性的理解，但也經歷了基本的數字訓練，為學習數學奠定了基礎。兒童發現，立方體的差異最大，練習是最容易的；木棒的差異最小，練習是最難的。兒童進入小學，開始學習算術和幾何時，再次對幼年時期的學習教具感興趣，將藉助數字重新研究它們。

顏色練習

我們進行長時間的試驗後，決定用以下教具幫助兒童辨識顏色，即訓練他們的色覺（如前所述，在智力缺陷兒童的教育中，我們使用了許多木製的圓形色板）。我們最終選定的材料是纏繞著彩色絲線的木板，木板末端有一個雙面凸起，以防絲線碰到桌子或兒童的手。這樣，絲線的顏色可以維持很長時間。

我們選擇了9種顏色的絲線，分別是灰色（介於黑色和白色之間）、紅色、橙色、黃色、綠色、藍色、紫色、棕色和粉色。每種顏色都有7個不同的亮度等級，所以一共有63塊彩色木板。

練習中，我們選擇了顏色最亮的紅色、藍色和黃色，準備了兩套。我們給兒童看其中一套的一種顏色，讓他在另一套混合放置的材料中尋找與其匹配的，然後把它放在相同的顏色旁。這樣，絲線就會按顏色配對，擺成兩列。然後，我們逐漸增加色板的數量，直到看完全部 9 種顏色 18 個色板。我們一般會從最亮的色板開始，到最暗的色板結束。

　　接下來，我們給兒童看顏色相同但亮度不同的多塊色板，如最亮的、最暗的和亮度居中的。兒童必需根據亮度將它們全部排列好。

　　我們把兩種顏色（如紅色和藍色）不同亮度的所有色板全部混合起來。兒童必須先將兩種顏色分開，然後根據其亮度進行排列。然後，我們繼續挑選相似的顏色（如藍色和紫色，黃色和橙色），將其混在一起，開始下一步練習。

　　在一所「兒童之家」裡，我看到兒童以驚人的速度完成以下練習，效果十分顯著。教師向兒童展示同一顏色不同亮度的 3 塊色板，讓兒童認真記住這些顏色。然後，教師把桌上所有的色板混合在一起。兒童要迅速地從色板堆裡挑選出某一顏色所有色板，並根據亮度進行排序，建立一條亮度漸變的色帶。在另一所「兒童之家」裡，我見過兒童將一整盒 63 種顏色的色板全部倒在桌子上，花了很長時間把它們混合在一起。然後，他們根據每種顏色的不同亮度進行排序，從而在桌子上鋪出一片亮度漸變的色譜。兒童以驚人的速度掌握了這項技能，3 歲的兒童就能夠將同一種顏色的色板依照不同亮度進行排列。

　　我們還可為兒童展示一種顏色，讓他們去遠處的桌子上選出相同顏色的所有色板並按亮度排列，以此測試兒童對顏色的記憶。他們成功地完成了這項練習，很少出現失誤。5 歲的兒童覺得最後這項練習很有趣，愉快地比較，並選出相同的顏色。

幾何的感官認知

平面擺飾

　　木製擺飾及其發展歷史可以追溯到塞金的研究，他使用的形狀有星形、長方形、正方形、三角形和圓形，每個形狀都有獨特的顏色，擺飾對應的凹槽都刻在同一塊木板上。在為智力缺陷兒童開設的學校裡，我以前輩傑出的工作成果為模板製作了新的擺飾。它們由兩塊平整的木板組成，上面一層雕刻為不同的形狀，配上青銅旋鈕，便於操作；下面一層雕刻出固定擺飾的凹槽，可以將把木製擺飾放在相應的位置。

　　我增加了擺飾的數量，並將顏色和形狀兩個屬性分開。有不同顏色的圓形擺飾，也有相同顏色不同形狀的擺飾。多次嘗試後，我取消了單色的平面擺飾，因為這類材料無法進行誤差控制。我保留了用來辨別形狀的平面擺飾，但修改了用於固定擺飾的底座，每個擺飾都有自己的單獨底座。正方形、長方形、圓形、三角形、梯形、橢圓形等擺飾都是明亮的藍色，而用於固定擺飾的獨立的方形底座大小相同，都是白色的。由於方形底座便於組合擺放，因此擺飾之間可以有不同的組合排列，每組擺飾的數量也可以自由增加。我還做了木製的容器或底盤，可以容納六個方形底座，分成兩行，每行三個。底盤裡的擺飾從各自的底座上移開時，就會透出底盤的藍色。因此，底盤和底座雕刻出的輪廓，在形狀和顏色上與擺飾本身是相同的。

　　最初的練習中，我做的底盤是矩形的，大小與之前描述過的底座類似，底部是藍色的，四周被 1/8 英寸長、1/4 英寸寬的凸起邊框包圍。底盤邊緣用鉸鏈連結了一個由一橫兩豎的 1/4 英寸厚的木條組成的木框，隔

開 6 個相等的正方形。木框可以上下翻動，前面用一個小釘子固定。6 個獨立的底座（長、寬均為 4 英寸，厚 1/4 英寸），完全覆蓋了底盤的藍色，並由其可以上下活動的木框固定在相應位置。這個底盤的優勢在於，單獨的底座可以更換組合不同的幾何圖形，活動的框架也確保了底座的固定性。

底座的內外邊緣塗有白色釉質，擺飾塗成藍色，跟底盤的顏色一樣。我還將四個底座大小的方塊塗成同樣的藍色，這樣底盤中就不一定放上六種擺飾，而可以是一種、兩種、三種、四種或五種。這是因為，第一次練習最好只呈現兩三個對比鮮明的圖形或者形狀差異很大的圖形，如圓形和正方形，或者圓形、正方形和等邊三角形，以此設定各種組合。

然後，我做了一個有 6 個托盤的櫃子，可以是紙製的，也可以是木製的。它的外觀是一個盒子，就像律師使用的檔案盒一樣，6 個托盤從上到下架起來。第一個托盤上放了 4 個擺飾，2 個梯形和 2 個菱形；第二個托盤上有 1 個正方形擺飾和 5 個長方形擺飾，長方形的長度相同，但寬度遞減；第三個托盤上是直徑遞減的 6 個圓形；第四個托盤上是 6 個三角形；第五個托盤上是邊長數 5 到 10 邊不等的多邊形；第六個托盤上是各種形狀的圖形，如橢圓形、卵形和花卉圖案（四個交叉的弧線）。

三組卡片的練習

我們開發了三組卡片的練習，將練習材料擴展為底座、各種擺飾和三組卡片，新增的卡片邊長為 5 又 1/2 英寸。第一組卡片的做法是，用膠水將藍色的紙製的幾何圖形與藍色的擺飾對應地黏貼起來，卡片的大小和形

狀與擺飾相同。第二組卡片的做法是，用膠水將藍色的幾何圖形和相應的擺飾黏貼起來，圖片本身的厚度為 1/4 英寸。第三組卡片的做法是，用黑色的筆繪製圖形的輪廓，顯示擺飾的大小和形狀。這一操作理念可以追溯到塞金的理論。

在擺飾練習中，我們會準備一個底盤，裡面裝有不同圖形的擺飾。兒童取出這些擺飾，混合在一起放在桌子上，再放回相應的底座上。這一練習適合 3 歲以下的兒童，對他們有很大的吸引力。兒童不用花太多時間就能完成，重複練習不會超過五六次。事實上，兒童在這個練習上投入了大量精力，他們必須先學會辨識物體的形狀，並認真地對比。許多兒童嘗試幾次後才能成功地把擺飾放置在合適的位置。例如，他們剛開始會嘗試把三角形放入梯形底座或長方形底座，或者他們會拿起一個長方形擺飾，對比長邊和短邊，多次嘗試後才能成功地把它放在適當的位置。經過三四次嘗試後，兒童很容易辨識圖形，並把擺飾放在合適的位置，自信的表情中帶著對簡單練習的冷漠和輕蔑。這個時候，兒童可以對各種形狀依序進行對比，從強烈對比的形狀到比較類似的形狀。兒童習慣了如何辨識圖形後，這個練習就變得簡單了，無須任何嘗試或努力，他們就能將擺飾放回各自的位置。

第一階段是試錯。兒童面對的是對比鮮明的圖形，視覺與觸覺的聯合有助於他們辨識這些圖形。我讓他們用右手的食指描畫圖形的輪廓和底座內側的邊緣，底座邊緣與擺飾本身的形狀一樣。我有意讓兒童養成這樣的習慣，實際上也很容易做到，因為他們很喜歡觸控東西。有些兒童還不能透過觀察來辨識形狀，需要透過用手觸摸，也就是透過必要的動作追隨輪廓來辨認形狀。剛開始的時候，他們嘗試把擺飾放到某一位置上，轉動了各個方向卻依舊不相合時，就會感到擔心。但是，只要觸摸了擺飾和底座的輪廓後，就會成功。毫無疑問，動覺與視覺的連結，在建立形狀感知和

固化記憶方面很有幫助。

　　固體擺飾中，對錯誤的控制是絕對的。因為特定的擺飾只能放在相應的凹槽內。因此，兒童可以獨自練習，完善對各種形狀的感知。

　　第一組卡片的練習。卡片上面的圖形是畫上去或用膠黏上去的，可以充當之前練習中的底座。這些卡片原本混合放在一起，兒童必須把它們排成一列（這讓他們很開心），然後把擺飾放在相應的卡片上。兒童用雙眼來觀察和辨識形狀，並準確地將擺飾放在卡片上，完全遮住卡片上的圖形。至此，兒童用雙眼確定邊界，用動作完成擺飾和卡片的搭配。進一步地，兒童必須把觸摸物體輪廓當作一種簡單的練習（兒童總是願意這樣做），養成這樣的習慣。擺飾蓋住卡片上的圖形後，他們會用手指再次圍著擺飾邊緣繞一圈，好像是在用手指再次完成配對。

　　第二組卡片的練習。兒童拿到一些卡片和擺飾，卡片上用藍色的陰影畫出圖形，與擺飾的形狀對應。

　　第三組卡片的練習。兒童拿到一些卡片，上面用黑色簡單地勾勒出圖形，相應的擺飾部分如前所述。

　　因此，兒童練習用雙眼確定圖形的輪廓，用手指動作勾勒出圖形的輪廓。

聽覺練習

　　聽覺練習使我們以一種特殊方式了解人與動態環境之間的關係，而動態環境是唯一能夠產生聲音和噪音的環境。一切都靜止的環境裡，只有絕對的安靜。因此，聽覺是一種感覺，只能從物體運動中獲得。聽覺練習必

第八章　視覺與聽覺區別

須從安靜開始，逐漸發展為對運動引起的聲音和噪音的感知。稍後，我們將解釋安靜在我們的教育方法中的諸多重要性。

安靜成為限制產生各種聲音的運動的重要因素，也是促進集體努力的一種手段，因為環境中的一切或每一個人都必須保持安靜。毫無疑問，我們讓兒童安靜下來，應該會引起他們的強烈興趣，事實也的確如此。兒童追求安靜，獲得安靜下來的方法，都會讓他們感到高興。

聽覺練習也為我們提供了關於感官訓練基本原理的清晰概念，當然還有更好的聽覺能力。我們注意到比以前更輕的聲音，說明聽覺能力變強了，也就是更敏銳了。因此，感官練習會帶來對細微刺激的覺察，感知到的事物越微小，感官能力就越強大。因此，感官練習本質上是幫助人們感知外界的微小刺激。

例如，伊塔爾已經證明了，部分失聰的人可以接受訓練，感知到比原本（也就是沒有受過訓練的情況下）更輕微的聲音，在引導下逐漸感知正常聽力者不經訓練就能聽到的普通聲音。根據這一原則，伊塔爾使用一系列由強到弱的刺激，教會部分失聰的人如何聽到他人的聲音，從而學會如何說話。這樣的方法治好了許多聾啞人。

感官練習的另一個原則是區分刺激物之間的差異。為了在這方面幫助更多的人，人們必須知道如何對不同的感覺進行分類，並注意到它們之間的等級差異。

首先，我們可以區分出聲音和噪音，從最明顯的差別開始，然後到那些幾乎無法察覺的差別。其次，我們可以根據聲音的來源來討論不同聲音的特徵，如人說話的聲音或樂器的聲音。最後，我們可以分辨音階的音調。

我們對聲音進行總結，分為安靜、人聲、噪音和音樂聲四類。

安靜是單獨的練習，對保持紀律有很大幫助。

對人聲的語音分析與字母學習密切相關。

關於噪音的研究，我們使用的是現有的教育體系中一些相當簡單和基本的材料，包括木盒子或紙板盒子。這些盒子是一個系列，敲擊時會因盒子結構不同發出不同的聲音。與其他感官交才一樣，我們將這些盒子混合放一起，然後根據發出的聲音，進行等級排序。

關於音樂聲的連結，我們採用了安娜·麥克羅尼（Anna Maria Maccheroni）製作的一系列鈴鐺，掛在同一個架子上。這些鈴鐺看似相同，但它們在小錘子的敲打下會發出不同的聲音。因此，鈴鐺之間唯一可以察覺到的差別就是聲音。

我們準備了兩組相同的鈴鐺，每一個鈴鐺都可以自由移動。因此，它們就像其他用於感官練習的教具那樣混合放在一起。第一個練習是把不同的鈴鐺掛在架子上，用小錘子逐一敲打，發出相同聲音的兩個鈴鐺就可以放在一起（這裡不包括半音）。接下來，我們根據音調推估鈴鐺在音階的位置。為此，教師將一組鈴鐺按順序擺放，另外一組混放一起，然後將兩組鈴鐺進行搭配。敲擊第一組鈴鐺中的一個，然後敲擊另一組鈴鐺選出相同的一個。因此，這裡是根據預定的順序對鈴鐺進行配對。

兒童的耳朵得到足夠的訓練後，能夠辨識和記住音階上簡單的聲音位置，就可以按照音階順序排列鈴鐺。他們透過樂感的引導完成這一任務，甚至可以區分出半個音階，無須外界的任何協助。

與其他練習一樣，一旦某種感覺被清晰地感知到，就會為感覺命名。就像兒童會感知到某一物體是光滑的、粗糙的、紅色的或藍色的一樣，在這裡，他學會如何準確地辨別音符後，就會掌握音符的名字。6歲或7歲的兒童能達到的極限就是辨識和命名單一的音符。

然後，我們在整個音階列中加入半音階，兒童可以透過鈴鐺架來辨識半音階。半音階在鈴鐺架上對應的位置是黑色而不是白色。換句話說，鈴鐺架就像鋼琴的琴鍵一樣，有黑有白。練習半音階的方法是將它們放在整個音階中的適當位置[02]。

我們也沒有必要把樂感練習和音樂教育混為一談。辨識音階的練習可以在沒有接受過音樂教育情況下開展，這與聲波的物理學研究有相似之處。感官練習為音樂教育提供了必要的基礎，完成這類練習的兒童為進入音樂世界做了充分的準備，可以在這一領域取得更快的進步。

但是，我們沒有必要堅持認為音樂本身會強化感官練習的成效，正如繪畫研究不會訓練人們對色彩的感知一樣。然而，兒童的發展基礎已經建立起來，這對於進一步的進展極為寶貴。

安靜練習

在普通學校裡，人們總是認為教室裡的安靜是因為教師的命令。沒有人思考過這個詞的真正含義，也沒有人意識到人們有必要保持靜止，也就是說暫停活動以達到片刻的安靜。安靜在於停下活動，而不像學校裡通常做的那樣喝止環境中令人忍無可忍的噪音。

在一般的學校裡，安靜意味著停止喧譁和活動，消除混亂和嘈雜。然而，安靜又可以被理解為一種超越普通事物的狀態。這是一種需要付出努力和意志緊張的短暫狀態，將內在心靈和外部活動的聲音進行區分。

這是我們的學校達到的一種安靜狀態，是在一個有 40 多個 3 至 6 歲

---

[02]　在鈴鐺練習中，同一練習的一個循環週期要完成 6 次或 7 次，最多的時候會重複 200 次。

的兒童的教室裡產生的深邃的安靜。在童年時期活動看似是自然的和不可抗拒的，禁止他們活動的命令與抑制活動的個人意志無法結合在一起發揮作用。而在這裡，那些習慣於我行我素地活動以尋求內心滿足的兒童達到的安靜狀態，正是這兩者結合的產物。兒童必須學會安靜，因此，他們在我們的指導下安靜地進行各種練習，極大地增強了自制力。

每當我變得安靜時，我便會吸引兒童的注意力轉移到我身上。我安靜地完成各種工作，安靜地站著或坐著。我輕緩地呼吸，手指輕微地移動，幾乎不會產生任何噪音。教室裡的一切都是絕對安靜的，這並不容易做到。我叫起一名學生，請他跟我完成相同的動作。他剛把一隻腳移到更舒服的位置就發出了噪音；剛動了動手臂，輕輕地拂過椅子扶手，就發出了聲音；他的呼吸不像我那麼平緩，不被人察覺。

我用簡短而認真的話語打破了這種安靜。兒童聽著、看著，仍然沉迷在安靜中，開始對從未注意到的事實產生興趣。他們沒有注意到周圍有那麼多聲音，有那樣一種所有東西都靜止的絕對的安靜。我就站在房間中央，但又好像不存在一樣。每個人都努力模仿我，試圖做同樣的事。我注意到這裡或那兒有一隻腳無意地移動。兒童的注意力被吸引到身體的每一個部位，因為他們渴望獲得安靜。他們在持續的努力中，產生了一種不同於表面上所說的沉寂的安靜。生命似乎漸漸消逝，房間變得空空如也。然後，我們開始聽到牆上時鐘的滴答聲，隨著整個空間越來越安靜，滴答聲似乎在逐漸增強。外面的院子以前似乎一直都很安靜，現在卻傳來了不同的聲音，有鳥鳴聲，也有小孩走路的聲音。兒童沉迷於這種安靜，好像他們真的被征服了似的。教師說：「你看，現在一切都很安靜，好像這裡一個人都沒有。」

兒童安靜到這種程度時，我就會關上窗戶，讓房間變暗，然後對他們

說：「現在你們聽我小聲喊你們的名字。」然後，我在隔壁房間裡，隔著敞開的門低聲說話，拉長音節，就像在呼喚山谷對面的某個人，讓微弱的聲音傳到他們的心中，觸動他們的心靈。每個被叫到名字的兒童都會默默地站起來，盡量不挪動椅子，踮著腳尖走路，不發出聲音。不過，大家都會注意到他在絕對的安靜中走過，從未打破教室裡的安靜，因為其他人都在保持安靜。他會滿臉興奮地走到門口，開心地跳著，忍住大笑的衝動，或者抓著我的衣服，或者看著仍在焦急地等待著的安靜的同伴。

兒童會把被叫到名字看視為一種特權、禮物和獎賞。每個兒童都知道他會被叫到，順序從房間裡最安靜的那個人開始。因此，每個人都努力透過安靜的等待來贏得一次被叫到名字的機會。我曾見過一個 3 歲的小女孩試圖阻止自己打噴嚏，並成功地做到了！她憋住呼吸，一直到贏了為止。兒童對這類遊戲很著迷，專心的凝視和耐心的安靜透露出他們對某種巨大快樂的期待。起初，我還不了解兒童的心理，準備了一些糖果和小玩具，並答應把它們送給那個被叫到的人。我認為，要讓兒童付出努力，就得對他們有獎勵。但是，我很快就不得不承認獎勵是沒有價值的。

兒童透過這些努力，體驗到安靜帶來的喜悅，就像船隻駛入港口。他們為每一件事感到高興，為學到了新東西而高興，為贏得勝利而高興。這些都是他們應得的報酬。他們忘記了之前允諾的糖果，也不願費事去拿那些獎勵。於是，我放棄了那些無用的獎勵。我驚奇地發現，兒童再次參與這些練習時的表現越來越完美，40 多個 3 歲的兒童在我的召喚下走出房間，在整個過程中保持安靜。然後，我意識到兒童也重視精神上的快樂和回報。在這樣的練習後，他們似乎變得更愛我，更聽話，也更乖巧溫順。我們與喧囂的塵世隔絕，在一起共度了幾分鐘。在那段時間裡，我滿懷期待地呼喚著他們，他們在最深沉的安靜中聽到了呼喚的聲音，那個在被召

喚者聽來最美好的聲音。

以下是一個非常成功的安靜練習的例子。有一天，我去一所「兒童之家」的路上，遇見一個女人抱著 4 個月大的女兒。按照羅馬當地的習俗，嬰兒會用包巾裹得緊緊的，這種方式被稱為蛹（繭）。這個安靜的小女孩像個安靜的天使，被我抱到教室裡。

「兒童之家」的兒童像往常一樣跑出來迎接我，用手臂猛地抱住我的膝蓋，幾乎要把我撲倒在地。我對他們微笑，給他們看那個包巾。他們興奮地跳上跳下，眼睛裡閃爍著喜悅的光芒，但會因為照顧我懷裡的嬰兒而不再觸碰我。我在兒童的簇擁下走進房間，一起坐下來。我選擇了一把高腳椅，而不是慣常用的小凳子，坐在他們的正前方。換言之，我懷著某種莊嚴的心情坐了下來，還是什麼也沒說。孩子們帶著溫柔和愛的混合感情看著嬰兒。

緊接著，我告訴他們：「我為你們帶來了一位小老師。」他們驚訝地看著我問：「小老師？」我接著說：「因為你們誰也不能跟她一樣安靜。」所有兒童都在座位上坐直了身子。「你們誰也不能像她那樣一動不動。」他們開始小心翼翼地調整雙腳，以保持靜止。我微笑著看向他們說：「是的，你們永遠不會像她那樣安靜。你們會稍微動一下腿，她就不會。你們誰也不能像她那樣。」孩子們變得嚴肅起來，幾乎相信了小老師的表現更加優秀。其中一個孩子微笑著，似乎用眼神暗示嬰兒的優秀表現都是因為有了包巾的約束。「而且，你們誰也不能像她那樣安靜。」孩子們一片寂靜。「你們不可能像她那樣安靜，因為……你聽聽她的呼吸多輕柔。你們可以踮起腳尖走過來看看。」有些孩子站起來，踮起腳尖慢慢地走著，伸出腦袋，盯著嬰兒看。「沒有人能像她那樣安靜地呼吸。」孩子們驚奇地看著嬰兒，從來沒有想到他們保持不動時也會發出聲音，小嬰兒的安靜比那些大孩子

第八章　視覺與聽覺區別

的安靜更深刻，他們幾乎都要停止呼吸了。我站起身說：「我要悄悄地、安靜地走了。」我踮著腳尖走開，一點聲音也沒有。「不管我走得多輕，你還是能聽到我的聲音。但是她，她跟著我走了，沒有發出任何聲音；是的，她要走了，一直都很安靜。」孩子們笑了，但很感動。他們既懂得我話中的道理，也懂得我話中的幽默。我透過窗戶把包巾還給嬰兒的母親。

　　小女孩留下了她的魅力，這似乎占據了孩子們的心靈。大自然中沒有什麼比新生兒的無聲呼吸更甜美的了。華茲沃斯（William Wordsworth）觀察到的自然的靜謐平和正在逐漸消失：「那麼平靜和安靜！水滴從懸浮的船槳落下。」甚至兒童也能感受到寧靜的、新生的人類的靜謐詩意[03]。

---

[03]　這種安靜練習已經成為蒙特梭利教育法中最典型的案例，已被許多學校採用，並成功地傳遞了蒙特梭利的精神。正是透過她的影響，「靜止的安靜」甚至滲透到政治和社會秩序的公共表現中。

第九章
感官訓練概論

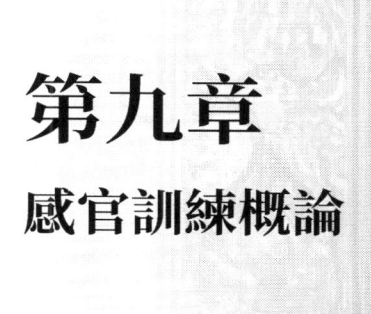

第九章　感官訓練概論

　　我們描述了3至6歲正常兒童的感官訓練的方法，當然，這些不能代表我們在教育領域的所有工作，但我相信它為有效的心理學研究開闢了一條全新的道路。

　　迄今為止，實驗心理學一直致力於改善測量儀器，即確定刺激物的不同強度，但還沒有認真地嘗試用一種系統的方法訓練個體的感官。然而，我認為心理測量更應該關注人的發展，而不是工具的發展。但是，撇開這些純粹的科學問題不談，我們可以說，感官訓練是教育中最重要的問題。

　　事實上，我們的教育有雙重目標，一個是生物性的，另一個是社會性的。生物性目標是幫助個體獲得自然發展；社會性目標在於使個人為適應所處環境做好準備，這也包括工作能力的教育，即教個人如何利用他所處的環境。感官訓練在這兩方面都極為重要。

　　感官的發展實際上會先於高級智力的發展，3至6歲即是它的形成期。因此，在這一時期，我們可以讓兒童逐步適應外部刺激，以此發展他們的感官能力，就像我們應該在他們的語言全面發展之前幫助他們學會發音。幼兒教育應遵循這一原則，即促進兒童的自然發展。

　　教育的另一個意義是使個體適應外部環境，這在兒童發展的後期更為重要，因為感官能力密集發展的時期即將過去。生物性發展和社會性發展交織在一起，先後順序取決於個體所處的年齡階段。

　　眾所周知，3至6歲階段的發展特徵是，生理發展迅速，心理發展起步。在這一時期，兒童的感官能力開始有了長足的發展，注意力被指向所處的環境，受到環境的刺激而不是理性的吸引。因此，在這一時期，他應該有條不紊地處理外部刺激，合理地發展他的感官，為他的心理能量奠定基礎。而且，透過感官教育，我們有可能發現並糾正一些真實存在的缺陷，否則這些缺陷會被人們忽視，或者只有嚴重到兒童無法適應周圍的環

境時（如失聰或者視力下降），問題才會被暴露出來。因此，正是生理方面的教育，完善了兒童的感官，培養了投射與聯想能力，直接為其心理發展鋪路。個體對環境的適應，也受到教育的間接影響。如今，人們非常關心環境，正是因為他們必須最大限度地利用它的財富。

與古希臘時期一樣，今天的藝術也是建立在對真理的觀察之上。實證科學是透過觀察取得進步的，十九世紀所有的發現及其實際應用，都為改變世界做出了巨大的貢獻，都是沿著這條路前進的。因此，我們應該在即將成長起來的這一代人中建立實證科學的信念，這是發展現代文明的必要條件，也是人類持續進步不可或缺的手段。我們所處的這個時代，發現了X射線、物質放射性和通訊技術，鐳的發現更是帶來了新的物質概念。感官訓練能使人成為觀察者，不僅能使人適應現代文明，還能使人應對生活的迫切需求。

到目前為止，我認為我們的教育體系在處理具體問題方面還缺少一些實踐經驗。我們應該從理論開始，在實踐中加以實施。教育也總是透過理性的方法來研究教學，然後再付諸行動。在教學時，我們通常會談論自己感興趣的對象，並試圖引導學生進行一些與之相關的任務。但是，學生常常發現，即使他理解了理論知識，也很難完成相應的任務，因為他所受的教育缺少一個最重要的因素——感官的完善。

舉個例子，我們讓廚師去買一些鮮魚。廚師能理解指令並著手去做，但是如果他沒有受過嗅覺和視覺的訓練，就不能辨別魚是否新鮮，也就無法完成任務。這樣的不足在廚房裡表現得更為明顯。廚師能夠閱讀食譜，並完全按照規定的方法和時間烹飪，也知道如何操作。但是，當他需要透過嗅覺判斷什麼時候要將食材下鍋，或透過視覺或味覺判斷什麼時候添加調味料時，如果感官訓練不足，他的表現就會一塌糊塗。他必須透過長期

第九章　感官訓練概論

的練習來獲得這種能力，而且這種對於感官的後天訓練，在成年人身上往往不再發揮作用。

同樣的道理也適用於體力勞動和手工藝技術。人們必須透過反覆練習掌握某項技能，這種學習就是感官的後天訓練。例如，紡紗工必須學會如何利用觸覺分辨紡線；織布工和刺繡工必須用敏銳的視覺區分產品的細節，特別是顏色的差異。還有一種情況是，一個人想要學習一門手藝，尤其是具有藝術性或極為精緻的手藝時，就必須訓練他的感官和手部動作，而且這些動作是由精細的觸覺輔助完成的。如果這種訓練在兒童發展期結束之後才開始，就會很難完成。3 至 6 歲是培養特殊技能的關鍵階段，因為在這一時期，人們天生有一種完善感官和動作的傾向。

舉個醫學界的例子。醫學生學習了脈搏的相關理論，然後走到病人床前，想要透過把脈辨識病症。但是，如果手指不能辨識脈搏的跳動，他之前的研究和現在的期望都會化為泡影。他缺乏辨別不同感官刺激的能力，而這對醫生來說是非常必要的。同樣的道理也適用於心跳檢測，醫學生可能在理論上知道如何操作，但在實踐中卻無法用耳朵分辨心跳聲。同樣的例子還有，如果醫生對體溫的判斷不準確，那就需要使用溫度計。感官無法辨識脈搏、心跳、體溫，本質上沒什麼區別。

眾所周知，醫生可能學識淵博、聰明睿智，但如果沒有實際的訓練，就不能成為一名好醫生。事實上，醫生的實習經歷也是一種感官訓練，訓練效果姍姍來遲且常常無效。在掌握了深奧的理論之後，醫生發現自己不得不從事一項艱鉅的工作，即學習辨識不同疾病的症狀，以便把這些理論付諸有效的實踐。因此，他就像一個新手一樣，透過觸覺、敲擊和傾聽來辨識器官的振動、音調、雜音等，以此形成醫學診斷。辨認和評估病症往往有很大的不確定性，這使得年輕醫生深感沮喪，甚至一度懷疑自己能否

擔負起如此重大的職責。醫學建立在感官能力的基礎之上，但是學校培養醫生的方式是學習經典理論，如果感官訓練不足，那麼知識的累積也是無效的。

有一天，我聽說一位外科醫生為母親們做了一場頗受歡迎的講座，內容是如何識別兒童佝僂病的早期症狀。他想說服母親們在疾病的早期階段，就帶走路不穩的孩子去看醫生，因為那時候佝僂病還是可以被治癒的。母親們也深表認同，但是苦於自己無法辨識出早期的異常症狀——她們缺乏辨識輕微異常的感官訓練。因此，醫生的演講效果就是徒勞的。

如果我們分析一下，就會發現幾乎所有的食品造假行為，都與大眾感官遲鈍有關。工業造假是因為人們缺乏感官訓練而滋生。詐騙之所以成功，是因為受害者太單純。買方在選購商品時，尤其依賴賣方的誠實或公司的誠信。這是因為他們缺乏自我判斷的能力，也就是缺乏用感官辨別商品品質的能力。

簡而言之，缺乏實踐會讓知識變得無用。這種實踐應該包括感官訓練。在現實生活中，每個人都需要具備從環境提供的刺激中獲得準確知識的能力。但是，成人的感官訓練常常很難進行，就像很難教他們成為鋼琴家一樣。如果我們想在以後透過教育來完善感官，並將其用於特定的技能中，那麼必須在生命的發展期進行感官訓練。因此，我們對兒童有條不紊地進行感官訓練，透過教育為他將來的生活做好準備。

否則，我們就是把人和周圍的環境進行隔離。事實上，透過知識教化一個人，實際上是在使他成為一個脫離現實生活的思想者。我們希望提供給兒童的是與實踐生活有關的教育，不想把他們限制在某些活動中，而忽視了教育的基礎是與外部世界的直接連結。哪怕是工作能力的訓練，是為了讓個體為利用所處的環境做好準備，它也必須彌補早期的一些顯著不

足。換句話說，人們完成了培養工作能力的教育後，也必須訓練自己的感官，以便與周圍的世界直接接觸。

審美教育和道德教育也與感官訓練密切相關。人們透過強化感官體驗和發展評估各種刺激的最小差異的能力，改善自身的敏感度，並由此體驗到樂趣。美存在於和諧之中，和諧意味著親和力。如果人們要感知和諧，就必須對感官進行精密的訓練。自然和藝術的和諧美感，是感官遲鈍的人所無法領略到的。對他們來說，世界是狹隘而殘酷的。周圍的環境為我們提供了無盡的美感泉源，但是人類仍然在這個世界漫無目地地遊蕩，缺乏精細的感受，或者像野獸一樣追逐強烈而尖銳的感覺帶來的快樂，因為這些是他們唯一能夠感受到的。粗鄙的享樂往往是惡習的根源。事實上，強烈的刺激不僅不會使感官變得敏銳，反而會使其遲鈍，由此就會需要更強烈的刺激。

從心理學的角度來看，我們可以透過觀察運作神經系統功能的反射弧的構成，看出感官訓練的重要性。感官是心理發展所需的感知外部資訊的器官，正如手是抓取身體發展所需物質的器官一樣。手和感官都可以完美地執行更高級的任務，從而服務於更有價值的精神活動。任何真正的智力教育都應該提高這兩種能力，而它們的提升潛能是無限的。

第十章
教師

第十章　教師

　　教師想要為這種特殊的教育做好準備，就必須清楚地記住以下原則。我們的教育不是用各式各樣的事物使兒童了解它們的大小、形狀和顏色，也不是訓練兒童如何正確地使用這些教具，而是要求教師不斷主動地向兒童提供資訊，並迅速糾正每一個錯誤，直到他們記取教訓。這才能使我們的教學素材相比其他人的教學材料（如福祿貝爾的教具）更加具有競爭性。

　　總之，我們可以說，教具並不是將一種新的方式教給「積極學習」的教師，幫助她精進教學方式。相反，我們的教育方法自根本發生了變革。因為迄今為止，教學活動一直由教師主導，但在我們的教育體系中，教學活動的主體是兒童。

　　教育分為教師和環境兩部分。「教學」型教師的定義被更複雜的元素組合取代，這種組合包含教師、不同的教育對象以及教育中的師生互動。

　　我們的教育方法和傳統課程之間有著深刻的區別。傳統課堂中的一切事物都是為教師服務的，相反，我們教育體系中的事物是為兒童服務的。兒童可以根據自己的需求、愛好、興趣，選擇自己需要的事物，並與之互動。這樣，這些事物就變成一種生長的手段。

　　儘管如此，教師仍有許多難以完成的任務。她的教學方式更注重合作，但也會變得更加謹慎、細緻和靈活。她不需要很多語言，不需要過多的精力，也不需要非常嚴厲。但是，她必須能夠進行審慎的觀察，幫助兒童前進或者後退，根據兒童的需要進行交流或者保持沉默。她必須具有一定的自我警覺性，這是迄今為止任何教育體系都沒有要求過的，而這一點的外在表現就是平靜、耐心、仁慈和謙遜。因此，教師的主要要求不在於語言，而在於素養。

　　簡言之，教師在學校的主要職責可以被描述為解釋教具的使用，成為

教具和兒童之間的主要連接角色。這是一項難度適中的任務，但比傳統學校裡的任務要細緻得多。在傳統學校裡，這些教具只是幫助兒童理解教師的意圖，教師必須把想法傳遞給兒童，兒童只需全盤接受。

而在我們的學校裡，教師只不過是為兒童提供便利和解釋，讓他們自由選擇和使用物體，並積極主動完成任務。這就像是在體育館裡，教師和器械都是必要的，教師的任務是教學生使用雙槓和鞦韆、舉重等。但是，學生必須自己去操作這些器械，訓練肌肉，增強力量和敏捷性等。體育教師不是講師，而是教練。他不可能透過演講體操理論讓學生變得強壯，傳統學校也不能增強兒童的性格。相反，我們學校裡的教師只需要為兒童提供指導，為他們提供鍛鍊心智的場所。兒童自然會成長得更強壯，發展出獨特的個性，受到良好的紀律訓練，獲得內心的健康，這是解放心靈的直接而耀眼的產物。

教師必須進行兩方面的學習。一方面，她必須完整了解教師的工作原則和教具的功能，這些都是兒童發展的必要手段。從理論上來說，培養這樣一位教師是一件很困難的事。她必須塑造自己，必須學習如何觀察，如何保持冷靜、耐心和謙卑，如何抑制自己的衝動，如何以細緻的方式出色地完成任務。她更需要一個體育館來鍛鍊心靈，而不是用一本書來提升智力。然而，她仍然可以輕鬆而清楚地了解自己的職責，即如何使兒童接觸到引發其反應的事物。另一方面，她必須能夠為特定的兒童選擇適合的事物，並將其擺在他們面前，使他們能夠理解並對其產生濃厚興趣。

因此，教師必須熟悉這些教具，並經常將其儲存在腦海中。她必須了解實驗驗證的教具，學習處理兒童問題的技巧，以便有效地指導兒童。所有這些都是教師培訓工作的重點。她可以從理論上研究有利於指導兒童實踐的原則，獲得指導不同個體所需的督導見解。她不應該向兒童提供低於

他們能力的教具，使他們感到厭煩，阻礙他們發展的興趣；她也不應該向兒童提供他們還理解不了的教具，挫敗孩童時期的熱情。

認識教具。教師要熟悉這些教具，不應該只是簡單地觀察，在書中研究它，或透過他人的解釋來學習。確切地說，她必須長時間地在實際使用它，透過自身體驗評估每一種教具對於兒童的難度和興趣程度，試圖解釋兒童可以從中獲得的印象，儘管這一點還做不到完美。此外，如果教師有足夠的耐心像兒童一樣反覆練習，就可以透過自身確定特定年齡的兒童具備的精力和耐力。為了達到這一最終目的，教師可以對教具進行評分，從而判斷兒童是否具有在特定的發展階段進行某種活動的能力。這將在練習順序那一章中作進一步討論。

維護秩序。教師除了讓兒童接觸教具外，還要讓他們接觸所處環境中的秩序。教師需要教給兒童一個規則，這一規則成為有組織的外部紀律的基礎。這一過程看似非常簡單，但足以保證工作的有序。

每件教具都必須有一個明確的存放位置，不用的時候就放在那裡。兒童只能從這個地方取走教具，用完之後必須把它放回原處，恢復初始狀態。

這意味著，兒童只要滿足了自己的願望，就不會放棄自己的任務。出於對環境和管理環境的規則的尊重，他們願意將任務進行到底。兒童可能永遠不會有機會親自將材料傳遞給同伴，或者從另一個人那裡接過教具了。這樣，兒童從一開始就不會有任何競爭。某一教具沒有被放回原地，那誰都用不到它。即使兒童迫切需要使用它，也只能耐心地等待同伴用完並把它放回原處。

完美。最後，教師要時刻注意，確保專心工作的兒童不被同伴打擾。教師作為心靈的「守護天使」，始終致力於提升兒童的能力，這是教師最莊嚴的職責之一。

給予指導。教師在指導兒童使用教具時，必須區分兩個不同的階段：在第一個階段裡，她讓兒童認識教具，並引導兒童使用教具；在第二個階段裡，她進行介入，啟發一個透過自身努力成功學會區分材料差異的兒童。有必要的話，她還可以了解到兒童獲得了哪些新的知識，並教會他們描述感知的差異。

第十章　教師

第十一章
教學技巧

第一步：啟動

教育對象的隔離。教師為兒童上課或希望幫助兒童使用感官教具時，應該意識到，兒童的注意力必須與課程對象以外的一切事物隔離開來。因此，教師要注意桌子的整潔，只放上她想展示的教具。

具體的工作。教師在向兒童介紹教具時，應幫助他們學會使用這些教具。她可以親自完成這樣的練習，如取出固體擺飾的圓柱體，把它們混合在一起，然後透過反覆試驗把它們放回原位，或者她把要搭配顏色的色板混合在一起，從中挑選一個，且不能碰觸絲線，然後把它放在相應的色板旁邊等等。

喚起兒童的注意。教師向兒童提供教具時，不應該是冷漠的，而應該對自己正在做的事情表現出強烈的興趣，並引起兒童的注意。

避免使用教具中的失誤。如果教師發現教具的使用方式無法達到預期目的，也就是說不利於兒童智力的發展時，就不應該讓兒童繼續下去。如果兒童沉著冷靜，脾氣溫和，她就可以親切地中斷與兒童的互動。但是，如果兒童行為不當，她就要用嚴肅的話語來制止，展現自己的權威，而不是針對吵鬧和混亂進行懲罰。

事實上，在這種情況下，權威對一個一時失去控制的兒童來說是一種必要的支持，他正需要一個強而有力的依靠，正如跌跌撞撞的人需要抓住什麼東西以免摔倒一樣。教師的工作或幫助就是向弱者伸出堅強而友善的援手。但是，兒童在工作時，就像一個內心平衡的人獲得了所需的訓練教具，就像一個努力使身體保持完美柔韌性的人擁有了一個健身房。

我們必須仔細區分兒童可能會犯的兩種錯誤。一是教具本身控制的錯

誤。儘管兒童非常願意參與練習，但是還不能完美地完成練習，因為他還不太成熟，不是不能用感官區分各種刺激，就是不能完整地發展能力，所以他不能執行特定的動作。例如，他還沒有分辨出圓柱體之間的區別，可能會在把它們放入孔中時犯錯，或者勢在建造塔樓時，把一個稍大的立方體放在一個較小的立方體上面等等。這些錯誤是由教具本身控制的，不能被人忽視。兒童只有透過進一步的發展，透過長期和適當地使用這些教具提升能力，才能糾正這些錯誤。此類錯誤可能和我們在試錯中學習時了解到的錯誤屬於同一類。在某些外部手段的幫助下，兒童非常願意克服這些錯誤。

二是由於教師疏忽或兒童故意造成的，如兒童像拉小車一樣拖著固體擺飾玩，或者用色板搭建房子，或者踩在排列整齊的木桿上，或者把用來學習系扣釦子的布料像圍巾一樣包在頭上等。教具的誤用會擾亂我們的教育，不能滿足兒童需求的教具就會被徹底棄用，結果只能是浪費精力，阻礙兒童集中注意力，無法成長和發展。這與人體血液循環類似，如果你想保持健康甚至活著的話，血液就應該流過心臟。我們不能說兒童是在犯錯中學習，他犯錯越久，學習的可能性反而越小。正是在這樣的情況下，教師帶著權威介入，幫助這個瀕臨危險的幼小心靈，給予他時而溫和、時而熱情的幫助。

尊重有用的活動。兒童使用這些教具的方式是完全模仿教師的，或者是完全靠自我發現的，這顯示了他在任務中的智慧。這兩種方式都有利於兒童發展，教師會允許他繼續重複練習，或是完成自己想做的實驗，而不會隨意打斷他的努力。教師也只會糾正他的一些小錯誤，因為害怕他累到停下工作。

美好的結局。但是，當兒童自主放棄了一項練習，也就是說，當促使

第十一章　教學技巧

他使用這些教具的衝動已經耗盡時，如果需要的話，教師可以而且的確必須進行介入，以便讓兒童把這些教具放回原處，讓一切都保持完美狀態。

第二步：上課

第二個階段是教師介入，幫助兒童確認某些概念。兒童已經進行了多次練習，成功地區分了感官材料的差異，教師要做的是教給兒童確切的名稱。這有助於兒童學會說話，這也是他們年幼時很容易學會的東西。在我們的教學體系中，教師最棘手的任務之一，就是教會兒童將術語牢記在心。教師在教這些詞語時，發音要清晰正確，念出每個音節，但又不帶浮誇做作的樣子。

三階段課程

塞金在教育智力缺陷兒童時使用的方法，能幫助兒童建立物體與術語之間的連結，這一方法同樣適用於正常兒童。我們的學校也採用了同樣的做法，分為三個階段。

📖 **第一階段：感知覺與名詞的連結**

教師應先讀出必要的名詞和形容詞，無須新增任何內容。教師的發音要清晰，聲音要洪亮，以便兒童清楚地聽到組成單字的各個發音。

例如，在第一次使用砂紙做感官練習時，教師讓兒童撫摸一張光滑程

度不同的卡片,她會說「這是光滑的」、「這是粗糙的」。她用不同的聲調重複這個單字,語調和發音始終非常清晰,「平滑,平滑,平滑」或「粗糙,粗糙,粗糙」。同樣,教師會在感受到冷熱時說「這是冷的」、「這是熱的」,還會補充「這是冰涼的」、「這是溫暖的」、「這是滾燙的」,然後開始使用描述性詞語,如「熱」、「更熱」、「不太熱」等。

因為名詞教學是在物體和名稱之間建立連結,或者在實體與抽象概念之間建立連結,所以兒童應該同時認識物體和名稱,也就是呈現物體時只能讀物體的名稱,而不是其他單字。

📖 第二階段:辨識與名稱相對應的物體

教師應該時常測試兒童,確認她的教學是否達到目的。第一個測試是檢驗名詞是否與記憶中的物體建立連結。因此,她必須在教學和測試之間留出必要的時間,通常是間隔幾分鐘。然後她會緩慢而清晰地念出已經教過的名詞或形容詞,「哪個是光滑的?哪個比較粗糙?」兒童用手指指向物體,教師就會知道它們之間已經建立起正確連結。提問階段很重要,這才是真正的教育,有利於發展兒童的記憶和聯想。教師看到兒童理解她的提問時,就會一遍又一遍地重複同一個問題:「哪個是光滑的?哪個比較粗糙?」

透過多次重複提問,教師多次重複的名詞或形容詞最終會被兒童記住。每次重複時,兒童都會指向答案所指的物體,重複練習與物體相關聯的單字,而這個單字是他正在學習以及在腦海中記下的。然而,如果教師一開始就注意到兒童不願意關注她,在回答問題時出錯或漫不經心,她就應該暫停上課,而不是糾正他並堅持練習。

事實上,教師為什麼要糾正他呢?如果兒童不能成功地將名字和物體連結起來,那麼他唯一該做的就是再次學習感官刺激和名字,也就是重複

學習內容。但是，兒童犯錯就說明在那個特定的時刻，他還沒有準備好接受教師想要在他身上建立的心理連結。因此，他有必要選擇另一個時間重新學習。如果我們執意糾正，還對他說「不，你錯了，是這樣……」那麼，責備的話語讓他留下的不好的印象，要比「平滑」、「粗糙」之類的單字的印象更加深刻。它們會留在腦海裡，阻礙他學習。相反，兒童犯錯後暫停學習，會讓他的認知完好無損，下一節課就可以在此基礎上有效進行。

📖 第三階段：記住與物體相對應的名稱

第三階段是對第一階段的快速驗證。教師會問兒童：「這是什麼樣的？」如果他準備好了，就會用恰當的詞語回答，如「平滑」或「粗糙」。因為這些詞對兒童來說是陌生的，他常常不確定如何發音，所以，教師可以多鼓勵孩子清楚地說出來「這是光滑的」、「這是粗糙的」。如果兒童的語言功能有明顯的缺陷，教師就應該認真關注，隨後進行發音方面的糾正練習。

材料使用指南：固體擺飾

大小練習。兒童對三種固體擺飾有了長時間的操作經驗，對它們的操作有了信心後，教師就會把所有高度相等的圓柱體放在桌子上。她分別拿出最大尺寸和最小尺寸的圓柱體說「這是最粗的」和「這是最細的」。然後，她把兩個圓柱體並排放在一起，形成鮮明的對比，再捏住它們的把手，把底部相抵以顯示直徑的差異。緊接著，她又把它們並排豎著放在一起，顯示高度的相等。與此同時，教師可以不停地重複「粗」、「細」等詞

語。每一次，她還可以繼續進行下一步的驗證，說「給我最粗的」、「給我最細的」。她應該進行詞語測試：「這是什麼？」在隨後的課程中，教師把最大的和最小的圓柱體拿走，然後用剩下的最大的和最小的圓柱體重複練習，直到用完所有的擺飾。最後，她拿起其中一個說：「給我一個比這個粗一點的，一個比這個細一點的。」

　　教師以類似的方式進行第二組固體擺飾的練習。她把所有的擺飾都豎著放進一個足夠寬的底座，分別介紹說「這是最高的」、「這是最矮的」。然後，她把首尾兩個拿出來放在一起，對比高度的差異，把兩個擺飾底部相對，證明直徑是相等的。教師就像第一個練習一樣，從兩端到中間，用完所有的擺飾。

　　第三組固體擺飾練習中，教師把所有的擺飾按照大小依次排列，指著第一個說「這是最大的」，指著最後一個說「這是最小的」。然後，她把這兩個放在一起，展示它們在高度和直徑上的差異。這個過程與前面兩個練習類似。她用同樣的方法進行木棒、長方體和立方體積木的練習。長方體有粗細之分，長度相等。木棒有長短之分，厚度相等。立方體有大小之分，邊長各不相同。

　　形狀練習。兒童可以準確地辨識平面插圖的形狀後，教師就按照常規的方法，開始用兩個不同的形狀教授名稱（如正方形和圓形）。教師不會教所有幾何圖形的名稱，而只教一些主要的幾何圖形的名稱，如正方形、圓形、長方形、三角形和橢圓形。尤其是長方形和正方形的差異，長方形有的長而窄，有的寬而短，而正方形所有邊長都相等但有大小之分，兩者的差異很容易透過擺飾顯現出來。例如，正方形無論以什麼方式轉動，總是會被放入底座中。但是，長方形如果方向不對就放不進去。兒童很容易完成這樣的練習，為此，我在底盤內放置了一個正方形和多個長方形，長

方形的長邊與正方形邊長相等，而另一邊則按照五個梯度遞減。

教師以類似的方式演示卵形、橢圓和圓之間的區別。圓形無論怎樣轉動，總會被放入底座中。如果將橢圓旋轉90°，就放不進底座，但它上下翻轉180°則沒有影響。此外，卵形上下倒置的話就放不進底座，必須使寬曲線一端放進底座較寬的一端，窄曲線一端放進較窄的一端。我建議，橢圓和卵形之間的區別應該晚一些再傳授給孩子，而且不是教給所有孩子，只能教那些對形狀有特殊興趣的孩子，他們或許會頻繁地選擇這些形狀進行提問。對其他孩子來說，這些差異會在更晚的時候自然會學會，如在小學。

兒童指南

教師的工作就是指導，指導兒童如何使用這些教具，如何學會確切的詞語，如何協助和梳理他的任務，如何防止他浪費精力，如何消除偶然的干擾。因此，她為兒童提供了必要的幫助，促進智力以迅速和積極的方式獲得成長。

教師是兒童人生道路上的可靠嚮導，既不能催促他前進，也不能讓他退縮。教師應保證這個寶貴的旅行者（孩子）走在正確的道路上，圓滿地完成他的任務。如果教師想成為一個安全可靠的嚮導，就需要大量的練習。即使教師了解了兒童的成長的起始階段和指導的原則，也依然常常無法判斷兒童是否已經成熟，是否可以從這一階段進入下一階段。如果教師等待了太久才開始教授詞語，兒童就得一直停留在區分事物的階段。

有一次，我發現一個5歲的孩子只用了15天就熟悉了字母表，已經

可以把整個單字拼下來。他能在黑板上書寫，自由地畫了一座房子和一張桌子，這表示他不僅是一個觀察者，還掌握了「透視」的概念。在顏色感知練習中，他會把 9 種顏色的 7 種色調混合在一起，然後迅速地把 63 個不同顏色的色板分開，按照顏色和色調重新排列，鋪滿整張桌子，看起來就像是一幅有明有暗的圖畫。我做了一個實驗，在窗戶透過的光線下，給他看一張彩色卡片，告訴他牢牢記在心裡。然後，我把他叫到另一張擺著不同色調的色板的桌子前，讓他選擇與剛才的卡片顏色相同的那個。他的誤差並不明顯，經常是挑對了顏色，但色調差了兩度。可以說，他對顏色有著驚人的記憶力和辨識力，而且和其他孩子一樣，非常樂於訓練自己的色感。

我問他白色色板的名稱時，他猶豫了幾秒鐘，遲疑地回答：「白色。」即使沒有教師的特別幫助，兒童本身就有這樣的能力，在家裡也能學到顏色的名字。教師告訴我，她注意到他很難記住顏色的名稱，目前就只讓他做感官練習，最好不要干擾他的學習。顯然，這個孩子的教育有點混亂，心理活動自然且隨意。不管怎樣，感官教育是思想、語言和感知的基礎，是值得稱讚的做法，不容忽視。教師應該避免多餘的東西，但不應該忘記為兒童教授必要的東西。

教師的兩個主要錯誤是：傳達多餘的東西和缺乏必要的東西。如果教師能在這兩個極端之間找到平衡點，就達到了完美。教育要達到的目的是讓兒童的自主活動有秩序地穩定下來。正如沒有教師能賦予學生肢體的敏捷性，因為那是透過體育訓練獲得的，學生需要透過自己的努力來達到那種狀態。同樣地，兒童想要完善自身的感官，就必須加強自己整體的教育。

我們聯想到，鋼琴教師教學生如何控制肢體、寫音符、識樂譜以及如

第十一章　教學技巧

何按琴鍵、調整手指姿勢，然後讓他獨自練習。如果學生要成為一名鋼琴家，就必須進行長時間耐心的練習，這將使他的手指靈活，肌肉協調，這些都是有成就的音樂家所具有的特色。因此，鋼琴家必須重塑自己，而他在鋼琴演奏方面的成就與天賦基礎上的練習量成正比。然而，沒有教師的指導，僅僅透過自己的練習，是無法成為鋼琴家的。事實上，我們可以說，每一種教育都是如此，個人的成就不取決於教師做了什麼，而取決於他自己做了什麼。

我們把新的教育方法教給接受傳統訓練的人時，遇到的一個困難是，如何避免過度干涉兒童，尤其是在擔心兒童犯錯而想要不斷糾正時。在這樣的情境下，教師都很同情兒童，幾乎忍不住要伸出援手。當有人阻止教師這樣做時，他們就會對這個小傢伙說些同情的話。但是，兒童很快就露出了喜悅的表情，這說明他已經獨自克服了困難。

正常兒童會多次重複練習，練習次數取決於個人。有些兒童在重複了五到六次後就會厭煩，但有些兒童則會練習幾十次，不斷地取出和放回擺飾，一直帶著濃厚的興致。有一次，我看見一個4歲的小女孩做了16次練習，我唱了一首讚美詩分散她的注意力，但她絲毫不受影響地繼續取出、混合、放回圓柱體。聰明的教師會對兒童進行非常有趣的心理研究，測量他們對不同強度干擾刺激的抵抗力。

事實上，只要一個兒童在自主學習，而且他所使用的教具本身包含著對錯誤的控制，教師要做的就只是觀察。遵循我們的教育方法的教師，教得少，觀察得多，會指導孩子的心理活動和生理發展。這就是為什麼我把對她的稱呼從女教師改成了「女指導」。

起初，這樣的稱呼讓人們發笑。每個人都問教師該指導誰，因為她沒有下屬，也不能干涉學生的自由。但是，教師的指導遠比人們通常認為的

要更為重要和深遠,因為她是一位給智慧生命指明方向的嚮導。「兒童之家」的管理者必須確信兩件事──指導是教師的責任,練習是兒童的工作。只有明確這一點,他們才能合理地運用教育的基本概念,指導兒童自主學習。

第十一章 教學技巧

第十二章

教育的偏見

第十二章　教育的偏見

在我們的教育方法中，教師的任務與普通教師相比要簡單得多。我們的教師被教導要教給兒童必要的東西，並避免多餘的東西。後者是有害的，因為它會阻礙兒童成長。因此，教師的活動被限制在一定範圍內。而普通教師則因諸多瑣事忙亂且疲憊，而「必要的事情只有一件」。

為了幫助教師擺脫傳統觀念和偏見，我將簡要描述一些分散教師的精力和注意力的問題。

普通教師關心兒童必須克服的困難的難度以及休息的需求。我們認為，教師發展道路上第一個需要清除的障礙就是對學習的難易程度的偏見。學習的難易程度不由教師決定，只能由兒童根據自身經驗來判斷。例如，許多人似乎認為，我們教兒童認識幾何形狀就是在教幾何學，這對學齡前兒童來說太難了。另一些人則認為，如果我們想教幾何形狀，應該使用立體圖形而不是平面圖形。我認為有必要用一句話來消除這種偏見：我們是在觀察一個幾何形狀而不是在對其進行分析，只有分析形狀是困難的。

例如，我們向兒童解釋邊和角時，可能會使用福祿貝爾所用的客觀方法：正方形有四條邊，用四根相同的木棒構成，那麼它實際上進入了幾何學的領域。我認為幼兒時期的孩子還太不成熟，不適合學習這些內容，但對形狀的觀察就很適合。兒童吃飯用的桌子可能是長方形的，盛食物的盤子是圓形的。我們確信兒童的成熟程度足以使他們有能力觀察眼前的桌子或盤子的形狀。

我們呈現給孩子的擺飾只是喚起他對形狀的關注。此外，就名稱而言，它與詞彙表中的其他單字類似。那麼，我們為什麼會覺得現在教孩子圓形、正方形和橢圓形的單字還為時過早呢？例如，他在家裡反覆聽到「圓形（tondo）」這個詞表示「圓盤（piatto）」時，經常聽到人們談論方

桌、橢圓桌等時，我們還會認為教給他單字會傷害他脆弱的心靈嗎？如果他沒有得到我們在形狀教學中提供的幫助，這些常見的詞彙在他的頭腦語言系統中就會長期處於混亂狀態。

　　人們還必須考慮這樣一個事實，兒童常常獨自一人努力理解成人的語言和對應的事物。但是，如果教學出現在正確的時間，以正確的方式開展，就會提前幫助兒童獲得最終成果。結果是，兒童並沒有感到疲倦，反而興致勃勃地實現了自己的願望。

　　人們的信念中還存有這樣一種偏見，即兒童完全由自己支配時，大腦發展就會完全停滯。如果真的是那樣，兒童就無法認識這個世界。相反，我們看到他逐漸自發地獲得了某些思想和言論。兒童就像一個探索者，不斷地發現新事物，努力理解和模仿那些陌生的語言。我們給他們的指示應該是精確的，以減少兒童的負擔，並讓其從中享受到輕鬆和勝利。我們是這些旅行者進入知識世界的嚮導，理應幫助他們避免在無用的事情上浪費時間和精力。

　　我們剛才提到的另一種偏見是，有些人堅持讓兒童學習立體圖形而不是平面圖形，如球體、立方體、角柱等。生理學研究表明，立體的視覺比平面的視覺更複雜，也僅局限在實際生活領域。外部世界的大多數物體，在我們看來都是平面圖形。門、窗、畫框、木頭或大理石桌面當然都是立體的，但是在我們的視覺中，它們某一維度的尺寸縮減了許多，另外兩個維度突出顯示，看起來就像是平面的。所以，我們會說窗戶是長方形的，畫框是橢圓形的，桌子是正方形的。立體的形狀由面積最大的平面決定，實際上我們的眼睛總會關注這一片面。何況，我們並不缺乏立體形狀的練習，如固體擺飾使用的圓柱體。

　　兒童會經常在周圍環境中分辨出他們學習過的平面圖形，但他很少能

認出立體圖形。他會看到桌腿是一個長方體，圓形大廳是截短的圓錐體或拉長的圓柱體，這種認知要比他看出桌面是長方形更晚獲得。我們沒有把碗櫃（更不用說房屋）視為長方體或立方體，因為立體形狀幾乎從來沒有純粹地存在於外部物體中，只能組合存在。

　　兒童毫不費力地用雙眼分辨碗櫃的形狀，意識到它與之前學過的形狀相似，而不是完全相同的。此外，他會辨認窗戶、門、立體家具、裝飾牆壁的圖畫、牆壁本身、地板、露臺的瓷磚等的平面形狀。而且，他從平面圖形中獲得的知識就像是一把神奇的鑰匙，可以用來解釋周圍環境中的幾乎所有物體。他會產生一種洞察世界奧祕的幻覺，以此安慰自己。

　　有一次，我帶著一個小學生散步，他正在學習畫畫，也知道如何分析幾何圖形。我們走在高高的露臺上，從那裡俯瞰波波洛廣場和廣闊的城市。我對他說：「你看，人類的所有作品都是一大堆幾何圖形。」事實上，長方形、橢圓形、三角形和半圓形以上百種不同的方式構成建築外觀或裝飾著牆面。這種如此普遍的單調性似乎證明了人類智力的局限性。與此形成對比的是，鄰近的草叢和鮮花自由地展示著自然形態的無限多樣性。

　　男孩從未做過這樣的觀察。他研究過自己畫的幾何圖形的側面、角度和形狀，卻沒有過進一步思考，只會感到畫畫的枯燥和無聊。起初，他對人們堆砌幾何圖形的做法嗤之以鼻，但隨後開始表現出興趣，帶著沉思久久凝視著這座城市。

　　瑪格麗特橋的右邊，正在建造一座長方形的建築。我指著工人們說「他們多努力啊」，然後我們走去那塊草地，在那裡待了一會，靜靜地看著那裡的植物。男孩說「它們很美」。「美」一詞確切地描述了他的內心活動。

　　普通教師關心的另一個問題是，透過關注環境中的普通事物來擴大兒童的認知。觀察一切，思考一切，是一件會讓兒童焦慮的事情，更不幸的

是，它還會消耗兒童的精力，殘酷地剝奪他可能感興趣的東西。這是成人在過度地介入兒童的精神世界，想要用自己的行為代替兒童的行為，這樣的做法為兒童的發展設定了最大的障礙。兒童自己在周圍世界裡發現的美，經常給他帶來快樂和滿足，相反，成人的介入會把這些美變為乏味和惰性的泉源。

教師不應像許多人想像的那樣擔心，兒童會因為我們使用的教具有限而發展受到極大阻礙，因為這些教具已經代表了大自然、家庭或學校等環境所能提供的一切。如果兒童用感官教具訓練自己，提升分辨能力，解放心靈，對工作的渴望與日俱增，那麼，相比以前，他肯定會成為一個更加完美和聰明的觀察者，並且對較少東西真正感興趣的兒童會產生更加濃厚的興趣。

我們應該期待正常兒童會自發地探索外部環境，或者像我說的「自願地探索他們的環境」。兒童有了這樣的想法後，他們每獲得一個新的發現，就會體驗到一種新的快樂。這給了他們一種尊重和滿足的感覺，鼓勵他們繼續探索環境中的新鮮感，在這個過程中自然也會變得更加敏銳。兒童開始講述他的觀點時，教師應該全神貫注地關注他。例如，一個4歲的小孩在露臺上跑步時突然停了下來，大聲喊道：「看，天是藍色的！」他就站在那裡，久久地凝望天空。

有一天，當我走進一所「兒童之家」時，有五六個兒童走上前來，靜靜地站在我周圍，輕輕地撫摸我的手和衣服，說「很光滑」「是天鵝絨的」。隨後，更多的兒童圍了上來，表情嚴肅，一邊摸我，一邊重複同樣的話。教師想打斷他們讓我恢復自由。我示意她不用，靜靜地站在那裡，默默地欣賞兒童這種自發的行為。我們的教育體系中最大的勝利，一直都是兒童自發取得的進步。

第十二章　教育的偏見

　　還有一次，兒童正在完成一個繪畫練習，用彩色鉛筆填塗一個已經畫好的輪廓。他正在塗的是一棵樹，想要把樹幹塗成紅色。教師正要打斷他：「你認為有紅色的樹幹嗎？」我制止了她，任由兒童把樹塗成紅色。這幅畫很有價值，因為它告訴我們，兒童對周圍環境的觀察並不準確。他會繼續用彩色鉛筆畫畫，也經常和同伴一起去花園，總會能注意到樹幹的真實顏色。感官練習到了一定程度後，就會自動地把注意力轉向周圍世界的真實顏色。他將經歷一個美妙的覺醒時刻，意識到樹幹不是紅色的，就像跑步的男孩注意到天空是藍色的一樣。有一天，他真的會拿起一支棕色的鉛筆為樹幹塗色，拿起一支綠色的鉛筆為樹枝和樹葉塗色。這樣的例子證明兒童的智力有了新的發展。

　　我們要培養觀察者，不是對他說「去觀察」，而是為他提供觀察方法的訓練，這種訓練就是感官教育。一旦兒童與環境之間建立了連結，就可以確保他穩步發展。敏銳的感官能使他有效地觀察周圍環境，而他所觀察的對象，以其多樣性吸引他的注意力，繼續訓練他的感官。

　　如果我們忽視了感官教育，那麼對事物屬性的了解就僅僅是整體文化的一部分，而文化僅僅是已經學到和記住的資訊，毫無意義。換言之，教師按照另一種方法教授兒童記住顏色的名稱時，就已經給出了關於特定屬性的資訊，但是她沒有培養兒童對顏色的興趣。兒童會認識這些顏色名稱，但他也會一次次地遺忘，關於顏色的知識也就停留在教師的課程範圍內。而且，傳統的教師提出一個概念的拓展應用時，如「這朵花和這條絲帶是什麼顏色？」兒童的注意力很可能無法集中在面前的物體上。

　　如果我們將兒童與手錶或其他複雜的機械進行比較，就可以說，傳統教育方法類似於我們用拇指撥動齒輪，讓手錶重新運轉。齒輪的旋轉完全取決於拇指施加的壓力，教育也會在兒童身上產生類似的效果。相反，新

的教育體系就像一根轉緊的發條，為整個體系提供一種內在動力，這不是人為施加的，而是手錶本身固有的驅動力。同樣，兒童自主的心理發展也會無限地繼續下去，它直接依賴於兒童自身的心理潛能，而不是教師的努力。

在我們的教育體系中，兒童學習的驅動力來自感官教育下自發的心理活動，並由觀察者的智慧來維持。例如，獵犬的技能不是主人訓練的成果，而是來自敏銳的感官。然而，主人會帶獵犬出去打獵，由此提高牠的感知能力，培養牠在狩獵過程中的熱情和樂趣。同樣的道理也適用於鋼琴家的培養，他在感官練習的同時提高了對音樂的鑑賞力和手指的靈活度，對於音樂的愛好興趣反過來又訓練促進感官的敏銳和靈活，最終達到的成就水準只會受到個人能力的限制。還有，物理學家可以學習所有關於和聲的知識，這是他接受科學教育的成果，但是他可能無法演奏最簡單的音樂。即使他受的教育非常廣泛，也無法突破音樂上的限制。

我們的教育目的應該是幫助兒童成長，而不僅僅是為他提供一種知識。因此，我們提供了適合促進兒童感官發展的教具之後，應該等待他展現出驚人的觀察力。

試金石

兒童經常表現出非凡的觀察能力，注意到人們從前沒有注意到的細節，似乎還會將眼前的事物和過去的記憶進行比較。兒童驚人的判斷力表明了，他們內心有一塊試金石，這是成人所沒有的。他們將外在事物與內心幻想進行比較，並作出極其準確的判斷。

第十二章 教育的偏見

有一次，在巴塞隆納的「兒童之家」，工人們搬著一塊玻璃走進教室，打算把它裝在窗戶上。一個 5 歲的兒童大聲說：「那塊玻璃不能用，太小了。」工人們試著把玻璃裝進窗框時，才注意到它的確小了大約 1/4 英寸。

在柏林的一所「兒童之家」裡，一個 5 歲的兒童和一個 6 歲的兒童在聊天，一個兒童問：「你覺得天花板是 10 英尺高嗎？」另一個兒童回答說：「不是，大約 10.9 英尺高。」測量後，他們發現實際高度果然超過了 10 英尺。

還有一次，一個 5 歲的小女孩看到一位女士走進房間，就對她說：「妳衣服的顏色和那邊的花一樣。」女士走進隔壁的房間，發現那裡有一盆花，剛才走進房間時沒有注意到。她對比了花朵和衣服的顏色，發現兩者驚人地相似。

兒童的內心有一塊試金石，讓兒童與我們處於不同的認知層面，使他們能夠完成許多引人注目的事情。這種情況背後的原因似乎是，生命的某些時期比其他時期更適合開展某些心理活動。兒童能夠記住和模仿詞語的發音，證實了上述的觀點。大自然賦予兒童一種非凡的敏感性，使他們能夠調整自己的發音和口音，而一個人的語言正是在童年時期固定下來的。這個過程是不可逆的，兒童在敏感時期習得的東西，是一生中永久存在的，也是其他階段永遠學不會的。因此，童年時期是獲得感官印象和固定習慣的敏感期，如果錯過了這一階段，就永遠無法彌補。

一旦意識到這一事實，我們就會注意到兒童活動中的細微變化。3 歲兒童能夠連續重複 40 次固體擺飾的練習，6 歲兒童不會重複超過五、六次。然而，6 歲兒童能做的事情，要比 3 歲兒童能做的事情，甚至比他能意識到的事情，要高級得多。

這一有趣的事實也存在於道德發展的過程中。兒童早期是建立服從感的敏感期，其外在表現與模仿類似。但是，我們在研究這一現象時發現，

當周圍的環境對兒童發展有利時，兒童就會有一種天生的傾向，以一種驚人的方式適應周圍的人。在這一趨勢下，我們應該努力為全人類的愛和團結建立基礎。除此之外，我們再也找不到類似的服從，而只會看到一種理性的依附或一種被迫的服從。

心理秩序

兒童在接受感官教育時，頭腦一定不是空白的，但觀念都是混亂的。他頭腦中的混亂，與其說需要獲得更多的知識，倒不如說需要對已經獲得的知識進行整理。他開始分辨已知物體的各種屬性，如數量和重量、形狀、顏色、長短、厚薄、大小等。他把顏色分為幾類，分別為白、綠、紅、藍、黃、紫、黑、橙、棕、粉。他注意到顏色的明暗變化有兩個極端，並開始區分味道與氣味輕盈與柔軟，以及聲音中的樂音和噪音。

兒童透過感官教育，學會將周圍環境裡的所有物體擺放得井然有序，將混亂的內心想法梳理得一清二楚。這是他心理發展的第一步，也是越過障礙重新發展的起點。兒童透過感官印象意識到的世界是簡單有序的，這種早期獲得的秩序感對日後的生活至關重要。

兒童透過自身洞察力獲得對外部世界的認知，並透過這種方式接受教育。他們觀察周圍的世界，開始進行區分和分類。他們還發明了一些術語來描述新的發現，並確定了它們的用途。在不斷成長的知識的光芒下，他們已經獲得了足夠的進步並驅散了無知的黑暗。

第十二章　教育的偏見

第十三章
提升

第十三章　提升

安靜的練習

我們的教育方法和普通學校的教育方法之間的區別也表現在「安靜教育」上。在普通學校，我們發現了秩序的概念，儘管它從未被真正定義過。這種狀態下的學生行為，使得教師上課成為可能。但是，如果課堂是在教師的強迫下進行的，就會有一種從有序狀態轉變為無序狀態的趨勢。在這種無序狀態下，各種不協調的、盲目的活動會產生噪音和不安，使教師很難甚至無法進行課堂教學。這顯然擾亂了課堂秩序。在這種情況下，教師必須大力呼籲大家保持安靜，也就是我們剛才描述的秩序。既然兒童已經獲得了秩序感，養成了習慣，因此只需要一個簡單的命令就足以確保這種狀態的出現。

然而，在我們的教育方法中，日常的秩序是上升到一個更高水準的起點（然而，這是一種不同的秩序，因為是個別兒童透過努力完成的），但是更高的秩序水準還沒有達到，甚至還不為人所知。因此，安靜是一種積極的征服，必須透過知識和經驗來實現。

兒童的注意力被細微的動作所吸引，被教導如何在細節上控制自己的行為，以獲得絕對的靜止，從而帶來安靜的氛圍。這是一個全新的和引人注目的事物，從來沒有人注意過。因為在一般的學校裡，教師要求安靜的目的是使生活恢復正常狀態。此外，絕對的安靜會使正常的生活和工作暫停，並沒有實際意義。它所有的重要性和魅力來自這樣的一個事實，即透過中斷日常生活，將一個人提升到更高的層次。這裡不涉及實用性的問題，唯一的意義是自我征服。

三、四歲的兒童被要求保持安靜時，立即以強烈的興趣做出回應，為我們提供了一個有意義的證據，證明兒童有自我提升的潛力，並且享受這

種高級的樂趣。教師開始在黑板上寫下「安靜」這個詞時，並注意到在她寫完這個詞之前，房間裡就已經瀰漫著一種深沉的安靜，很多人都已經進入到這一氛圍裡。在這之前的幾秒鐘裡，這四十幾個兒童正專注於自己手頭的事情。

兒童的活動似乎立刻暫停了。一些兒童剛想要發聲，就明白自己即將進入一種安靜的狀態裡。然後，他暫停自己的活動，開始保持沉默並帶動其他疑惑的人一起保持沉默。因此，沉默帶動沉默，一句話都不用多說。

這兩種不同類型的學校的其他操作也可以進行類似的比較。在普通學校裡，中等就代表「好」。但是，這種「好」的標準，既沒有被定義也沒有被研究，通常被認為是兒童應該達到的學習水準。在我們的學校裡，中等水準的「好」是兒童在任務中自發獲得的，然後我們把它繼續提升到更高的完美水準。顯然，如果兒童沒有這種完美主義傾向，就永遠不會真正達到這種境界。但是，如果他真的有這種傾向，如果他的確取得了毋庸置疑的進步，我們就應該意識到，身為教育者，我們有了新的義務。

感官教育可能有助於說明這一點。眾所周知，許多教育家認為感官訓練是有問題的，因為他們把適應日常生活作為教育目的，相信感官訓練偏離了自然學習。

事實上，某一事物應被視為許多特徵組成的統一體。例如，玫瑰的顏色和香味，大理石的重量和形狀等。因此，在教學裡，正確的態度應該是把實物按照原樣呈現出來。這種認識依賴於一種信念，即對事物的中庸認知才是終極目標。

但是，如果我們把中庸認知視為出發點而不是終點，我們可能會懷疑，兒童自發注意到的遠不止「客觀經驗」的解釋。當然，前提是讓兒童根據本能自由地觀察，而不被外在功能削弱，也就是說，他們害怕自己行動。

第十三章　提升

　　我們可以懷疑這一點，因為即使我們沒有對兒童的自發反應進行嚴謹的研究，也至少可以對這一事實有一個理論解釋。無論環境怎樣，兒童天生具有探索的傾向，就像本能地傾聽他人說話的傾向一樣。在這種本能驅動下，兒童開始了解外部世界，學會如何說話。在生命的敏感期，兒童觀察環境中的事物，傾聽人們的聲音。因此，我們沒有必要為他描述外界事物，而且要避免扼殺他的觀察本能。如果我們想要幫助他，就必須將自身置於更高的認知水準。我們給予他的東西要比他獨自努力時獲得的更多。

　　我想在這裡強調一點，我們可以從抽象概念開始，為兒童提供一種現實的哲學。抽象概念是思維的綜合形式，獨立於現實對象，並從中汲取一些共同的特質。然而，這些概念並不獨立存在，而是存在於真實事物中。例如，重量是抽象的，因為它本身並不獨立存在，只存在於物體中。形狀和顏色也一樣，這些概念本身是抽象的，而抽象本身是多種性質合成的。在一個單一的概念中，不同的性質分散存在於無限的真實物體中。兒童喜歡觸摸事物而不是觀察事物，似乎缺乏抽象思考能力。但是，我們在這裡必須仔細區分，是缺乏足夠的實質性刺激使抽象理解變得困難，還是兒童缺乏理解許多事物也就是抽象概念的能力？

　　如果我們成功地將抽象概念具體化，以一種適合兒童的形式呈現出來，也就是說，在可觸摸的物體的輔助下，他是否能夠欣賞抽象概念並對它產生濃厚興趣？

　　感官教具當然可以被理解為一種抽象概念的具現化，為兒童提供顏色、大小、形狀、氣味和聲音，使他能夠以一種清晰、有形、有序的分級方式來對這些屬性進行分析和分類。

　　感官教具似乎能發揮出最大的潛能，讓他們表現出最好的一面。事實上，兒童做的事情似乎超出了理智狀態下可以做的事情的範圍。這些教具

向他們敞開知識之路，否則他們的童年達不到這樣的發展水準。透過這些教具，兒童學會了如何集中注意力，因為它包含了一系列吸引兒童注意力的教具。

正常兒童教育與智力缺陷兒童教育的對比

正常兒童的教育體系，起源於伊塔爾和塞金教育智力缺陷兒童的方法。許多人意識到這一點後，會認為正常兒童採用同樣的教育體系的做法是有問題的。當今這個時代，人們對正常兒童智力程度的區分越來越精確。因此，我最好指出兩種教育體系的差異，以便清楚地區分出天資聰穎的兒童和資質落後的兒童。這兩種類型的兒童在面對同一種教具時會有不同的反應，這為我們提供了一種實用的比較方法。

正常兒童和智力缺陷兒童基本上的區別是，他們面對同一個物體時，後者不會對這些物體表現出自發的興趣。我們必須不斷地吸引他們的注意，邀請他們觀察並鼓勵他們採取行動。

假設我們使用的第一個物體是一個固體擺飾。眾所周知，這一練習要求兒童把所有圓柱體從底座上取走，打散放在桌子上，然後再把它們放回各自的位置。然而，智力缺陷和反應遲緩的兒童在完成練習時，必須從強烈對比的刺激開始。他們只有在完成許多簡單的練習之後，才能從固體擺飾練習中有所收穫。

正常兒童的練習可以直接從固體擺飾開始，2 歲半到 3 歲半的兒童相對來說更喜歡這種感官教具。但是，智力缺陷兒童開始固體擺飾的練習時，需要教師不斷喚起他們的注意力，鼓勵他們進行觀察和比較。一旦他

第十三章 提升

們成功地擺放了所有圓柱體,就會自動停下來,結束練習。智力缺陷兒童犯錯時,必須有教師糾正或督促他們自我糾正,即使他們確實意識到自己犯了錯,也會表現得很冷漠。但是,正常的兒童對練習有著自發的、活躍的興趣,會在犯錯時自我糾正,這種自我糾正的行為強化了他們對差異的關注,以及對比較物體的渴望。

正常兒童專注於任務中時,會拒絕被那些試圖幫助他們的人打斷。他們想獨立解決問題,自主工作,其價值遠比關注事物差異的價值大得多,當然關注事物差異也有很大的價值。因此,這些教具就像是一把鑰匙,讓兒童開啟與自我內心溝通的大門,展示和表達自我。正常兒童的優勢就在於,經常重複進行自主練習。

正常兒童與智力缺陷兒童的另一個區別是,正常兒童有能力區分感官的主次。感官訓練的部分技巧在於將需要訓練的感官切割出來。例如,我們要顯示觸覺差異時,最好讓房間變暗或遮住兒童的眼睛,排除視覺的影響。但是在其他情形下,我們則需要保持安靜,排除聽覺的影響。所有這些操作,實際上是在幫助兒童專注於單一的、獨立的刺激,提高他們對這些刺激的興趣。

相反,智力缺陷兒童很容易被恆定的外部條件分散或轉移注意力。在黑暗中,他們很容易想睡、行為錯亂或被蒙著眼睛的眼罩吸引,而不是被注意力應該關注的感官刺激吸引。然後,這種練習就會退化為無用的遊戲或一陣傻笑。

最後一件值得特別關注的事是,智力缺陷兒童和正常兒童都從塞金的「三階段課程」中獲得了優異的成績,這使得兒童能夠簡單而清晰地將詞語和習得的概念連結起來。這會促使我們反思,聰明的兒童和不太聰明的兒童之間的差異在於,前者接受教師的指導時沒那麼被動。塞金的課程,

簡潔完整且符合心理學規律，讓這兩種類型的兒童都成功地實現了目標。這一結果清晰而有力地證明，個體的差異只有透過自主的工作和表達，即透過內心衝動的直接體現，才能更加明顯和強化。

塞金的課程包含感知能力與名稱的關聯，並且成功地在智力缺陷兒童的頭腦中建立起這種連結，激發了他們的感知能力。這一課程能幫助智力缺陷的兒童對物體有更明確的了解，在頭腦中建立起對某一物體的名稱和外觀的雙重認知。

正常兒童在觀察物體時不需要這種幫助。相反，他們在學習感官的名稱之前，需要先培養觀察的習慣。他們非常樂於觀察，因為他們已經注意到感官上的差異。學習感官的名稱是最終階段，說明他們已經自主完成了之前的活動。他們意識到相應的概念，並透過自身的努力使活動充滿活力。

有趣的是，兒童把單字和透過感官所學到的東西連結在一起，並為此感到開心。

有一次，我教一個還不到3歲的小女孩3種顏色的名稱。我把一張小桌子放在窗前，坐在一把小椅子上，她坐在我右邊的另一把小椅子上。桌子上有6塊色板，紅色、藍色、黃色各有2塊。我把其中一塊色板放在她面前，讓她找到與其相配的另外一塊，依次完成三種顏色的配對，排出兩列。然後，我又開始塞金的「三階段課程」，教小女孩學會辨認顏色，學習顏色的名字。她高興地看了我很長時間，然後開始手舞足蹈。我看著她在我面前活蹦亂跳，笑著對她說：「妳知道顏色的名稱嗎？」她邊跳舞邊回答：「是的。」她無比幸福地繼續跳舞，轉過身來聽我的問題，這樣她就能熱情地回答「是的」。

此外，智力缺陷的兒童在課程的幫助下理解教具。他們的注意力持續

地集中在對比鮮明的物體上，然後產生興趣，並開始行動。但是，物體本身的差異並沒有強烈到激發他們的活動。

普通兒童教育與實驗心理學的對比

伊塔爾對聾啞兒童和智力缺陷兒童的教育進行研究，後來德國的費希納、韋伯和馮特透過測量工具展開心理學實驗，兩者之間有一個非常有趣的相似之處，儘管通常會被我們忽視。伊塔爾生活在法國大革命時期，在研究耳科疾病的過程中，把教育實驗建立在這一基礎上。他尋找能夠系統地刺激感官、吸引注意力、激發人興趣和活動的方法。因此，他設想的研究對象是有效的「刺激物」。

後來，費希納、韋伯和馮特試圖建立實驗心理學，首先測試正常個體對最小刺激的敏感度，然後用數學方法精確測量不同受測者對刺激物的反應。這些物體的重要性在於或多或少成為感官測量的手段，也就是用於測量感官的敏感度。

這兩個研究從誕生到發展都是獨立進行的。眾所周知，前者的發展結果是聾啞學校和智力缺陷學校，後者的發展結果是研究所，進行測量工作，從而創造出一門新的科學。

然而，所有這些研究都依賴於測量感官反應的儀器，最終選擇了非常相似和接近的物體。儘管是同樣的物體，也會在一種情況下是感官教育的教具，而在另一種情況下是測量感官反應的儀器。儘管這兩個研究使用的素材非常相似，但是使用目的卻有本質的差異。感覺測量研究試圖透過純粹的實驗，確定成人或特定年齡層的兒童能感知的最小刺激。這些數據的

重要性在於說明心理反應可以用數學方法來衡量。這裡包含了一種科學理念，即感覺或更高級的知覺，是認識刺激的方式，是一種依賴絕對的自然屬性而非知識、智慧或思維的有序操作。換言之，感知差異並不依賴於教育產生的人為的心理差異。

任何人都能看出一個物體比另一個物體大或小，能意識到一個微小物體與其他同類物體的關係。個體感知上的差異是由自然屬性帶來的，由於人與人之間的差異，人在敏感程度、聰明程度上存有差異。因此，心理判斷能力被認為是個體心理發展的象徵。事實上，心理學家提出，可以根據年齡和個體差異判斷個體發展是否正常，並建立心理層面的判斷標準。

伊塔爾的教育體系包含強烈的、對比鮮明的刺激，吸引那些被排除在環境之外、無法以常規方式獲得準確知識的兒童的注意力。因此，他的教育目標是引導兒童重複練習，讓物體屬性之間的對比不那麼強烈，而是僅有細微的差異。判斷受測者的心理狀態，不是一項簡單的任務，而是一種修正的行為，目的是喚醒兒童的智慧並使其與外部環境的連結變得活躍，對物體屬性做出精確的判斷，並在心智和外部世界之間建立和諧的關係。

教育的真正而恰當的功能是，採取修正的行動來增強一個人的辨別能力。

感官教育使感官更加敏銳

人們往往會完全忽視感官教育在心理學研究中的重要性，對此有必要加以重視。例如，我經常看到不同大小的立方體放置在不同的位置，以測試兒童的心智。兒童必須辨識出最大和最小的物體，並用手錶來測量命令

第十三章 提升

和反應之間的時間間隔，還會記錄失誤的次數。這樣的實驗忽略了教育的因素，這裡指的就是感官訓練。

「兒童之家」有一種教具是 10 個大小不同的粉色立方體，用來訓練兒童的感知。兒童將它們放在地板的深色地毯上，並用它們搭建一座塔，將最大的立方體放在底部。兒童必須依次選擇剩餘的方塊中最大的那一個，直到將最小的立方體放在最上面。2 歲半的兒童非常喜歡這個遊戲，建造完塔之後，就用力將其推倒，欣賞方塊落在地毯上的樣子，然後又重新開始搭建，反覆多次。

如果「兒童之家」裡三、四歲的兒童和普通學校一年級的六、七歲的兒童同時完成以上測試，前者會更快地做出反應，更快地選擇出最大和最小的方塊，並更少出錯。有關顏色和觸感的測試，結果也是如此。這一結果與心理測量原理有關，也與實驗心理學有關。它們都預設了每個年齡層的兒童的智力水準，但由於每個人的天賦不同，智力發展程度也會不同。

因此，我們的教育方法會被實驗心理學的擁護者參考，他們希望透過兒童即時的反應確定心理發展的水準。同樣，他們也會透過對單一因素的測量替代對整體的測量。例如，透過測量身高推斷不同年齡層兒童的身體發育情況。感官的系統訓練會打破這些標準，說明它們並不能提供心理發展的絕對指標。

如果人們試圖將實驗心理學作為教學方法改革的實踐手段，那麼就會犯一個原則性的錯誤。因此，真正的教育科學使用的刺激物，必須起源於正向的、修正的刺激，而不是作為測量手段的刺激。從一開始，我就根據這一原理進行自己的研究。這樣做的實際結果是，我能夠透過實驗或教育培養正常兒童，同時揭示了兒童內心尚未被發現到的心理因素。

我們將實驗心理學的測試和結果引入小學，並沒有對學校本身或教育

方法產生實際的影響。這樣做的唯一結果是證明了考試改革的可能性。一段時間以來，美國教育工作者認真地進行研究，採用一種科學顯示個人能力傾向的考試方式來取代傳統的考試方式。因此，兒童在完成學業後，必須透過類似的考試以確定他們從事某種工作的能力。

　　伊塔爾的研究直接影響了教育的核心內容，治癒了部分失聰的兒童，透過練習增強他們的聽說能力。他的研究結果發展為對聾啞兒童和智力缺陷兒童的教育。瑞士、德國、法國和美國的學校陸續展開了不幸兒童的救助工作，提升了兒童的心理和社會地位。而且，就在這一教育理念被引入普通學校之後，學校本身也進行了根本性的改革，兒童的地位被提升到了一個更高的水準。由此，兒童獨立和自由的社會概念傳播到了全世界。

第十三章　提升

第十四章

書面語言

第十四章　書面語言

　　我們幫助兒童自然發展的計畫，是否應該由於文明的進步而被人為的成就（即書面語言，包括閱讀和寫作）阻礙？這顯然與教學有關，而且這種教學不再考慮人的差異。這就讓我們不得不考慮教育中的文化問題，以及即使犧牲自然衝動也要努力實現的問題。我們都知道，閱讀和寫作是兒童在學校裡遇到的第一個障礙，也是一個人讓天性服從文明的要求時所經歷的第一道折磨。

　　教育者對這一問題進行反思，得出的結論是，盡可能拖延承擔這一艱難任務的時間，且越遲越好。他們認為，8歲兒童幾乎不適合這樣艱鉅的任務。通常，學習字母和語言是從6歲開始的，過早學習這些被認為是一種罪過。書面語言實際上被看作第二種「教化」，只對年齡稍大一點的兒童發揮作用。它是一種語言，使我們能夠表達已經富有邏輯的思想，並從書籍中獲得大量生活在遠方或早已去世的人的思想。兒童只要因為不夠成熟而不能使用書面語，就可以免去學習書面語言的辛苦。

　　但是，我們認為，只有對這一問題進行更深入的研究，才能找到解決方案。首先，我們應該分析寫作教學方法中的無數錯誤。這需要花費很長的時間來討論，但是我們可以用一個簡單的例子（塞金教智力缺陷兒童閱讀的方法）說明我們的觀點。另一個需要研究的問題是分析書寫的本質，分析其中細節，並設法將它們劃分為獨立的練習。這些練習可以在不同的年齡進行，可以根據兒童的能力發展情況分配練習的時間。這就是我們使用的標準，我將在下文加以說明。

閱讀和書寫的傳統教學方法

對塞金的書寫教學方法的批判

　　塞金在教育工作中並未提供任何恰當的書寫教學方法，以下是他對這個問題的看法：為了讓兒童從學會繪畫到學會書寫，教師只需要簡單地將字母「D」描述為，取圓形的一半，用一條垂直線將半圓的上下兩端連線起來。字母「A」是兩條斜線在頂部相交，中部由一條水平線連線起來。因此，這不再是指導兒童學習如何學會書寫，而是先學會畫畫再學會書寫。此後，他必需根據對比或類比繪製字母。例如，在「I」旁邊畫「O」，在「P」旁邊畫「E」，在「L」旁邊畫「T」等。

　　因此，塞金認為沒有必要教兒童如何書寫，學會畫畫就能學會書寫。但是，對他來說，書寫只是描摹大寫的字母，並沒有進一步解釋智力缺陷兒童是否能夠學會書寫。相反，他詳細地講述了教兒童繪畫的過程，從而為兒童書寫做好準備。但是，教兒童畫畫本身就是一件難事，伊塔爾和塞金都描述過這一點。

　　兒童在繪畫中，第一個重要操作是認識平面，第二個重要操作是在平面上畫線。這兩個操作涵蓋了書寫和繪畫中的所有要素。它們相互關聯，產生這樣一種理念，即書寫就是創作有意義的線條，因為只有當線條創作過程合理而有序時，才能稱得上是書寫。隨意塗鴉的成果是偶然的，沒有任何意義。相反，合理有序的線條構成了文字，因為它遵循特定的規律。書寫無非是把不同方向的線條組合在一起，所以在開始使用恰當的詞語與文字對應之前，我們就有必要掌握線條和平面的概念。正常兒童透過本能習得這些概念，但是對智力缺陷兒童來說，所有線條的應用都必須得到明

第十四章　書面語言

確和合理的解釋。兒童創作規整有序的線條，認識與平面有關的要素，在現實中透過模仿創作簡單的線條，然後才是創作複雜的線條。

教師分階段指導兒童：①描畫不同的線條；②在平面上繪製不同方向、不同位置的線條；③把這些線條連接起來，使它們構成複雜程度不同的圖形。因此，教師必須先教會他們如何分辨直線與曲線、垂直線與水平線以及千變萬化的斜線。最後，教師還要教他們認識線條交叉構成的各種圖形。

兒童對繪畫進行理性的分析，產生書寫行為。兒童在被委託給我們教育之前，就已經能夠機械地畫出許多字母的線條，會花 6 天時間學會畫垂直線和水平線，會花 15 天時間學會畫曲線和斜線。大多數學生能在紙上畫出一條方向明確的線條之前，無法模仿我的手部動作。

兒童如果具有較強的模仿力和智慧，畫出的線條就會與我給他們看的線條完全不同。他們會搞錯兩條線的交叉點的位置，哪怕是最容易掌握的位置，如頂部、底部和中間。確實，我教給他們平面、線條和結構的知識，讓他們掌握平面和平面上的線條之間的關係。但由於學生的智力缺陷，我們在教他們學習垂直線到水平線、斜線再到曲線的過程中，必須考慮到他們遲鈍的智力和不穩定的手部動作在理解和執行任務時的困難。我準備讓他們克服一系列的困難，所以這裡不僅有操作上的難度。我自問，是否有些線條的學習更難一些？這就是我在指導中的關注重點。

兒童透過眼睛和手的升降追隨垂直線，而雙眼或手在追隨水平線時有些不自然（水平線沿著地平線的方向延伸，這就是水平線名字的由來）。斜線的概念稍微複雜一些，而曲線更加多變且難以掌握。因此，最簡單的線條是垂直線，用斜線開始研究線條就會浪費時間。現在我將描述如何教兒童理解線條的概念。

幾何的首要原則是兩點只能確定一條直線。這一原理可以用動作來演示，在黑板上固定兩個點，並用一條直線把它們連線起來。我為兒童準備的紙上也有兩個點，他們試圖跟我一樣畫一條直線，但有的兒童把線畫在第二個點的右邊，有的兒童畫在左邊，更不用說還有些兒童在紙上亂畫。這些偏差更多來自智力和視覺的缺陷而不是雙手，防止這些偏差的最好辦法是畫兩條垂直線做參考。我們在要連線的兩個點的左右兩側各畫一條直線，與要畫的直線平行，作用是限制兒童的畫線區域。如果兩條線還不夠，我就會在紙上固定兩把直尺，防止兒童的手在紙上四處遊走。但是，這樣的材料輔助不會長期使用下去。兒童首先要去掉直尺的輔助，其次要去掉平行線的輔助。智力缺陷兒童很快就能在兩條線之間畫出一條直線，然後去掉其中一條輔助線，只剩下右邊或左邊的一條，以防出現偏差。最後，即使這一條線也被去掉，他們也能從頂部的點開始，隨著手的移動畫出一條直線。這樣，兒童就能在沒有任何輔助和參考的情況下畫出一條垂直線。

　　兒童在學習畫水平線時，也會遇到同樣的困難，採用同樣的輔助方法。就算線條一開始畫得比較直，但在由中心向末端移動的過程中也會稍微有些彎曲，這是由生理原因決定的。如果手部不夠平穩，不足以支撐從起點畫到終點的全過程，他就必須用紙上畫的平行線或直尺做輔助。最後，我們讓兒童畫一條水平線，同時讓它與正方形的一條邊形成一個直角。因此，他們就會開始理解垂直線和水平線的意義，並將能夠推測這兩個圖形之間的關係。

　　從線條的生成順序來看，對斜線的學習應該緊隨垂直線和水平線的學習，但是事實並非如此。斜線能與垂直線和水平線構成一定的角度，但是外觀上又像另外兩種線條一樣是直的。這使得斜線的概念太過複雜，兒童

第十四章　書面語言

沒有充分的準備就理解不了。塞金用大篇幅內容講解斜線的概念，把學生畫在兩條平行線之間的線向各個方向傾斜，以此解釋斜線的概念。接著，他畫了四條曲線，分別畫在一條垂直線的左右和一條水平線的上下位置。他的結論如下：

這樣，我正在研究的難題就迎刃而解了，垂直線、水平線、斜線和四條曲線連線成的圓，原則上包含了書寫過程中所有可能的線條。

教到這一點時，伊塔爾和我都停頓了一段時間。既然兒童已經學會了這些線條的概念，那麼讓他們畫一些規則圖形的做法似乎是恰當的，當然是從最簡單的圖形開始。伊塔爾在這方面有些經驗，並建議我從正方形開始。我按照這個建議做了三個月，卻無法讓學生理解我的意圖。

塞金經過長時間的實驗和對幾何圖形起源的思考，發現最容易畫的圖形是三角形。

三條線以某種方式相交時，總會形成一個三角形，而四條線可以在無數個不同的方向相交且不能保持平行，因此它們無法構成完美的長方形。

從這些實驗和觀察中，我推論出了智力缺陷兒童書寫和繪畫的首要原則，這些實驗和觀察已經被許多人證實。對我們來說，這些應用太簡單了，我就不再多談了。

這就是前輩們用來教智力缺陷兒童書寫的過程。為了教他們學會閱讀，伊塔用釘子把木製的幾何圖形掛在牆上，有三角形、正方形、圓形等。然後，他在牆上描畫出形狀，再拿走這些圖形，讓阿韋龍野人在圖畫的指引下把相應的圖形掛在各自對應的位置。正是因為這些圖形，伊塔爾產生了製作平面幾何圖形的想法。最終，他像以前製作幾何圖形那樣，製作了一些木製的大寫字母。他在牆上畫上字母，釘上釘子，這樣兒童就可以把這些木製的字母掛在相應的位置。後來，塞金用一個底盤代替牆壁，

在底部畫上字母，學生用可移動的字母放在上面。20年來，塞金並沒有改變這樣的操作方式。

在我看來，人們對伊塔爾和塞金在閱讀和書寫教學中所使用的方法的批評似乎是多餘的。這種教學方法有兩個基本問題，使它不能用於正常兒童的教學。第一，兒童是透過印刷體的大寫字母學會書寫的。第二，兒童書寫的前提是學會畫幾何線條，但他們要一直到中學階段，才會開始學習幾何。

人們認為塞金混淆了不同的概念。塞金觀察兒童的心理及其與周圍環境的關係，研究線條和圖形以及它們與平面的關係。他認為兒童很容易畫垂直線，但是畫水平線時就會彎曲，那是「天性使然」。他對天性的解釋是，人們會把水平線（等同於地平線）視為一條曲線。塞金為我們上了寶貴的一課，讓我們認識了觀察方法訓練和邏輯思維訓練。觀察應該是絕對客觀的，也就是說，沒有先入為主的觀念。這裡的先入之見是指幾何線條是書寫的前提，這阻礙了他發現藝術形成的自然基礎。此外，他還認為，兒童畫線的偏差和誤差是由頭腦和眼睛決定的，而不是雙手。因此，他花了好幾個星期甚至幾個月的時間研究線條的方向是怎麼一回事，並指導智力缺陷兒童的視覺發展。

塞金似乎認為自上而下的教學方法，從學習幾何線條開始，從兒童智力啟蒙開始，從某種抽象的關係開始，是一種很好的教育方法。這些都是需要考慮的，但也存在一個顯而易見的錯誤，即虛無的東西被看得過重，而真切的東西又被忽視，因此浪費了大量的時間和精力。

塞金的書寫教學方法，傾向於把事情複雜化，這與我們偏重複雜事物的傾向類似。他教幾何是為了進一步教書寫，迫使兒童理解抽象的幾何概念。原本畫一個印刷的「D」，只需要簡單的努力就可以做到，況且兒童學

第十四章　書面語言

會的是印刷體，在書寫的時候還得學習手寫體，那麼直接從後者開始學習不是更簡單嗎？

難道人們都不再信奉教兒童書寫，要先教他們筆畫嗎？這曾經是一個根深蒂固的信念，似乎也是一個自然的過程。初學者都必須從直線開始，筆畫中包含尖銳的稜角，但是字母表中還有很多字母包含圓滑的曲線。那麼，我們是否真的能夠想像，他們在擺脫尖銳的稜角完成字母「O」的過程中經歷了多少困難？或者我們和他們需要付出多大的努力，才能使他們用銳利的筆鋒寫好字母？

讓我們暫時擺脫這種偏見，選擇一條更簡單的道路吧。我們也許能夠使未來的學生不必為學習書寫付出痛苦的努力。書寫必須從筆畫開始嗎？答案是「不一定」，因為這樣做需要兒童付出額外的努力。如果他們真的要從筆畫練習開始，那也只能是因為筆畫是最容易完成的。

但是，如果我們認真觀察的話，就會發現筆畫是最難的。只有功夫扎實的書法家才能按照規範的筆畫寫滿一頁，書寫水準中等的人只能用還算像樣的字跡寫滿一頁。事實上，直線的獨特之處在於它遵循兩點確定一條直線的原則，任何誤差都會導致直線難以完成。因此，人們很難一氣呵成地完成標準的筆畫，更容易出現各種誤差。如果兒童被要求在黑板上畫一條直線，沒有其他要求，他們就會從黑板的一側開始畫到另一側，而這幾乎所有人都能完成。但是，如果要求兒童從一個預定的點開始沿著特定的方向畫一條直線，那麼成功的可能性就會小很多，出現很多的違規或失誤。

兒童畫的線幾乎都是水平的，因為畫線的人是水平移動的。如果我們現在讓兒童在固定的範圍內畫短線，他們就會犯更多錯，因為畫短線時他不能再朝同一個方向移動。下一步，我們可以讓他們以特定的方式拿筆，

而不是按照每個人自己的方式。透過這種方式，我們進入兒童書寫任務的第一步，包括保持不同筆畫之間的平行性。但是，他們的努力和嘗試都是徒勞的，因為兒童還不理解這樣做的意義。

我在法國接觸過一些智力缺陷兒童，注意到他們的筆記本上一頁一頁的筆畫，開頭還好，最後都變成了一排排的「C」，威爾森也注意到了同樣的現象。這意味著智力缺陷兒童的注意力比正常兒童要弱一些，逐漸失去最初的模仿衝動，以自然的動作代替規定的動作。這樣，直線就漸漸變成了類似字母「C」的曲線。這種現象在正常兒童的筆記本上不會出現，因為他們會堅持努力到最後，而且經常會掩蓋教師教學中的失誤。但是，我們觀察正常兒童的自主繪畫，如在花園小徑的沙地上用掉落的樹枝畫線，我們就會看到他們無論怎樣都畫不出短而直的線條，而會畫出各種交錯的曲線。塞金觀察到同樣的現象，兒童畫的水平線很容易彎曲，他認為這是在模仿地平線的輪廓。我們認為學習書寫必須付出努力，因為它們與書寫無關，而與教授書寫的方法有關。

智力缺陷兒童的第一次實驗。在這個問題上，我們不妨暫時拋棄一切教條主義，忽略文化背景，放棄對人類最初如何學會書寫以及書寫本身如何發展的興趣。讓我們放棄已經確立的信念，即書寫必須從簡單的筆畫開始，想像傳統觀念被剔除乾淨，需要重新探索真理一樣。

讓我們觀察兒童學習書寫的過程，並嘗試分析他們在書寫時的行為。這是心理──生理的研究；這意味著要審視書寫的人而不是書寫行為本身，考察主體而不是客體。我們總是習慣從客體開始研究，以此建立一種教學方法。現在，我們從對人的研究而不是從對書寫的研究開始，這一方法完全是原創的，與之前的方法有很大的不同。

我們是對正常兒童的研究，結果完全未知，如果要給這種全新的書寫

第十四章　書面語言

教學方法取個名字，我會把它叫做心理學方法，因為它源於心理。但是，實踐經驗為我提供了另一個恰當的名稱：自發書寫教學法。

在我指導智力缺陷兒童時，遇到了幾個案例。一名 11 歲的智力缺陷的女孩，手部具有正常的力量和活動能力，卻無法學會縫紉，甚至連用一根針在布裡穿進穿出、在布料上留下針腳都做不到。然後，我讓那個女孩去做福祿貝爾的編織練習，將一條紙帶橫向穿過頂部和底部固定的垂直紙帶。這兩種工作有驚人的相似之處。我帶著極大的興趣注視著女孩，當她掌握了福祿貝爾的編織技術後，就重新給她針線，並且很高興看到她成功完成了縫紉。

我意識到，兒童在正式縫紉之前，手部動作就已經準備到位。我們在教他們縫紉之前，首先要找到正確的教育方法。這一點尤其適用於透過動作任務，因為這些任務幾乎都可以透過重複練習而成為自動化行為。這樣一來，兒童就可以專注於某一項任務，並且不用付出過多努力就可以完成，甚至在第一次嘗試時就表現得近乎完美。

我想人們可能也會以這樣的方式為書寫做準備。這個想法很簡單，但卻引起了我的興趣，更令我驚訝的是，在觀察這個不會縫紉的女孩之前，我竟然沒有想到這一點。事實上，由於兒童已經學過觸摸平面插圖的圖形輪廓，現在只需用手指觸摸字母表中字母的形狀即可。

我有一套漂亮的手寫體字母模型，每個字母有 3 英寸高，筆畫勻稱，由 1/2 英寸厚的木頭製成的。字母都塗了釉，子音字母是藍色的，母音字母是紅色的，底部有一個精巧的黃銅護套，上面還附有平頭釘。與每個字母對應的是水彩手繪的卡片，卡片與字母模型有相同的形狀和顏色，但要小上許多。此外，卡片上還印有一些彩繪的物品，物品名字的首字母與卡片代表的字母相同。例如，卡片「m」上有 mano（手）和 martello（錘子），

卡片「g」有 gatto（貓）等。這些圖片有助於兒童記住字母的讀音。

實驗中最有趣的部分是，可移動的字母模型被放在相應的卡片上後，我讓兒童反覆描摹字母，就好像正在書寫一樣，然後再簡單地臨摹字母卡片。這樣，兒童就可以在不用真正書寫的情況下，成功地掌握重現字母形狀所必需的動作。

當時，我突然有了一個前所未有的想法，兒童在書寫中使用的是兩種不同的動作，除了再現字母形狀的動作外，還有操作書寫工具的動作。事實上，儘管智力缺陷兒童能夠熟練地描畫所有字母的形狀，但仍然無法正確地握筆書寫。對他們來說，準確地握住和操縱書寫工具，是一種後天習得的特殊的肌肉運動機制，與書寫涉及的實際動作無關。然而，描畫不同字母需要的各種動作是通用的。握筆必然是一種獨特的機制，伴隨著相應的肌肉記憶。因此，兒童在書寫之前還必須具備控制書寫工具的肌肉運動能力。為了做到這一點，我在之前介紹過的練習基礎上又增加了兩個練習，兒童不僅要用右手食指觸摸字母，還要用食指和中指觸摸。然後，他們需要拿著一根小木棍，像握著一支筆一樣描畫字母形狀。總地來說，我讓他們完成同樣的動作，有時手中拿著工具，有時不拿。

我們應該注意的是，兒童必須用手指跟隨所畫字母的可見輪廓。誠然，他們的手指已經習慣於觸摸圖形輪廓，但這項練習並不總是能成功達到目的。例如，我們自己在畫畫時，即使我們知道應該如何畫線，也不能完全按照既定的方向畫出來。嚴謹的做法是，畫布上應該有一些特殊的設計，能夠像磁鐵吸引鐵一樣牽引筆尖的走向，或者就像安裝了機械導向裝置一樣牽引著鉛筆，精確地跟隨只有眼睛才能敏銳覺察的線條方向。因此，智力缺陷兒童並不總是用手指或筆緊緊地跟隨著線條。我們的教具並沒有提供任何實際的控制，只是提供了對眼神導致的不確定動作的控制，

第十四章　書面語言

以便兒童檢驗手指是否在跟隨字母。我想到可以準備一些帶有凹槽的字母模型，限制和引導兒童的動作，這樣就可以更準確地完成書寫動作。我原先是預計讓兒童用一根木棍沿著字母的凹槽描畫，但是這樣做太貴，我就沒有付諸實施。

在特殊教育師範學院的演講中，我向教師們詳細介紹了這種方法。在課程開放後的第二年，我公布了這種教學方法的筆記，還有大約一百份之前的檔案。以下這些話是 25 年前公開發表的一些言論，至今仍有 200 多名小學教師掌握了這種方法。正如費雷利教授在一篇文章中指出的 [04]，人們從這些話中得到了有益的啟發 [05]：

這時，教師向學生展示一張卡片，上面印有紅色的母音。兒童需要把同樣塗成紅色的木製的母音字母模型放在卡片上。然後，他們必須像書寫一樣臨摹字母模型，並為它們命名。母音是根據形狀的相似性排列的：

o，e，a，i，u。

這時，教師告訴學生：「給我找到字母 o ！」「放在它的位置上。」然後問：「這是什麼字母？」很多學生會在這裡犯錯，因為他們只是簡單地看著字母，然後在腦海中猜測，卻沒有碰它。這一有趣的觀察還可以揭示齣兒童的學習方式是視覺型的還是運動型的。

接下來，教師讓學生臨摹卡片上畫出的字母，先用食指單獨臨摹，然後用食指和中指臨摹，最後握著小木棒像握著筆一樣臨摹，這一過程就像是在書寫一樣。

子音字母的卡片是藍色的，依據形狀的相似性放在一起，還有一組相應的藍色木製字母模型，同樣可以放在卡片上。除字母外，我們還準備了

[04]　費雷利，〈寫作教學：瑪麗亞·蒙特梭利博士的教學方法〉，選自《羅馬異常兒童和貧困兒童醫學教育護理協會公報》（第 4 卷，1907 年 10 月，羅馬）。
[05]　〈閱讀和寫作同步發展〉，摘自蒙特梭利博士 1900 年的《教學講座摘要》第 46 頁（羅馬平版印刷公司，法拉蒂納 62 號）。

一組其他的卡片，上面除了印有子音字母，還有一兩個物體的圖案，名稱都是以卡片上的字母開頭。在手寫體字母前面還印有相同顏色的縮小版的印刷體字母。

教師會挑選一個子音字母讀出來，然後指向對應的卡片，把畫在上面的物體的名字念出來，特別是第一個字母。例如，「m —— mela（蘋果）」「給我子音 m，放在它的位置上，觸摸它」，等等。這時，教師可能會發現兒童的語言缺陷。

兒童觸摸這些字母，就好像正在書寫一樣，會啟動與書寫有關的肌肉訓練。「運動型」學習方式的兒童，就是用這種方法學習的，他能在認識這些字母之前，就可以精準地描繪出大約 1/4 英寸高的字母。這樣的兒童在手工活動方面也很優秀。

兒童觀察、辨認、觸控這些字母，就像正在書寫一樣，同時也是在為閱讀和書寫做準備。兒童在觸摸字母的同時也在觀察它們，感官之間的合作有助於更快地將它們的形象固定在記憶中。之後，這兩個部分將被分開：閱讀中使用視覺，書寫中使用觸覺。根據不同的學習習慣，有些人先學習如何閱讀，有些人先學習如何書寫。

因此，多年前，我就開始以此為基本邏輯，開啟閱讀和書寫教育體系。有一天，我驚訝地注意到，一個智力缺陷兒童拿起粉筆，把所有字母都寫了下來，而且還是第一次寫。他輕而易舉地完成這一任務，速度比人們想像的要快得多。正如我在講義中明確指出的那樣，有些兒童在能夠辨識字母之前，就已經能夠用筆把所有字母漂亮地寫下來。我注意到正常兒童中也有這種情況，正如我當時所說的：肌肉感覺在兒童時期是最發達的。因此，對兒童來說，書寫是一件很容易的事。但是，閱讀卻絕非如此，閱讀需要一段時間的指導，需要智力發展到更高水準。因為閱讀需要解釋符號、調整聲音以理解文字的意義，這些都是純粹的腦力勞動。一方

面，如下文所示，書寫意味著兒童將聲音轉化為實質性的符號，就像說話是對聽到的聲音的一種自動翻譯。書寫過程只涉及動作，而對兒童來說，動作總是相對容易完成，年齡較小的兒童身上也很容易自主發展出這種動作。另一方面，閱讀是抽象的知識文化的一部分，需要解釋圖形符號表示的思想，並且只有在發展到一定階段才能獲得。

正常兒童的首次實驗。我對正常兒童的第一次實驗開始於1907年11月上旬。1月6日聖洛倫索的第一所「兒童之家」建成，3月7日第二所「兒童之家」建成。從它們落成的那一天開始，直到7月底（中間有一個月的假期），我只是給予兒童實際生活和感官訓練。這樣做是因為，我也和其他人一樣受到一種偏見的影響，這種偏見認為閱讀和書寫的教學應該盡量推遲，而且不應早於6歲。但是在過去的幾個月裡，兒童似乎從那些能夠使智力發展到令人驚訝的程度的練習裡得出了不同的結論。他們可以自己穿衣脫衣、洗澡，知道如何打掃地板，揮去家具上的灰塵，整理房間，開啟和關閉櫥櫃，鎖上並收好鑰匙，按正確的順序擺放櫥櫃裡的東西，澆花，能夠觀察並知道如何透過觸摸來辨識物體。

這時候，許多兒童找到我們，坦率地要求我們教他們讀書書寫。在被我們拒絕之後，一些兒童在學校的黑板上畫「o」，並將此作為一種挑戰呈現給我們。後來，許多母親來找我們，讓我們教她們的孩子書寫，她們說：「孩子們在這裡學習很容易，你教他們讀書書寫，他們就會學得很快，這樣就能減少小學的學業負擔。」她們相信自己的孩子能從我們這裡學會讀書與書寫，而不會感到疲倦，這種信任深深地震撼著我。鑒於在智力缺陷兒童教育中取得的教學成果，我在8月的假期裡幡然醒悟，決定在9月開學時做一次這樣的嘗試。但是後來我想，最好還是先完成之前中斷的教學，直到10月分小學開學時再開始實行。這樣做的好處是，學生開始了

新的學習階段，在學習中有了新的問題，也需要新的教學方法來應對。

我想做一種木頭和金屬製成的字母模型，就像和曾經給智力缺陷兒童使用的一樣。後來，退而求其次，使用外層塗上金屬色的字母模型，就像商店櫥窗展示的那種，但我還是找不到合適的製作人，沒有人想用金屬來做字母。於是，我打算用木頭刻成字母形狀，中間挖出一個凹槽，以便兒童在練習中用一根木棒去描畫。但是，這項工作的進展一直不順利。

9月，我四處尋找能製作這種材料的人，但是沒有人願意接這樣的訂單。一位教授建議我去米蘭試試，就耽誤了很多時間。整個10月就這樣過去了。一年級學生已經開始用筆在紙上畫滿符號，而我還在等待字母模型的製作。最後，我和教師們決定用紙剪出大大的字母，將字母的一面粗略地塗成藍色。為了讓學生觸摸字母，我想到用砂紙剪出字母的形狀，黏在光滑的卡片上，這樣的教具與最初的觸覺練習的教具類似。

我在做完這些字母模型後，才注意到它們比我給智力缺陷兒童使用的字母還要來得高級，而且我還花費了2個月的時間找人做這些教具。如果我當時經費充足，就還會沿用過去那種優雅呆板的字母模型。我們渴望延續使用舊教具，是因為我們不了解新教具。我們總是在尋找過去的輝煌，卻沒有在樸素的傳統中看到一種必然發展的新萌芽。紙製字母很容易大量製作，所以學生不僅可以用它們來辨識字母，而且還可以用它們來拼寫單字。我還了解到，砂紙字母表為觸摸字母提供了所需的引導，使它們不再是簡單地被看到，而是被感覺到。因此，書寫所需的動作可以在精確的控制下進行。

那天晚上放學後，我和兩位教師滿懷熱情，把字母從平整的紙上剪下來，把字母形狀的砂紙黏在光滑的紙上，或將紙質字母塗成藍色，攤在桌上晾乾，第二天早上就好了。我們在工作的時候，腦海中就已經清晰地出

第十四章　書面語言

現教學過程的樣子。這一準備工作如此簡單，一想到之前的費力操作，我就忍不住發笑。我們後續的工作過程更有趣。

有一天，一位教師病了，安娜・費迪莉小姐去代班，她是我在師範學校的學生。我去看費迪莉小姐時，她為我展示了她對字母的兩處修改：一是在每個字母的底部橫著貼上一小條白紙，這樣就能避免字母放顛倒；二是做了一個盛放字母的紙箱。以前這些字母都是混合放在一起，現在每組字母被分別放在不同的隔間裡。費迪莉小姐在展示盒子時，不由得為糟糕的手工表示歉意，但我卻很興奮。那個盒子是她改造過的，是在搬運工的小屋裡發現的，原本很破舊，現在被她用白線縫起來。我立刻意識到這個盒子將對教學有很大的幫助，這讓兒童對比所有字母並選出指定字母成為可能。

我們注意到，大約一個半月之後，也就是在12月的聖誕節假期，普通學校的小學生忘記之前費力學習的筆畫和稜角，以便能夠畫出圓滑的字母曲線，而我們的學校裡兩個只有4歲的學生正在清晰地寫出字母，沒有任何塗改和汙漬，書寫能力可與三年級學生相提並論。

這就是我的自發書寫教學法和所用的教具的來源，下面我將對它們進行詳細的描述。

第十五章

書寫的機制

第十五章　書寫的機制

　　書寫是一項需要認真分析的複雜行為，一部分涉及運動機制，另一部分是智力上的努力。我首先區分了兩組主要的動作，一組動作是負責操作書寫工具，另一組動作是描畫不同形狀的字母，兩者的結合構成書寫的運動機制。我們可以用機器來代替完成這一動作，於是人們發明了打字機。人們可以用機器書寫，這使我們能夠區分出書寫的動作層面和使用書面語言表達的智力層面。

　　我們可以準確地分析書寫的生理機制，因為如果注意到一個人如何書寫並觀察到這一動作是如何組成的，我們就可以將它們分解開來，分別研究這兩組動作。

　　首先，我們討論的是操縱書寫工具的問題（即握筆的問題），用拇指、食指、中指握住筆，完成一致性的上下移動。儘管我們寫的字母是相同的，但每個人都有自己獨特的風格，書寫動作都獨具個性。因此，每個人的書寫形式都不一樣，偽造他人的筆跡是不可能的。

　　不同的人在動作上會有細微的差異，原因不得而知。但可以確定的是，當我們形成了自己的獨特模式，它們就會固定在每個人身上，很難發生大的改變。字跡成為一種身分象徵，是我們擁有的最清晰、最不可磨滅的印記之一。同樣地，口音、母語的發音以及習慣性的動作都是固定不變的，即使許多生理特徵經歷了緩慢而持續的轉變，但這些獨特的屬性依然會持續存在。

　　兒童時期是書寫的動作機制的固化時期，也是動作機制形成的敏感時期。兒童在他人的指導下，順從自然的神祕規律，遵循無形的法則，細化並完善自己的動作。因此，在每一項為練習動作付出的努力中，兒童都會體驗到重要需求得到滿足後的喜悅。因此，我們有必要了解清楚書寫機制的發展歷程，然後，讓它們在適當的時間自然地、毫不費力地固定下來，增加生命的能量。

當然，這一敏感期與普通學校指導兒童書寫的時間不一致。兒童的手部動作已經足夠成熟，已經形成了固定的動作，卻還要返回到起點重新開始訓練，這是很痛苦的事情。六七歲兒童的雙手已經錯過了運動的敏感期，纖細的小手已經不再處於協調運動的最佳時期。因此，兒童在獲取新的動作模式的過程中，必然要做出不自然且痛苦的努力。

　　因此，我們必須回到最初的起點，從幼兒期小手不協調但卻柔韌的時期開始。那是在4歲左右，兒童在他不可抗拒的無意識衝動下，努力觸控周圍的一切，以穩定發展出各種動作。

書寫動作分析

　　為了幫助兒童學會書寫，我們首先必須分析書寫所需的動作，並且必須努力在真正書寫之前分別讓這些動作變得熟練。這樣，我們將能夠使不同年齡的人發揮各自的潛力，共同建立起這一困難而複雜的機制。

　　我們將找到最適合提前準備書寫所需的心理時機和方式，即以發展手部的精細動作為目標的感官練習，這些動作要對兒童有很大的吸引力，要能吸引他一遍又一遍地重複相同的動作。兒童應該能用手指握住書寫的鋼筆或鉛筆，並能輕巧地引導它完成明確的符號。這不僅需要三根手指來握住書寫工具，還需要整隻手的配合，輕輕地掠過紙張的表面。

　　其實，普通兒童遇到的第一個困難，與其說是握筆，倒不如說是保持手部動作輕巧。沒有經驗的學生會用粉筆在黑板上或用鋼筆在紙上用力劃出刺耳的聲音，而且經常會弄壞粉筆和鋼筆。有經驗的學生則會小心地抓住筆，將它放在要書寫的位置，努力與他那隻無力的小手不可承受的重量

第十五章　書寫的機制

進行對抗。

兒童在手部動作尚未協調之前，只能透過手穩定地引導書寫工具，準確地寫出字母樣的文字元號。因此，書寫的必要條件之一就是要有一隻所謂的「堅定的手」，即受意志控制的手。為此，兒童需要長時間地重複練習。如果兒童的手太過笨拙，寫不出字來，那麼這就會是他文字發展過程中的最大障礙，他必須耐心地訓練雙手，使其變得靈活。

在我們的教育體系中，兒童的手經過充分的練習，為書寫做好準備。在感官練習的過程中，他們的手朝不同的方向移動，不斷重複同樣的動作，在不知不覺中為書寫做好準備。讓我們分析一下兒童已經完成的練習。

用三根手指操縱物體。3歲的兒童用三根手指握住和鋼筆或鉛筆差不多大小的旋鈕，從固體擺飾的底座上取出圓柱體。因此，這一練習是在反覆協調書寫所需的運動器官。

靈巧的手。我們觀察到，一個3歲半的兒童蒙著眼睛，將手指浸入溫水中輕輕滑動，同時盡力確保手指不要碰到光滑或粗糙的平面。這種輕柔的手部動作能訓練出敏銳的手指觸覺，終有一天有助於兒童學會書寫。這樣，人類最寶貴的工具——意志——得以不斷完善。

堅定的手。兒童在用手繪製圖形之前，就已經具備了一種能力，那就是朝著某個特定的目標移動的能力，以精確的方式引導雙手。這是雙手具備的基本能力之一，因為它與一個人的動作協調能力有關。我們可能還記得平面插圖練習，包括仔細觸控各種形狀的輪廓及其相應的底座，用其作為嚮導，幫助經驗不足的手將動作保持在規定的範圍內。與此同時，眼睛習慣於看到和辨識手指觸摸的形狀。這是一種提前和間接的手部動作準備，而不是一種即時的準備。但是，這兩種準備不應該相互混淆。

書寫的直接準備及各種因素分析

現在，我們必須利用討論過的例子，分析書寫的各種因素。書寫包含著一系列複雜的難題，這些難題可以彼此分解開來，可以透過不同的練習逐一克服，也可以在人生的不同時期或階段逐一解決。但是這樣，每個因素相關的練習都與書寫練習無關。事實上，如果書寫是多種因素結合的唯一結果，那麼各個因素彼此分離，就無法完成書寫了。我們可以用化學中的概念做比喻。當水分解成氫和氧時，就已經不再是水，而是兩種氣體，每種氣體都有其自身的屬性，可以單獨存在。因此，我們談到的因素分解是指把書寫的構成因素分解為有趣的練習，激發兒童的活動動機。這種分解不是將一個整體分解為幾個部分這麼簡單（筆畫、曲線等），這可能導致兒童喪失對書寫的興趣。相反，我們的分解尋找單獨存在的因素，圍繞某一因素開展有針對性目的的練習。

因素一：使用繪圖的工具。兒童喜歡用彩色鉛筆填塗輪廓，這是一種本能，是一種原始的繪畫能力，或者更確切地說是在繪畫之前具有的能力。為了讓這項工作更加有趣，我改進了這一過程，讓兒童自己畫出填塗圖形的輪廓。兒童也可以選擇畫自己喜歡的圖形輪廓，從而保留了繪畫的審美意義。為此，我準備了特殊的材料──鐵製插圖，在後面內容中會有詳細介紹。這些工具使得兒童能夠描畫出幾何圖形的輪廓，反過來又產生了一種裝飾設計，我們稱之為「插圖藝術」。但這無論如何都不應被視為在為書寫做直接準備。

因素二：描摹字母符號。我提供了一組由光滑的卡片組成的教具，上面黏有砂紙做的字母，用於練習繪製文字元號的動作。兒童像書寫一樣臨摹文字教具，固定手部和手臂的動作。這樣它們就能作為參照物，使眼睛

有機會從遠處注視該物體。因此，人們透過視覺和觸覺雙重方式記憶一個字母。綜上所述，我們可以說，書寫的兩個機械動作被分解為兩個獨立的練習，即描摹和觸摸。描摹賦予雙手掌握書寫工具的能力，觸摸字母則有助於建立運動記憶和視覺記憶。

引導繪畫和書寫的材料：平臺、金屬插圖、輪廓圖和彩色鉛筆。我有兩個相同的支架，頂部略微傾斜，由四條短木腿支撐。在斜面的下邊緣固定有一個橫桿，防止物體滑落。每個平臺上都正好有四塊方形底座，鐵質的，被漆成棕色。每一塊 4 英寸的方形底座中央都有一個擺飾，也是金屬製成的，被漆成藍色，中間配有一個青銅把手。

練習。當兩個平臺相鄰放置時，它們看起來有點像一個包含 8 個圖形的架子，可以放在窗臺上、教師桌上、櫥櫃裡，甚至兒童桌上。這一物品看起來很精美，吸引了兒童的注意力。他可以隨意選擇一個圖形，將底座連同擺飾一起取走。這一過程看起來很像之前描述過的平面插圖，只是在這裡，金屬插圖薄且重。他首先拿起底座，將其放在一張白紙上，用一支彩色鉛筆勾勒出底座的形狀，然後拿開擺飾，在紙上畫出底座中央擺飾的形狀。

這是兒童第一次透過繪畫再現幾何圖形。之前，他只是將三組卡片放置在平面擺飾上。現在，他將擺飾放在自己畫的圖形上，就像他把平面插圖放在第一組卡片上那樣。他用不同顏色的鉛筆勾勒出輪廓，然後將擺飾拿走，在紙上用兩種顏色加倍勾勒出圖形的輪廓。之後，兒童用自己選擇的彩色鉛筆（像握著書寫的鉛筆一樣）填塗輪廓，還不能超出輪廓範圍。

填塗練習中，兒童反覆完成同一個動作，筆畫數足以在 10 頁紙上寫滿字。他不知疲倦地練習，是因為他可以自由地協調必要的肌肉，並且很高興看到一個大大的、色彩鮮豔的圖形出現在他的眼前。

起初，兒童在紙上用紅色、橙色、綠色、紫色、藍色和粉色畫滿正方形、三角形、橢圓形和梯形。研究過同一兒童的系列畫作後，我們可以注意到他在兩個方面的進步。第一，線條超過輪廓的情況越來越少，最終都完美地畫輪廓裡，邊緣和中心的填塗都是穩定和均勻的；第二，填塗時使用的筆畫最初很短且亂，後來就變得很平滑，且越畫越長，以至於有時會在兩條邊界之間使用一組完全規範的筆畫來填塗。這時，我們可以確信兒童已經掌握了鉛筆的使用方法，也就是說，他已經讓操控書寫工具所需的肌肉活動穩定下來。因此，我們從對這些圖畫的研究，可以得出關於兒童握筆能力的可靠結論。

前面提到的輪廓圖形還可以用到進階版的練習中，它們可以組合成不同的幾何圖形和裝飾圖案，如花卉、風景等。這些圖形訓練兒童畫出不同長度的線條，使他的手變得更加熟練和可靠，從而使他的書寫能力得以進步。

現在，如果我們估算一下兒童填塗圖形時畫線的數量，將這些線條換算成書寫的筆畫，就會發現它們的數量相當於在 10 本寫滿字的筆記本。因此，兒童對書寫充滿信心，可以與使用普通教育方法兒童在三年級時達到的水準相媲美。

「兒童之家」的孩子們第一次拿起筆時，表現得就像已經會書寫了一樣。我認為，沒有什麼教學方法能在更短的時間內獲得這樣的效果，而且能讓兒童感受到這麼多的樂趣。相比之下，我以前讓智力缺陷兒童用棍子觸摸卡片上的字母輪廓的方法很糟糕，也沒有什麼效果。

即使兒童會書寫，我也總是讓他們繼續這些練習。他們也會為了不斷進步持續努力，因為繪畫可以是多樣的和複雜的。這些不間斷的練習在本質上是相同的，即看到自己正在完成越來越多的圖畫，越來越多展現出他

們的優點，自然讓他們引以為豪。因此，我不是簡單地提倡多做練習，而是在完善書寫能力，是所謂的「預備練習」。例如，在當前情況下，兒童握筆的動作越來越穩定，不是因為反覆進行書寫練習，而是因為不斷地填塗輪廓圖。因此，我的學生不用真正地書寫，也能在這一過程中提升自己的書寫能力。

觸摸砂紙上的字母。我們將卡片製作的字母，按形狀的相似性進行分組。原材料是由細砂紙剪成字母，固定在大小相等的字母卡片上。光滑的卡片是綠色的，而砂紙是淺灰色的。光滑的卡片有時候被拋光的白色木片代替，而砂紙是黑色的。這是因為顏色的區分有助於使字母的形狀從背景中突顯出來。

底座由紙板或木頭製成，與卡片上的字母形狀相同，但是要大一些，並且根據形狀上的相似性或對比度組合在一起。這些字母畫得很漂亮，並且帶有適當的陰影。如果是當時小學採用的字型，那麼筆畫就是橫平豎直的。這種教具的字型是當時常用的字型。我們的目標不是改革字型，只是希望能方便書寫，不管字型是什麼樣的。

練習。練習首先是從字母開始。教師先教母音，然後教子音，根據其發音而不是它們的名稱來教。這樣按照眾所周知的語音方法發音，兒童就能將發音立即與字母結合起來。教學也會按照之前描述的三個階段進行。

（1）與字母發音有關的視覺和觸覺。教師在已有教學材料的基礎上，為兒童挑選兩張綠色卡片或兩張白色卡片，上面寫著字母 i 和 o，指導兒童「這是 i」、「這是 o」，然後以同樣的方式教其他的字母。教師會說「摸一下吧」，讓兒童立即觸摸字母，不用進一步解釋情況，僅向兒童展示如何臨摹字母。如果有必要，她還會以手引導兒童用右手的食指在砂紙上描繪，就像他在書寫一樣。

兒童很快就學會了，手指已經能夠熟練地進行觸覺練習，在細砂紙的阻力下臨摹字母的線條。然後，他就可以重複練習書寫的必要動作，而且不必擔心在臨摹時出錯。如果他的手指偏移了，砂紙下的光滑紙面就會立刻警告他出錯了。

4 到 5 歲的兒童，只要學會了觸摸字母的技巧，就非常喜歡閉著眼重複這個練習。砂紙能讓他們在看不見的情況下跟隨字母的形狀，透過直接的肌肉觸覺形成對字母的感知，這對克服書寫的困難有很大的幫助。

如果練習對象是年齡較大的兒童（如 6 歲的兒童），那麼他更感興趣的是看到某個發音或組成單字的字母，觸摸的吸引力已經不足以引發動作練習的興趣。他已經失去了較小年齡時動作練習的樂趣，因此書寫能力的發展就不會那麼容易，也不會那麼完美。相反，年齡較小的兒童感興趣的不是用手在一個完全可見的形狀周圍移動，而是這一過程中產生的觸覺。觸覺能讓他的雙手完成動作，然後將動作固定成肌肉記憶。

教師讓兒童學習字母時，視覺、觸覺和動覺（肌肉）三種感覺同時在發揮作用。這就是為什麼圖形符號在頭腦中固定的速度，要比用普通教學方法中透過視覺獲得的影像快得多。我們還應注意，肌肉記憶是兒童最穩定也是最容易獲得的記憶。有時候，他看到字母並不認識，但觸摸後就能認出來。這些影像還同時與聽到的字母發音相關聯。

（2）感知。兒童聽到的聲音與字母外形相對應時，能夠比較和辨識這些外形。教師讓兒童找到字母，如「給我 o」、「給我 i」。如果兒童看到辨識不出來的字母時，教師會邀請他去觸摸，但是如果在這種情況下也無法辨識，這一課就先暫停，改天再上。我已經注意到，教師沒必要指出兒童的錯誤，也沒有必要在兒童沒有立即反應的情況下堅持上課。

（3）語言。兒童應該知道如何發出與字母相對應的聲音。教師把字母

放在桌子上幾分鐘後，問兒童「這是什麼」，他應該回答「是 o」、「是 i」。

在子音教學中，教師只對子音發音，並且在發音後立即將其與母音組合，透過一個或多個音節來改變組合的發音，並且強調子音的發音。最後，她再單獨重複子音的發音，如「m，m，m，ma，me，mi，m，m」。兒童重複這個聲音時，會單獨重複，並伴隨一個母音進行。學習子音之前，教師沒有必要教會兒童所有的母音。他一旦學會了一個子音，就會立即被用在拼音組合上。這種學習的進度由教師來決定。

我覺得教兒童學習子音時遵循的規則都不實用，通常，兒童對圖形符號的好奇心就是他需要子音教學的原因。物體名稱的發音可能會引起兒童的興趣，因為他能從中知道構成這個名稱必需的子音是哪個。兒童的學習動機決定了他應該遵循什麼樣的學習節奏，這比任何理性的方法都更有效。

當兒童發出子音的聲音時，他會有一種明顯的愉悅感。眾所周知，子音發音如此多變，而字母以一種神祕的符號樣式出現在生活中，對兒童來說是新奇的事情，其中的祕密引發了他強烈的興趣。

有一天，我在一個露臺上，兒童在我周圍自由玩耍。一個 2 歲半的小男孩暫時被他母親留在我那裡。我把所有的字母混在一起放在凳子上，然後把它們分門別類地裝到各自的盒子裡。完成教學後，我把盒子放在幾把凳子上。那個小男孩一直看著我，走上前來，手裡拿著字母 f。就在那時，幾個男孩正排成一列往前跑，他們看到那個字母後，一起念出了字母的發音，然後繼續往前跑。小男孩趁人不注意把 f 換成 r，其他孩子又跑了過來，看了看，笑了笑，開始喊「r、r、r、r！r、r、r！」漸漸地，小男孩開始明白，他拿到的每個字母都對應著不同的發音。這也把他逗樂了，我決定看看他能樂此不疲地玩多久，結果竟然等了足足 45 分鐘！那

些孩子對這個遊戲產生興趣，成群結隊地停下來，一起發出字母的聲音，並因小男孩驚訝的表情而大笑。最後，小男孩高高舉起最常用的字母 f，他總是能從周圍人那裡聽到這個字母的發音。然後，小男孩再次把它拿給我，自言自語地說：「f、f、f。」可見，小男孩看到一群人排隊往前跑，大聲念出字母，那一長串字母發音讓他留下了深刻的印象，他從混亂的喊聲中學會了字母的發音。

我們不必強調學會不同字母的讀音就代表了兒童的語言能力，但是的確，幾乎所有的缺陷都與語言本身的發展不足有關。語言能力缺陷是顯而易見的，教師可以很容易地把它們一一記錄下來，找到個別對應的指導準則。

我們在糾正孩子的發音時，應遵循生理發展規律，逐漸克服困難。但是，當兒童語言能力得到充分發展，能發出所有字母的聲音時，我們再教他寫或讀書面符號時，讓他發出哪個字母的聲音，就已經沒有什麼區別了。

許多人成年後依舊存有發音缺陷，這是兒童時期語言發展中的功能性錯誤造成的。如果我們不是在青少年時期去糾正，而是在兒童時期提供發展性的指導，我們將能有效預防發音問題。許多發音缺陷是方言帶來的，幾乎無法糾正；但是如果透過專門的課程改善兒童的發音，就很容易避免這些缺陷。

我們可以預見生理異常或神經系統功能的病理變化會導致語言缺陷產生並持續存在。兒童時期錯誤的發音和對錯誤發音的模仿，如口齒不清、口音變異等，會影響到每個子音的發音。我們除了使用學習語言所必需的發音練習外，沒有更多實用且有條理的方法了。這一問題如此重要，值得我們單獨開闢一章進行討論。

第十五章　書寫的機制

　　書寫的所有技巧都已經準備就緒。現在，我們將直接討論書寫教學的方法，我們可能會注意到它已經包含上述的兩個階段。兒童完成這些練習後，就可以學習握筆和繪製圖形符號所需的肌肉運動，並將其固定下來。他使用這些方法進行了長時間的練習後，應該已經為書寫字母和簡單單字做好了準備，哪怕不是真的在用鋼筆或粉筆書寫。

　　一開始，閱讀和書寫就是融為一體的，而且在我們的教學方法中，閱讀教學與書寫教學是同時開始的。我們為兒童呈現字母並給出字母的讀音時，他藉助視覺和觸覺，在頭腦中固定字母的印象，並明確地將聲音與相應的符號連結起來，也就是說，他熟悉了書面語言。當他看到並認出字母時，他是在閱讀；當他觸摸字母時，他是在書寫。他開始熟悉這兩種行為，而這兩種行為也會隨著時間的推移而發展、分離，從而發展為閱讀和書寫兩種不同的過程。教學的同步性，或更確切地說，最初這兩種動作的融合，給兒童提供了一種新的語言形式，且不需要決定哪一種行為應該占主導地位。

　　我們不應該擔心兒童在成長的過程中是先學會讀還是先學會寫，還是兩者中哪一個對他而言更容易。我們必須在沒有任何先入之見的情況下，從實踐經驗中學會這一點，等待因為個體的差異而使一方戰勝另一方。這使得我們能夠對個體心理學進行非常有趣的研究，並繼續沿著基於個體自由發展的方向開展教學。無論如何，我們可以肯定的是，如果我們的方法應用於正常的年齡層（5 歲之前），那麼兒童會先學會書寫再學會讀書；如果我們的方法應用在足夠成熟的年齡層（5 歲或 6 歲），那麼兒童就會先學會閱讀，學習複雜的語言規則。

從規則中解放出來的智慧

　　字母的讀寫行為和對字母的認知有很大的區別。字母以單字而不是圖形符號形式固定下來時，書寫行為才真正出現了。即便是口語，真正出現的象徵也是說出明確意義的單字，而不是發出母音和音節的聲音。智力的最高級形式出現時，會使用自然或教育為其提供的規則來構成詞語。

　　兒童把字母符號組合在一起，構成一個單字，並對這一活動產生強烈的認知興趣。兒童用字母創造單字要比讀單字有趣得多，而且也比寫單字容易得多，因為書寫涉及其他尚未固定的規則。因此，我們為兒童準備一個字母表，讓他們從中選擇字母並將其排列組合來構成單字。他們的體力勞動只是從盒子裡取出已經學過的字母符號，然後將其鋪在地毯上。單字是由一個個字母組成的，單字的讀音也與每個字母的發音相對應。而且，字母是可移動的，所以很容易透過改變字母來糾正錯誤。這就需要對單字進行深入的分析，這也是提高兒童拼寫能力的好辦法。

　　這是真正意義上的學習，在練習中需要智力的參與，並且不會因為臨摹字母而受到阻礙。在這種新的興趣的驅使下，兒童就不會消耗大量的精力在重複和厭煩的工作中。

　　教具。這一教具基本上由字母組成，字母的大小和形狀與砂紙做的字母相同，但它們是用彩色紙板或皮革裁成的。這些字母是活動的，沒有被黏在紙板或其他東西上。因此，每個字母都是可以單獨操作的。

　　我們會用一個盒子盛放這些字母，盒子的每一個隔間底部都印有一個字母。在底部的字母的引導下，兒童可以毫不費力地將字母正確地放回各自的隔間。這樣的盒子一共有兩個，每個盒子都會包含所有的母音。母音是從紅色紙板上剪下來的，子音則是從藍色紙板上剪下來的。字母背面有

一個白色的橫向小紙條，固定在字母下方，以指示字母的正確方向和相對於其他字母的高度。每一行字母的白色紙條應處於同一水平位置。

拼寫單字

我們會把一個大盒子放在兒童的面前，裡面裝著所有的母音和一半背面貼著白條的子音。兒童已經能夠認出其中一部分的母音和子音，但還有一些不認識。兒童可以將字母挨個放在桌子上，從而構成一個有連續發音的口語單字。教師先做一次示範，將字母從存放盒子裡的隔間取出，引導兒童參與這個練習。她讀出一個單字，如 mano（手），然後分析它們的發音：m，取字母 m；a，取字母 a 放在 m 旁邊；然後取 n 和 o。她逐一取出字母，分別發出字母的讀音，從而組成一個單字，直到桌子上連續放了四個字母：m-a-n-o。

有時，兒童看懂了這個過程後，就開始獨立完成單字的拼寫，而不是等待教師的指導。幾節課後，幾乎所有人都能在桌子上拼出單字。這一單字拼寫的過程，也是一種聽寫的過程。

單字的構成確實令兒童感到驚訝。他們對已經掌握的口語表現出極大的興趣，並試圖加以分析。人們會看到孩子們走來走去，自言自語。有的孩子一直在念著：「Zaira，Z-a-i-r-a。」他不停地念出字母的發音，卻沒有使用字母教具。因此，他的目的不是拼出單字，而只是想分析它的發音構成，似乎有一種新的發現，即我們讀出的單字是由聲音組成的。4 歲左右的兒童都可以進行這種活動。我記得有個人在孩子放學回來時，問他在學校怎麼樣，孩子回答說：「buono（好），b-u-o-n-o。」因此，他不是在回答

問題，而是在分析單字。

盒子裡的字母，可以清晰地區分出不同的發音。母音和子音的區別在於顏色不同，字母之間的區別在於隔間不同。這一練習非常有趣，以至於兒童早在認識所有字母之前就已經開始拼寫單字了。有一次，一個小女孩問教師：「哪個字母是 t？」教師想按照固定的順序呈現字母，所以還沒有給她看過比較靠後的字母 t。但是，女孩接著說：「我想拼 Teresa（特蕾莎），但我不知道哪一個是 t。」可見，學習新字母的渴望常常驅使兒童走在教師的教學前面。

一旦兒童的學習興趣被激發，也就是說，當兒童意識到口語中的每一個發音都代表一個符號時，他們就會推進自己的學習進度。這當然有助於書面語言的學習。教師發現自己的地位發生改變，她不再是教書，而是照顧兒童的需求。事實上，許多兒童確信他們是透過自己的努力學會書寫的。

年齡稍大的兒童對分析單字不會保持同樣的興趣，對語音轉化為字母同樣缺少興趣。這只能解釋為，4 歲的兒童仍處於語言形成期和心理發展的敏感期。只有當我們承認他正在經歷一個充滿活力的創造期，並且正在建構成人必須使用的語言時，我們在這一領域看到的所有奇妙現象才能得到合理的解釋。5 歲之後，這種敏感性就已經下降了，因為創造期即將結束。另一個令人驚訝的事情是，兒童聽到清晰的單字發音，不需要重複，就能把整個單字寫下來。對於長單字或他們聽不懂的單字，甚至是外語單字，也是如此。兒童只聽了一遍，就在心裡把它們轉換為文字元號。單字一被讀出來，就被轉化成桌上的一串字母。

兒童完成這項任務的過程很有趣。他站在那裡，密切關注著盒子，口中念念有詞，把必要的字母一個不落地拿出來。如果單字是形聲詞，他就

第十五章　書寫的機制

不會出現拼寫錯誤。他不停地念著，是在一遍遍地重複單字的發音，把語音翻譯成文字元號。

許多人來觀摩這些課程，尤其是學校的督學，他們知道教小學生聽寫有多困難，教師必須重複教很多遍才能讓兒童記住單字。但在我們的學校裡，4歲兒童對單字的記憶很牢固，儘管這項任務很容易分散注意力、耗盡精力。他們必須用眼睛搜尋盒子裡的字母，用手去取出需要的字母，然後拼出單字。

在這個奇妙的實驗的初期，一位督學找到我們，想教孩子們學習一個他認為很難的單字。他清楚地念出這個單字，強調了最後兩個字母，聽起來非常像是「Darmstadt」（地名）。但是，孩子們隨即按照聽到的發音拼出了單字。還有一次，公共教育部的一名官員教一個4歲半的孩子一個單字「Sangiaccato di Novibazar」（地名），他也能按照讀音拿起字母，在桌子上拼出單字。

值得一提的是羅馬學校總督學的經歷，他想親自對兒童進行這方面的測試。他只是向一個孩子講出了自己的名字迪多納托（Di Donato），小男孩就開始拼寫，但由於他沒有聽清楚所有的發音，因此錯誤地拼成了 d-i-t-o，被督學糾正說是 d-i-d-o。男孩絲毫沒有受到打擾，拿出字母 t 放在桌子的一邊，而不是放回盒子裡。他在空白處補上所需的字母 d，繼續拼寫 d-i-d-o-n-a……然後，他把放在一邊的字母 t 放在這些字母後面，最後加上一個字母 o，就成了 didonato。因此，我們可以說，整個單字都被他刻在腦海裡了。他從一開始就知道需要一個字母 t 放在尾部。他對此十分有把握，以至於督學的糾正也沒有讓他感到不安。督學十分驚訝地說：「這個字母 t 的操作，讓我相信很快就會看到教育史上的奇蹟。」

這樣的現象不只發生在一個兒童身上，很多兒童都表現出了同樣驚人

的能力。他們對文字有一種特殊的敏感性，並渴望掌握書面語言。顯然，兒童用可移動的字母拼出這些單字，並不是簡單地藉助記憶來完成的，而是把這些單字「刻在」腦海裡並「吸收」了它。他們正是依據頭腦中的影像複製了單字，無論這個詞有多長或是多麼奇怪，它都被如此清晰地映照和複製出來。我們還應該注意到，這項練習對兒童來說具有絕對的吸引力，因為它很重要，重複進行也不會累。兒童以這種方式拼寫單字，並不知道讀寫的規則。的確，他們對書面語言不感興趣。他們對刺激採取行動，或者說是對刺激做出反應，不是激發一種低階的反射性行為，而是產生一種與敏感期的創造能力相對應的反應。

書寫能力的爆炸式成長。書面語言的學習方法包括三個階段：分別掌握必要的心理──生理活動，然後將它們結合起來進行讀寫。書寫所需的肌肉動作與手握書寫工具所需的肌肉動作是分開鍛鍊的。單字拼寫的心理機制是將聲音和視覺影像相互連結。兒童不假思索地用直線、規律的線條塗滿幾何圖形，閉上眼睛觸摸字母並再現它們的形狀，在心理衝動的驅使下拼出單字，並重複：「要寫出 zaira，就必須有字母 z-a-i-r-a。」

兒童的確從來沒有寫過字，但他可能已經完成書寫所需的所有動作。聽寫單字時，兒童能夠將它的結構和相應的符號保存在記憶中，並立即將其整合進自我的思想。他應該已經具備了書寫的能力，因為他知道如何在閉著眼睛的情況下產生書寫所需的動作，並且能夠幾乎無意識地操作書寫工具。

這樣的預備性動作為兒童提供了一種行為機制，可以產生一種衝動，從而導致意想不到的書寫能力的爆發。這是從一開始的羅馬聖洛倫索的第一所「兒童之家」，就已經出現的正常兒童的奇妙反應。

12月的陽光明媚的一天，我和孩子們爬上露臺。有些孩子自由地奔

第十五章　書寫的機制

跑、玩耍，還有些孩子留在我身邊。我坐在煙囪旁邊，遞給一個 5 歲的男孩一支粉筆，我對他說：「畫一個煙囪吧。」他乖乖地坐在地板上，清楚地畫出煙囪的樣子。然後，我像往常一樣認真地表揚了他。男孩看著我，微笑著站了一會兒，欣喜若狂地喊道：「我要寫字！我要寫字！」然後，他彎下腰在地板上寫下 mano（手），然後帶著極大的熱情寫下 camino（煙囪）和 tetto（屋頂）。他一邊書寫，一邊大聲喊道：「我在寫字！我會寫字了！」其他孩子都注意到了他的喊聲，圍在他身旁，驚訝地看著他。其中幾個孩子興奮地對我說：「給我粉筆，我也會寫！」事實上，他們開始寫不同的詞：mamma（媽媽）、mano（手）、gino（膝蓋）、camino（煙囪）等。他們都從未用過粉筆或其他書寫工具。這是他們第一次書寫，他們把整個單字寫出來，就像第一次說完整的詞語一樣。

如果兒童說的第一個詞語是「媽媽」，就像「媽媽」是她們的名字一樣，作為對母親身分的一種獎勵，讓母親感到無法形容的快樂，那麼兒童寫出的第一個單字，也會使他們感到一種無法形容的快樂。他們擁有了一種新的技能，在他們看來，這是一種天賦，因為他們無法將自己正在做的事情與帶來這樣特殊行為的準備活動連結起來。

因此，他們認為自己自然會在將來的某一天學會書寫，就好像透過自然的成長就能達到這一點。事實也是如此。兒童會在不知不覺中為說話做好了心理——肌肉機制的準備，這會引導他讀出一個單字。兒童在書寫上的表現也是一樣的。但是，相比口頭語言，書面語言需要直接輔助和書寫練習所需的教具要簡單和粗糙得多，發展也會更加快速和完善。而且，由於書面語言的準備工作不是區域性的而是整體的，也就是說，兒童需要同時練習書寫涉及的所有動作，其發展不是漸進式的，而是爆炸性的，因此兒童可以寫出他聽到的任何單字。我們分享了兒童在學會書寫之初的

經歷，最初，這讓我們深受觸動，感覺自己彷彿生活在夢中，如有神助一般。

兒童第一次寫出一個單字，內心充滿喜悅。事實上，他四處炫耀，搞得人盡皆知。他會不停地叫大家看他寫的字；如果有人無動於衷，他就會抓住對方的衣服，強迫他過來看。每個人都要來圍在他旁邊，稱讚這位神童，觀眾的驚嘆聲與書寫者的歡呼聲融為一體。一般來說，兒童最初都會在地板上書寫，跪下來，靠近自己的作品，認真地思考。

兒童寫出第一個單字之後，就會繼續到處亂寫，大部分是在黑板上，帶著一種近乎狂熱的心情。我見過孩子們擠在黑板前書寫，身後是另一排站在椅子上的孩子在黑板的更高處書寫，還有一些孩子在黑板的背面書寫。無法靠近黑板的孩子失望地原地打轉，或是在試圖尋找一點空間擠進去時不小心弄翻了同伴站著的椅子。最後，那些無法在黑板上書寫的孩子，彎下腰在地上書寫，或者跑到百葉窗和門前，在那上面書寫。

那時候，「兒童之家」的地板幾乎滿是字跡。同樣的事情也發生在兒童的家裡，母親發現甚至連麵包皮上都有孩子們留下的字跡，為了保護地板和麵包，她們只好為孩子準備紙和鉛筆。一天，一個孩子帶來了一本寫滿字的筆記本。他的母親告訴我們，這個孩子已經寫了一整天，睡著時，手裡都拿著紙和筆。

在最初的幾天裡，我無法制止兒童這種衝動的行為。他們在這一過程中逐漸獲得了思想，讓我想到大自然在完善兒童語言的過程中的作用。如果大自然像我一樣放任兒童的發展，讓多種感官教具依序地作用於感官，在兒童身上產生豐富的想法，從而使兒童為說話做好充分的準備，然後，大自然就可以對一個仍然沉默的人發出邀請，「去說話吧」，我們就會目睹一場突然的瘋狂的語言爆發，兒童開始說話，並且會持續不停地說話，

第十五章　書寫的機制

直到肺部和聲帶因說了太多艱澀難懂的單字而疲憊。但是，我相信這兩個極端之間存在著一個中間狀態。我們應該循序漸進地激發兒童書面語言的能力，使其發展得不那麼突然，同時，也應該鼓勵它作為一種自發性的行動，從一開始就以近乎完美的方式進行。

如何應用此教學方法。後來，兒童的發展進入一個相對平穩的時期。這是因為他們看到同伴在書寫，也被鼓勵著盡快模仿他人書寫。當一個孩子寫出第一個單字時，他還沒有掌握所有字母，組合單字的能力和拼寫的單字數量受到限制。他從來沒有失去第一次書寫時的喜悅，但這已不再是一件令人驚喜的事，因為他看到類似的現象時有發生，知道這遲早也會在自己身上發生。這讓兒童有了一個穩定有序的環境，而且是一個充滿驚喜的環境。

每次去參觀「兒童之家」，即使我前一天去過那裡，也總會發現一些新的東西。例如，有一次，我看到兩個很小的孩子在安靜地書寫，他們前一天還完全不會書寫。教師告訴我，其中一個孩子前一天上午 11 點開始書寫的，另一個孩子是下午 3 點開始書寫的。現在，人們認為這種現象是兒童自然發展過程中的產物。

兒童經過三個階段的準備後卻還沒有開始自發地書寫，教師就必須決定是否鼓勵他們開始書寫了。這是為了防止遲鈍的兒童突然爆發出一股書寫的狂熱，而這種狂熱由於他已經學會了所有字母而無法抑制。教師可以透過以下特徵確定兒童是否已經為自發地書寫做好準備：在填塗幾何圖形時，畫出的是直線和平行線；能夠閉著眼辨識砂紙上的字母；能夠有把握地拼寫單字。但是，即使兒童被認為已經為自發地書寫做好了準備，我們也最好鼓勵他在書寫之前等待一週左右的時間。

只有在兒童開始獨立書寫後，教師才應該介入指導。她給兒童的第一

種幫助是在黑板畫上輔助線條，這樣兒童就能線上條的幫助下保證書寫的正確大小和位置。第二種幫助是督促猶豫不決的兒童不停地觸摸砂紙上的字母，而不直接糾正他書寫中出現的錯誤。這意味著兒童不是透過重複書寫而是重複練習書寫的動作來成就自己的。我記得剛開始學書寫的兒童，為了在畫了輔助線的黑板上寫出漂亮的字母，重新回到砂紙字母練習中，把要寫的字母臨摹了兩三遍，然後再去黑板上寫。如果他覺得寫的字母不夠好，就會把它擦掉，再去臨摹卡片上的同一個字母，然後再回到黑板上寫。

我們的兒童，甚至那些已經寫了一年字的兒童，總會繼續進行三個預備練習。所以，這些練習最初激發了兒童的書寫能力，後來也在精進他的書寫能力。因此，兒童學會了如何書寫，在沒有實際書寫的情況下提升書寫能力。外在的書寫行為是內心衝動的外在表現，這是一種內在的快樂，來自更高級的活動，而不是簡單的練習。

兒童在為某項活動做好準備，在行動前準備好自己的行為，也有一定的教育意義。如果我們對兒童的錯誤進行過多的糾正，就是在鼓勵他嘗試還沒有真正準備好的事情，並使他對犯下的錯誤無動於衷。此外，我的書寫教學法包含了一個重要的教育原則，即教會兒童避免錯誤，培養通向完美的長遠的尊嚴，保持個體與善為伍的謙卑。只有這樣，兒童才能獲得並保持對自己的控制。這也使他擺脫了這樣一種錯覺，即一旦一個人成功完成某件事，只要簡單地重走已經走過的路就足夠了。

那些剛剛開始三個練習的兒童和那些已經書寫好幾個月的兒童，都在不斷地重複著同樣的動作，在同等水準上團結互助。這裡沒有初學者和精通者的群體界限，大家都在用彩色鉛筆填塗圖形，用手指描摹砂紙字母，用可移動的字母組成單字。年幼的兒童會向年長的兒童求助，他們都認為

第十五章 書寫的機制

自己在做同樣的事情。一個正在初始準備階段，另一個正在逐漸完善，但所有人都在同一條路上。因此，在這裡，人與人之間的平等觀念比任何社會差異觀念都更加深刻，不論是有抱負的人還是完美的人，都必須進行相同的練習，因為他們正在經歷同樣的精神之旅。

書寫是在很短的時間內學會的，因為它只教給那些表現出渴望的兒童。他們自發的關注教師給年齡大一點的兒童開展的課程和練習，並表現出參與的渴望。有些人從沒真正上過課，只是觀察過別人的學習過程，就學會了書寫。

一般來說，4歲以上的兒童對書寫有濃厚的興趣。然而，「兒童之家」的一些孩子在3歲半的時候就開始書寫了，他們表現出對學習書寫的熱情，特別是對描摹砂紙字母的熱情。有一天，我請貝蒂尼教師把她製作的各種卡片搬上了露臺，那裡是孩子們玩耍的地方。這些孩子正處於練習的第一階段，第一次看到字母，立刻圍了上來，伸手去摸這些字母。一些年齡較大的兒童成功地從我們手中奪走了一些卡片，據為己有，但是又被一群小孩子擋住了去路。那些孩子興高采烈地高舉著卡片，就像舉著高高的旗桿遊行似的，引得所有孩子拍手歡呼。遊行隊伍從我們面前走過，大人、孩子都大聲地笑了起來，孩子們的母親也被喧鬧聲吸引，從視窗探出頭來看著這一幕。

對4歲的兒童來說，從第一次嘗試準備練習到第一次寫出單字的平均時間間隔是一個半月。而對5歲的兒童來說，平均時間間隔會更短，大約是一個月。但是，「兒童之家」的孩子在練習不到20天後，就學會了用所有的字母拼寫單字。4歲的兒童在練習兩個半月後就能聽寫一些單字。一般來說，「兒童之家」的孩子在練習3個月後的熟練程度，可以和普通學校三年級的孩子練習6個月的水準相比。畢竟，書寫是兒童最容易獲得

的、最愉快的成就之一。

如果成人能像 6 歲的兒童一樣輕鬆地學習，一個月就能擺脫文盲的狀態，但取得這種光輝成就的過程有兩個障礙。一是成人沒有兒童身上敏感期產生的熱情，這種熱情只在語言的自然獲得期表現出來。二是成人的手已經太僵硬了，不太容易掌握書寫所需的精細動作。但是我也知道，當我們把在兒童教育中使用的教學方式應用在成人身上（美國陸軍新兵和士兵）時，擺脫文盲的過程就容易得多。後來我了解到，以前在羅馬，成人是透過臨摹字型優美的字母來提升書寫水準的，而不是像今天這樣透過臨摹字母模型來提升。

因此，我們用可移動的字母模型來描摹字母並按音標組合成單字，這有助於人們學會書寫。但是，即使成人已經間接地為書寫做好準備，他也需要花費幾個月的時間才能學會兒童在一個月內能學到的東西，這一點是肯定的。

關於兒童學習書寫所需的時間，我們已經討論得夠多了。就實際書寫過程而言，我們的兒童從開始書寫的那一刻起，就寫得很好。他們的字字型圓潤穩重，與砂紙字母模型非常相似，書法水準是沒有受過書法專門訓練的小學生所從未達到的，令周圍的人感到驚訝。我在對書法進行深入研究後，知道要說服中學裡 12 歲和 13 歲的孩子在不抬筆的情況下一筆寫出整個字母有多困難（除了字母 o 外），而且他們也會發現用一筆寫出不同的字母且保持筆畫平直更加困難。相反，「兒童之家」的孩子則會自然地用一筆寫出整個字母，動作熟練，筆畫平直，間距相等。看到這些後，不止一位尊貴的來訪者驚呼：「要不是親眼所見，我絕不會相信。」

書法，其實是一種糾正已經固化的缺陷的高級教育過程，是一項漫長且乏味的工作。兒童在看到字母模型時，必須再現模型所需的動作，但是

第十五章　書寫的機制

他卻缺乏視覺和所需動作之間的協調性。而且，書法練習無須像書寫過程（如筆畫練習）那樣強調糾正基本錯誤，因為這一時期的缺陷已經得到修復，而且肌肉記憶特別活躍的心理期已經過去。

相反，我們要根據兩個基本原則，即形式美（臨摹漂亮的字母）和執行力（填塗圖形的練習），間接地培養兒童的書寫能力和書法能力。

第十六章
閱讀

第十六章 閱讀

經驗告訴我，閱讀和書寫之間有明確的區分，這兩種行為不一定完全同時發生。而且，我們的經驗是，書寫先於閱讀發生，儘管這與目前普遍的認知相違背。

兒童反覆驗證他寫單字的過程，即反覆多次書寫後將這些符號轉換成聲音而認識這個單字的過程，我不會將其稱為閱讀。我所說的閱讀是用圖形符號來解釋一個概念。

兒童還沒有聽過某個單字的發音，但是看到可移動的字母拼出了這個單字，他就知道它的意思，透過這個過程認識了單字。這個單字是人的名字、城市的名字或某個物體的名字等，他會真的讀出來。兒童在書面上讀到的和在口頭上聽到的是一致的，這是理解外界的一種方式。所以，兒童在理解書面語的含義之前，是不會閱讀的。

正如我們所描述的，書寫是一種心理運動機制占主導地位的行為。在閱讀時，我們從事的是純粹的腦力勞動；但是顯然，書寫教學為閱讀做好了準備，降低了閱讀的入門難度。事實上，書寫是為兒童機械地解釋文字的組合發音做準備，即兒童能讀出單字的發音。人們可以注意到這樣一個事實：兒童用可移動的字母拼成單字或書寫時，需要一點時間思考挑選的字母或畫出的符號，而寫出一個單字要比讀出一個單字花費更長的時間。兒童在學會書寫後，遇到一個必須閱讀和解釋的單字時，也會沉默一段時間，閱讀過程會像書寫過程一樣慢下來。相反，當兒童快速地讀出單字，且有必要的重音時，說明他掌握了單字的意義。現在，兒童必須認識這個單字，也就是它代表的意義，讓更高級的智力活動發揮作用。

因此，我用下面的方式進行閱讀練習，使用的材料也跟傳統的拼寫練習的材料不同。我準備了幾張普通的書寫紙，每一張紙上都用手寫體寫著一個眾所周知的單字，大約有 1/4 英寸高。這些單字是兒童經常讀到的，

代表的對象不是就在現場，就是人們都知道的，如媽媽。如果單字指的是現場的一個物體，我會把它放在兒童面前，以幫助他理解文字。正如我之前所提到的那樣，「兒童之家」裡不僅有微型廚房、廚房用具、球和洋娃娃，還有櫥櫃、沙發和床等玩具屋必備的家具，還有小屋、樹木、成群的綿羊、紙製的動物、橡膠做的鴨和鵝、載著水手的船、士兵、上了發條的火車、鄉村莊園、馬廄、寬敞的圍欄裡的牛等。在羅馬的「兒童之家」裡，一位藝術家還貢獻了漂亮的陶瓷水果[06]。

如果書寫有助於糾正，或者更確切地說，有助於指導和完善兒童的語言機制，那麼閱讀則有助於思想和語言的發展。簡言之，書寫是在生理上幫助兒童發展，而閱讀是在社交上幫助兒童發展。正如我已經指出的，閱讀的第一步是閱讀專有名詞，即閱讀已知物體的名稱。

我沒有從簡單或難懂的單字開始教，因為兒童已經可以把一個單字作為聲音的組合讀出來。我允許他將單字慢慢翻譯成聲音，如果翻譯得準確的話，我會說「再快一點」。兒童第二次讀得更快了，但常常還是不理解。我重複道：「再快一點，再快一點。」他讀得越來越快，重複著同樣的發音，直到猜出單字的含義。然後，他因認出單字而飛揚，流露出兒童常有的那種得意神情。這就是閱讀練習的全部內容，這是一個快速發展的過程，對一個已經為書寫做好準備的兒童來說，這一過程幾乎沒有什麼困難。

誠然，本書中關於拼寫的問題與書寫過程中的筆畫練習混在一起！兒童讀完卡片上的單字後，把它放在指代的物體上，練習就完成了。兒童完成這種訓練後，與其說是為了練習進行閱讀，倒不如說是為了讓他們理解練習材料。我想到了以下的遊戲，可以讓各種閱讀練習變得更有趣、輕

---

[06] 第一所「兒童之家」有許多玩具，但現在的「兒童之家」裡已經不再重視玩具，因為經驗表明，兒童並不喜歡玩具。

第十六章 閱讀

鬆、清晰，也更容易反覆進行。

閱讀單字的練習。我在一張大桌子上擺放了許多不同的有吸引力的玩具，還準備了一組卡片，每一張卡片上都寫著一個玩具的名字。我把卡片疊好，扔進一個盒子裡。兒童抽籤拿出卡片，必須帶著卡片回到自己的位子後，才能慢慢地開啟並讀出卡片的內容。卡片的內容是絕對保密的，不能讓隔壁的孩子看到。然後，他們拿著卡片走到桌子前，大聲念出玩具的名字，並把卡片交給教師考核。因此，這張卡片就成了一種貨幣，換回它代表的玩具。如果兒童發音清晰，並能正確指出物體，教師會用卡片檢查他是否正確。如果準確無誤，他就可以拿到玩具，想玩多久就玩多久。

這一階段的練習結束後，教師重新叫回第一個兒童，再按拿取玩具的順序依次叫回所有兒童，讓他們抽取另一張卡片，然後馬上讀出卡片的內容。卡片上寫著的內容是同伴讀過的，如果兒童還不會讀，就不能得到玩具。出於禮貌，他必須把玩具交給另一名孩子，以一種友善、優雅的方式移交玩具，對方也需要用鞠躬表示感謝。這種方式會消除任何等級差異，並傳遞出一種觀念，即每個人都應該友善地把一些東西贈予那些還沒有真正享用過它的人，所有人都應該平等地享有快樂，不管他們是否已經獲得過。

閱讀練習的過程非常順利。人們可以想像這些兒童在幻想中體驗到的快樂，自以為擁有了如此美麗的玩具，並且可以玩很長一段時間。但是令我驚訝的是，兒童在理解了卡片上的內容後，卻拒絕拿走玩具，也不願意浪費時間在玩玩具和與同學友好社交上。相反，他們帶著一種永不滿足的欲望，一張接一張地取出卡片，並全部讀出來。我看著他們，試圖搞清楚他們這種奇妙行為的原因。思考了一段時間之後，我突然想到，這正是出於人類的本能，兒童寧願獲得知識，也不願從事毫無意義的遊戲，於是我

想到了人類思想的偉大。

因此，我把玩具收起來，著手做了幾百張卡片，上面寫著他們透過感官練習學會的人名、物品、城市、顏色。我把卡片放在幾個盒子裡，讓他們隨意抽取。我原以為他們會隨機從其中一個盒子取出卡片，但事實並非如此。每個兒童都會把盒子裡的卡片取完，然後才帶著永不滿足的欲望去看另一個盒子。有一天，我走到露臺上，發現兒童已經把他們的小桌椅搬了出去，擺在戶外。他們有的在陽光下玩耍，有的圍坐在桌子周圍，桌上滿是字母和砂紙卡片。在露臺的一側，天窗的陰影下，教師坐在那裡，手裡拿著一個狹長的盒子，裡面裝滿了卡片。兒童伸手進盒子裡抽取卡片，開啟閱讀，然後疊好放回去。教師告訴我：「我很難相信，他們已經在這裡玩了一個多小時了，仍然樂此不疲。」我試著拿出球和娃娃來吸引他們，但是沒有任何效果。這些玩具已經失去了吸引力，取而代之的是求知的樂趣。

當看到這樣令人驚訝的結果時，我已經在考慮讓他們閱讀印刷品了，建議教師同時呈現同一個單字的手寫體和印刷體。但是，兒童搶在我之前開啟了這一過程。教室裡有一本日曆，上面印著許多字，有些是哥德字型。兒童正處於對閱讀的狂熱中，他們開始翻看日曆，令我驚訝的是，他們會同時閱讀羅馬字型和哥德字型。因此，我們只需要給他們一本書，他們就會去讀。

起初，在「兒童之家」，我給他們看一本書，裡面有各種物體的圖片，上面印著它們的名字。我們在一些兒童的口袋裡發現了幾張便條，上面寫著義大利麵、麵包、鹽等的價格，這些是兒童用來幫父母買東西的。此外，父母告訴我們，孩子們不再會快速地跑過街道，而是會停下來看商店裡的招牌。

第十六章 閱讀

一個 4 歲半的男孩，在家庭教師那裡接受過同樣的教育，曾經有過這樣的行為。他的父親是國會議員，會收到大量的信件。父親知道兒子兩個月前開始練習閱讀，加快了讀寫的學習進度，但他並沒有太多關注，也不太相信兒子的變化。有一天，他正在看書，兒子在他身邊玩耍，僕人走進房間，把一大堆剛收到的信放在桌子上。男孩走到桌邊，開始翻閱信件，並大聲讀出地址，讓父親感到難以置信。

人們可能會問兒童學會閱讀的平均時間是多久。經驗告訴我們，從兒童書寫的那一刻起，從這種較低階的形式的書寫到高級形式的閱讀，平均需要 15 天左右。然而，兒童要做到準確地閱讀幾乎總是會比書寫慢一些。在大多數情況下，兒童會寫得很好，但讀得一般。

但是，並非所有的兒童都會在同一年齡達到同樣的成就。有的兒童由於不曾受到過鼓勵，沒有被引導做他們想做的事情，也從來沒有在學習上尋求幫助，就會一直處於「靜止」狀態——既不會讀也不會寫。

傳統的教學方法壓制了兒童的興趣，扼殺了他們的自主性。傳統教學方法的追隨者們認為沒有必要強迫兒童在 6 歲之前學會書寫，我對此表示贊同。然而，我無法確定，也沒有試驗結果證實，只要兒童完全掌握了口語，就鼓勵他們書寫，是不是最好的選擇。

按照我們的方法接受過訓練的正常兒童，幾乎都是在 4 歲開始書寫的，5 歲時的讀寫能力至少達到了小學一年級學生的水準。這意味著他們可以直接進入二年級，而一般情況下，7 歲的兒童才能上二年級。

卡片分類練習

　　之前描述的簡單閱讀練習被反覆使用、修改、再修正，用於幫助兒童學習如何閱讀非聲音語言，如英語。其基本練習原則上也適用於聲音語言，包括準備一系列物品和相應的卡片，卡片上寫著物品的名稱。兒童讀完卡片的內容後，把它放在相應的物品旁邊。在聲音語言學習中，練習的目的是激發人們對書面語言的興趣。兒童認出了當前物品的名字，就像發現了一個祕密一樣高興；他喜歡把卡片放在物品旁邊，為完成這個隱祕的活動而感到高興。到目前為止，他的內在動力已經被激發，興趣已經被點燃，並在生命之源和掌握外在事物之間建立連繫。

　　教師在教非聲音語言時，也必須用類似的方式。例如，在英語教學中，我們首先搜尋一組聲音單字。眾所周知，即使在非聲音語言中，也總有這種類型的單字。我們選擇了大約20種不同聲音，可以組建起語言中出現的所有聲音。從經驗中我們知道，所有4歲到5歲的孩子都能清楚地區分每種單獨的聲音。

　　在兒童學習長單字時，單字的長度和發音的複雜性對兒童來說並不構成困難。在這種情況下，最基本的要求就是現場要有兒童感興趣的東西。單字本身就有聲音屬性，代表的是兒童已知的或現場存在的物品，這就足夠了。如此，兒童對書面文字的興趣就會被激發起來，克服一系列困難，且根據拼寫學會一組單字。

　　簡而言之，我們首先要培養兒童對閱讀的濃厚興趣，這為克服與拼寫有關的各種困難做好了準備。然後，我們還必須煞費苦心地把事物和相應的詞語相互對應，這樣就可以有一系列固定的後續練習。因此，我們唯一真正需要做的是對單字進行適當的分類，以便讓兒童產生克服困難的興

趣，這些困難會透過單字的組合方式來展現。這使得兒童對閱讀單字產生了純粹的興趣，就像在聲音語言練習中那樣。

這一過程是英國為英語教學而發展起來的。我們有必要準備一個小櫃子，在不同的抽屜裡，放著根據不同的拼寫難度選擇的單字和相應的物品，以此作為一種分類手段。兒童可以從櫥櫃裡拉出一個抽屜，取出物品，並將卡片貼在相應的物品上，練習結束後再把抽屜放回櫃子裡。然後，他可以抽出另一個抽屜，以此類推，從而克服拼寫和發音上的不同困難。

逆向練習。這些練習的實際效果表明，我們可以進一步使用這些練習，包括逆轉上述練習的目的。我們挑選出具有教學屬性的物品，並用卡片標出它們的名稱。儘管在第一個練習中，學習的對象是已知的，學習的困難與單字有關，但在這裡，兒童對單字已經有了足夠的了解，練習的目的是教給他一些物品的名稱，而且這些名稱會因相同的教學目的結合在一起。這一練習已經擴展到「兒童之家」使用的各種教具的名稱，如貨物、扣件、多邊形等。最後，這一練習被應用於動植物標本，它們類屬的科學術語寫在不同的卡片上。兒童在辨識物品時，必須把卡片放在對應的物品上。

然而，最後這些練習引導我們走上了一條不同於當前教學關注點的道路，即學習如何閱讀。這類似於植物學家和園丁的做法，他們會用標籤標註每一種植物的拉丁名稱。

閱讀句子

　　聖洛倫索第一所「兒童之家」的參觀者看到兒童在閱讀印刷教具，就送給他們一些精美的插圖書作為禮物，收藏在我們的圖書館裡。兒童在翻閱這些書時，還無法理解其中的簡單故事。不過，教師們還是很高興，並向我展示了這些書的價值。教師讓兒童照著書讀，還說他們的閱讀比二年級學生更流暢和準確。但我對此持懷疑態度，並進行了兩個測試。第一個測試是讓教師講述書中的故事給兒童聽，並記錄下有多少人真正感興趣。幾句話過後，兒童的注意力就會分散，教師不得不讓那些心煩意亂的兒童安靜下來。於是，漸漸地，全班同學開始坐立不安，所有人都回到了自己習慣的事物中，不再繼續聽下去。顯然，那些看似以閱讀為樂的兒童並不是在享受閱讀的真正意義，而是在享受將圖形符號翻譯成能辨識的單字發音的能力帶來的樂趣。事實上，他們讀書的毅力比讀卡片的毅力要差得多，因為他們在書中遇到了許多不認識的單字。

　　我進行的第二個測試是讓兒童讀一本書，卻沒有像教師那樣向他解釋，而是用一些問題打斷他，如「你理解了嗎？」「你讀的是什麼？」「孩子上馬車了，是嗎？」「仔細閱讀！」「看！」等。

　　我把一本書遞給一個孩子，像朋友一樣坐在他的旁邊，嚴肅地問他：「你看得懂嗎？」他會回答：「看不懂。」表情似乎在疑惑我為什麼這麼問。事實上，閱讀的意義在於理解一系列的單字，並從中汲取他人複雜的思想，這是兒童以後會有的經歷。對他們來說，這將成為他們驚喜和快樂的新來源。一本書關注的是思想的語言，而不是表達的技巧。這就是兒童在掌握語言邏輯之前無法理解一本書的原因。閱讀單個單字和理解書中的意思之間的區別，同發音和說話之間的區別是一樣的。因此，我將讀書的時

第十六章 閱讀

間往後延，等待著兒童進一步的發展。

有一天，我正在上課時，四個孩子站了起來，滿臉喜悅地在黑板上寫下：「花園裡開花了，我真高興。」這讓我們大吃一驚，深受觸動。他們已經到了可以造句的階段，就像他們第一次寫出單字一樣。兒童身上正在發揮作用的力量是相同的，結果也是相同的：口語的邏輯性帶來了寫作能力的爆炸式發展。

我知道孩子們下一步該寫句子了，就使用了同樣的方法，在黑板上書寫。「你喜歡我嗎？」我書寫是為了讓他們都能看到。他們大聲地、緩慢地讀出來，沉默了一會兒，然後大聲喊道：「是的，是的！」我繼續寫道：「那就保持安靜，不要動。」他們幾乎像是在喊叫一樣讀完這句話，隨即房間裡一片沉寂，只有坐下時調整椅子的聲音。

因此，我們開始透過書面語言交流，這一過程對兒童來說是最有趣的。他們逐漸發現了書寫的奇妙之處，那就是能傳遞思想。當我開始書寫時，他們急切地渴望知道我在想什麼，不需要我說任何一個字。書面語言確實不需要發出聲音，它從口語中完全獨立出來後，人們才能理解它的偉大之處。

1909年的一天，本書的第一版發行時，「兒童之家」的孩子們正透過以下的遊戲，享受閱讀的樂趣。我在紙上寫下一些長句子，描述兒童必須完成的動作。例如：「關上百葉窗，開啟大門。然後等一會，把東西放回原處。」「禮貌地請8個同伴離開他們的座位，在房間中間站成兩排。然後讓他們踮起腳尖輕輕地來回走動，不要發出任何聲音。」「請三位會唱歌的同學到房間中間來，讓他們排成一排，和他們一起唱你喜歡的歌。」

我還沒寫完，孩子們就急於從我手裡搶過卡片來看。他們把卡片平放在桌子上，然後極其安靜且專注地讀了起來。我問他們：「你看懂了嗎？」

他們會回答:「是的,懂了!」我說:「那就照卡片上說的去做吧。」我看到他們迅速地挑選要完成的任務並立刻著手去做,感到很驚訝。房間裡出現了一種新的生活和活動狀態,有的人關上門又開啟百葉窗,有的人讓同伴跑了起來,還有人去黑板上書寫或去櫥櫃裡拿取東西。他們帶著極度的興奮完成上述活動,驚訝且好奇的同時還有專注的沉默。我彷彿釋放了一股魔力,刺激著他們完成一種前所未有的活動。這個魔法就是文 —— 文明最偉大的成果。兒童非常認同這些活動的重要性,完成活動離開時,他們都會滿懷感激和愛意地走到我跟前說:「謝謝!謝謝您的教導!」

他們邁出了偉大的一步,他們的閱讀從機械層面進階到精神層面。今天,這個孩子們最喜歡的練習是這樣進行的:首先,所有人都會保持安靜;然後,從一個裝有摺疊紙條的盒子抽出一張紙條,上面寫著描述各種行為的長句。所有具備閱讀能力的兒童都會過來抽取一張紙條,自己先讀一遍,直到他們確信自己真的理解了,才會把開啟的紙條還給教師,完成相應的任務。許多還不會閱讀的兒童需要同伴的幫助,其他兒童則要使用或移動不同的物體,因此安靜的房間裡產生了一種奇妙而有序的騷動。這時候,房間裡有兒童執行任務時輕快的腳步聲,也有他們按紙條要求唱歌的聲音,整體展示出一種令人驚訝的自發的紀律性。經驗告訴我們,寫文章應該先於句子的閱讀,正如書寫先於單字的閱讀一樣。此外,帶有交流思想屬性的閱讀應該是精神上的,而不是口頭上的。

事實上,兒童在大聲朗讀的過程中使用了兩種語言機制,即發音和字形,這使得閱讀過程變得更加複雜。我們都知道,成人如果要在公共場合朗讀文章,首先要默讀一遍,以理解文章的含義。我們也知道,朗讀是最困難的智力活動之一。因此,兒童如果是為了汲取思想而開始閱讀,就應該也在心理上完成這樣的準備。書面語言傾向於理性思考時,應該與口頭

第十六章　閱讀

語言做出區分。書面語言可以遠距離傳播思想，甚至在感覺器官和肌肉系統處於休息狀態時也能做到這一點。它是一種精神化的語言，使世界各地的人能夠相互交流。

「兒童之家」的成功給了我們啟示，即整個基礎教育體系應該隨之改變。如果小學教育能發生改革，我們的教育方法就能延續下去。這個問題太大了，我無法在這裡進行充分的討論。但如果我們關於基礎教育的制度能夠得到普遍推廣，那麼一年級和二年級就可以完全取消[07]。

我們預測，將來的小學接收的孩子會像「兒童之家」的孩子一樣，已經知道如何照顧自己，可以獨立穿衣、脫衣、洗澡，懂禮貌且守紀律。然而，正如我相信的那樣，他們是自由的，因為他們受過如此嚴格的訓練。此外，他們的語言能力完整，發音沒有錯誤，而且還可以把語言應用於實際生活和推理過程。

這些兒童講話清晰，字型優美，舉止優雅，說明了他們正在進步。這樣的兒童為未來帶來了光明的希望，他們是對周圍環境的耐心和聰明的觀察者，可以自由地運用他們的推理能力。我們認為，應該建立能夠接收這些兒童的小學，引導他們在人生和文明的道路上走得更遠。這些小學應當與「兒童之家」採取一樣的教育體系，確保兒童的自由和自主發展。因為正是這種教育體系決定了他們的個性發展。

---

[07]　在有「兒童之家」的地方，那裡的小學遵循蒙特梭利方法。我寫過的很多書都討論過這種教育，特別是我的兩卷《先進的蒙特梭利教學法》。

第十七章
口頭語言

第十七章　口頭語言

　　書面語言，包括聽寫和閱讀，體現了口頭語言的所有的複雜性。因此，書面語言的屬性可以從兩個角度考慮。

　　（1）它是一種新的具有重要社會意義的語言，是對人類自然語言的補充。因此，書面語言具有教育價值，在學校教授書面語言時不考慮它與口頭語言的關係。總之，書面語言被簡單地認為是人與社會環境接觸的必要手段。

　　（2）它可以用來改善口頭語言。這是我想要強調和堅持的一點，書面語言在生理上的重要性也不容忽視。正如口頭語言是人的一種自然功能，是促進社會進步的一種手段。書面語言本身也可以被看作在神經系統中形成的一系列全新的機制，或是一種可用於社會目標的手段。

　　最後，還有一點，就是書面語言的發展與它以後注定要完成的功能無關。

　　我認為，兒童在書寫初期會遇到很多困難，不僅是因為迄今為止的書寫教學方法一直都不合理，還因為我們試圖使它實現書面語言教學的高級功能，而這一功能也是最近才實現的，透過幾個世紀的努力固化和改善的。

　　我們可以考慮這種方法的不合理性。我們過去分析的是書寫符號，而不是產生它們所需的生理活動。我們這樣做的時候，並沒有考慮到這樣一個事實，即符號的視覺表徵與執行所需的動作沒有內在的連結。例如，單字的聽覺表象不包含在語音中再現它的運動機制。兒童除非有過一些準備工作，否則很難激發動作。畢竟思想不能直接作用於運動神經，當思想本身不完整時，就不能喚起行為意志，更不能直接作用於運動神經了。

　　舉例來說，我們從筆畫和曲線的角度對書寫進行分析，僅僅是讓兒童看到一些無意義的符號。兒童對此不感興趣，因為視覺不能激發內心的運

動衝動。對兒童來說，書寫行為需要意志努力，而且很快就會感到疲倦、無聊和痛苦。除了意志努力之外，兒童還需要有操作書寫工具所必需的肌肉運動。

兒童寫出不完美或錯誤的字母，並由此產生挫敗感。他還會被教師不斷糾正，不斷被提醒自己在書寫時犯的錯，因此會更加沮喪。因此，兒童被要求付出更多努力時，他的精神能量反倒降低了，而不是透過教師的行為有所提升。儘管兒童在學習書寫的過程中犯了很多錯誤，但是透過艱難的學習過程學會的語言，立即顯現出其社會意義。

我們應該記住，口語本質上是逐漸形成的，並建立在詞彙基礎上。這一高級心理活動中使用的詞彙，庫斯莫爾（Adolf Kussmaul）稱之為「字典」包含了表達複雜思想所需的文字和語法結構。口頭表達的詞彙基礎必須先於其心理基礎形成。

因此，語言的發展有兩個階段：第一階段是形成神經通道和中樞機制，將感覺通道與運動機制相互連結；第二階段是高級的心理活動，且這些心理活動被執行機制外化為語言。例如，在庫斯莫爾的口語體系中，最重要的是在語言的早期形成階段，建立了大腦的反射弧，代表了純粹的語言機制，可以用下圖說明。

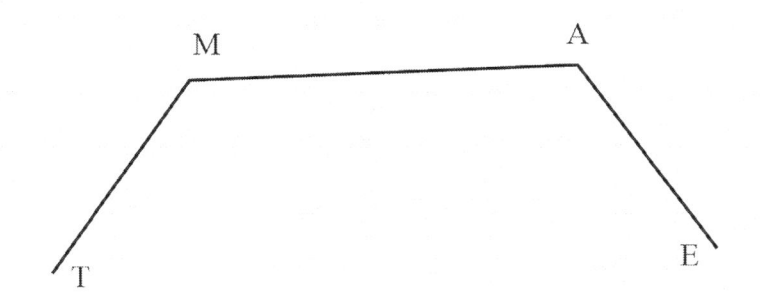

第十七章　口頭語言

　　E 代表耳朵，T 代表語言的運動器官如舌頭，A 代表語言的聽覺區，M 代表語言的運動區。AE 和 MT 通道為外周通道，前者為向心通道，後者為離心通道。MA 通道是內部通道。

　　區域 A 包含單字的聽覺表象，可以再次細分為三個層次，其中 SO 表示聲音、SY 表示音節、W 表示單字。

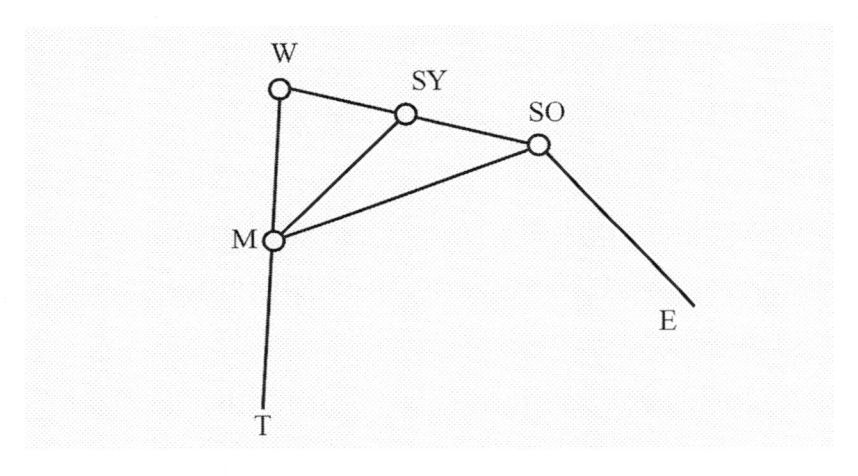

　　聽覺區域和音節區域的功能實際上是生成性的，似乎被某些病理性的語言缺陷所證實。在某些形式的中樞感覺性語言障礙中，患者只能發出聲音，或者最多只能發出聲音和音節。

　　起初，年幼的兒童對簡單的說話聲音特別敏感，如母親撫摸他或吸引他注意時發出的聲音。後來，他對母親為某一目的使用的音節變得敏感起來，學會發出一些聲音，如 ba、ba、punf、tuf。最後，他的注意力被簡單的單字吸引，大部分是雙音節詞。同樣的細節區分也體現在運動區域的功能完善過程中。兒童開始發出單音節或雙音節的聲音，如 bl、gl、ch，這是母親高興地問候他時發出的聲音。然後，他開始發出確定音節的聲音，如 da、ba。最後是雙音節的單字，如 mamma、papa。

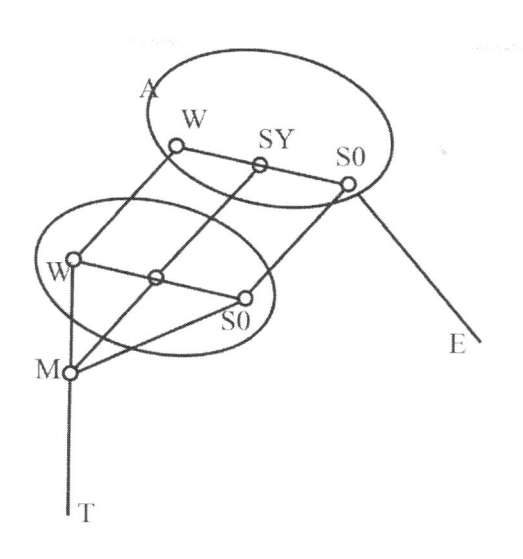

我們說，兒童發出的聲音代表他的思想時，口語就產生了。例如，他認出母親時會說「mamma（媽媽）」，他看到一隻狗時會說「tete（狗）」，他想吃東西時會說「papa（爸爸）」。因此，我們認為，發音與感知刺激連結在一起時，語言功能就已經開始產生，儘管就其心理運動機制而言，仍是相當初級的。

換而言之，這時的語言機制成仍然處於無意識狀態，稍高於反射弧層面。這樣的語言被認為是初級的，主要是對單字的辨識，即將單字與其所代表的感知刺激建立連結。語言在這一水準上逐漸完善，因為聽覺更完美地檢測到了單字的組成音，心理運動通道也變得更適合發音。

這是口語的第一個發展階段，有自己的開端和發展進程，透過感知完善語言的原始機制。而且正是在這個階段，所謂的「清晰的語言」才得以確立。其後，這將成為一個人表達思想的方式，而且一旦思想固定，成人會發現它很難完善或糾正。事實上，如果語言表達能力不完善，就會阻礙一個人思想的表達。

第十七章　口頭語言

　　2 至 5 歲是兒童的語言發展期，也是兒童的感知發展階段。在這個年齡層，兒童的注意力會自發地轉向外部物體，記憶力增強。所有的心理運動通道變得暢通，肌肉的運作機制變得固定，因此這也是一個運動階段。在這一時期，語言的聽覺和運動通道產生連結，聽覺感知似乎有能力刺激複雜的發音動作的產生，這些動作在每一個刺激的影響下本能地發展。只有在這一階段，人們才能掌握一種語言的所有特徵，而這些是他透過之後的努力也無法獲得的。母語是個體唯一發音正宗的語言，因為它在童年時期就固定下來了。成人學習一門外語時，必然會具有一定的缺陷。只有在幼兒期（即 7 歲以前）同時學習幾種語言，才可以感知和再現不同語言的口音和發音的不同特徵。

　　兒童時期習得的缺陷，如發音上的偏差或壞習慣，在成年時期也無法根除。語言發展的高級階段是累積詞彙，它不再來源於語言機制，而是來源於智力的發展[08]。口語透過內在機制的運用而發展，並隨著感知而豐富。聽寫能力也隨著思維而發展，並由知識文化而豐富。

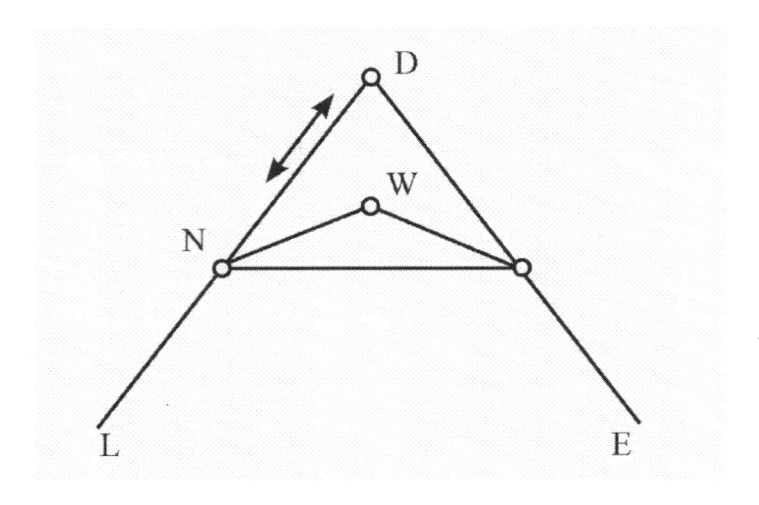

---

[08]　在這裡，我們可以把語言比喻為一臺打字機，與用它來表達自己的人的思想無關。

再回到我們的語言圖示中，我們可以看到，在定義低階語言的連線之上，ME 之間的連線構成了詞彙基礎，用 D 表示，從中形成了能夠表達一個聰明人的思想的語言的運動衝動。

迄今為止，人們一直認為，只有書面語言才能進入詞彙累積階段，這被認為是獲得知識和進行語法句法分析的唯一合適手段。由於口語是轉瞬即逝的，人們認為智力只有藉助於穩定的客觀語言才能向前發展，就像書面語言一樣進行分析。我們承認，書寫是一種寶貴的，甚至是不可或缺的教育手段，因為它凝結了人們的思想，使人們能夠對其進行分析，將其永久地記錄在書籍裡，並且不斷地提取出來。但是，為什麼我們不能承認這樣一個事實，即書寫對於簡單一點的任務也很有用，它將感知固定下來，並分析它們的聲音組成。

我們對教學有偏見，不能把書面語言代表的思想與功能分別看待。直到現在，我們一直認為書面語言的功能是獨特的。然而，在我們看來，對那些還在學習如何活動和如何汲取簡單觀念的兒童進行語言教學，違背了心理和教育規律。讓我們擺脫這種偏見，思考書面語言本身，重建其心理生理機制。它比口頭語言的心理生理機制簡單得多，並且可以更簡單地進行教育。

既然書寫過程如此容易，那就讓我們分析一下聽寫過程吧。在口語中，每一個發音動作都與聽到的單字相對應。聽寫過程也是類似，雖然我們沒有發現從聽到說之間的神祕傳承關係，但是書寫中涉及的動作比說話所需的動作簡單得多，而且它們涉及的肌肉動作比聲帶和舌頭的動作更為明顯。這些動作是外顯的，可以受到準備活動的直接影響。

這樣的動作練習在我的教育體系中有所展現，直接為書寫的手部動作做準備。兒童聽到一個單字時的心理衝動已經啟用了運動通道，並爆發為

第十七章　口頭語言

書寫的行為。書寫的真正困難在於對圖形符號的解釋，但我們必須記住，我們面對的是經歷了感知階段的兒童，他們的感覺、記憶和原始聯想都處於自然擴張階段。此外，兒童已經透過多樣的感官練習做好了準備，有條不紊地建立起思想和心理之間的連結，也為理解書面符號做好了準備。兒童如果能辨識出三角形，並稱之為三角形，就能認出字母 S，並用它的發音來稱呼它。這兩者之間沒什麼顯著差異。我們不妨擺脫偏見，訴諸經驗，就會意識到兒童可以輕鬆地辨識作為客體出現的書面符號，並帶有明顯的愉悅情緒。以此為開端，我們可以考慮兩種語言機制之間的關係。

根據我們的記錄，三四歲的兒童就已經開始說話了。但是，他正在經歷一個口語機制不斷完善的時期。在這段時間裡，他掌握了豐富的語言內容和全新的觀念。兒童在聽說過程中出錯，可能是因為他沒有聽到所讀單字的所有發音；即使他完全聽到了，也可能是不標準的發音。如果他能在掌握完美的語言能力之前，不斷訓練語言的運動通道並固定所需的動作，這對他來說就是有利的。如果他發展到了錯誤的習慣已經僵固並且很難改變的年齡層，運動機制上的缺陷就會難以糾正。

兒童想要達到這個目的，就必須知道如何分析單字。這就是為什麼我們在推進兒童的語言能力時，首先要訓練兒童的拼寫，然後再學習語法。同樣地，這也是為什麼我們完善他們的文筆時，首先要教他們語法，然後再進行文體分析。在這裡，我們要完善他們的表達能力，首先他們必須學會說話，才能分析他們所說的內容。因此，只有在兒童開始說話之後，我們才能分析和完善他們的語言。

然而，語法和文法不能簡單地在口頭語言中學習，而是需要書面語言的幫助，這樣人們才能看到要分析的文字，所以單字也需要寫下來才能進一步分析。對於轉瞬即逝的東西，我們無法對其進行真正的分析。語言的

具體化和固化是必要的。我們需要透過書面文字（圖形符號）來表達。書寫教學法中的第三個因素是構詞。這就需要藉助客體來分析，即透過字母來分析單字的構成。兒童聽到一個單字，就把它分解成簡單的聲音和音節，即把它轉移成用可移動的字母組成的單字。

兒童在學習說話時，可以不用聽到一個單字的所有組成音，但是學習與單字的單個發音相對應的圖形符號時，需要聽清楚所有的發音。我們為他準備了砂紙做的字母，讓他看到並觸摸到字母，也知道它相應的名稱，這可以幫助兒童在腦海中牢記字母的讀音。而且，他聽到的聲音還與另外兩種感知有關，即對文字元號的視覺和觸覺。這些額外的感覺加強了這一單字的聽覺表象。後面的圖已經解釋了這一過程，讓我們分別分析一下字母教學的三個階段。

第一階段：教師展示了一個字母：「這是 a、a、a。」因此，字母的視覺影像與聽覺影像建立連結，並固定在神經中樞裡。後來，教師立刻把子音和母音結合並讀出來，形成一個音節。這裡視覺表象也與相應的聽覺表象關聯和固定下來，如 ma、ma、ma。

教師轉而對兒童說：「摸一摸 a，摸一摸 ma。」兒童摸了摸 a，或 m 和 ma，像在書寫一樣臨摹它們。透過這種方式，兒童將手在觸摸字母時的動作形象固定在記憶中。這個新的動作形象與腦海中同一字母的視覺表象和聽覺表象相關聯。因此，口頭語言的聽覺區與書面語言的視覺和運動區之間建立起三重連結。

第二階段：教師重複問了很多遍「哪個是 a」、「指出 a」、「摸一摸 a」，或者她問「哪個是 m」、「哪個是 ma」。在第二階段，她一遍又一遍地重複同樣的練習，強化第一個階段已經建立起來的內在連結。這是一個承上啟下的階段。

第三階段：教師指著一個字母或一組音節，問兒童「這是什麼？」兒童回答說「a」、「m」或「ma」，說明已經建立起書面語言的視覺形象與口頭語言的運動區域之間的關聯。換句話說，發音是由字母的視覺和聽覺共同決定的，建立的關聯由兩個三角形 AC-VC-MCW 和 AC-VC-MCS 表示，這兩個三角形的共同基礎是兩個感覺區域之間的交點，即口頭語言的聽覺區和書面語言的視覺區之間的交點，而它們的頂點分別對應兩個運動區域，一個是語言運動區（MCS），另一個是書寫運動區（MCW）。

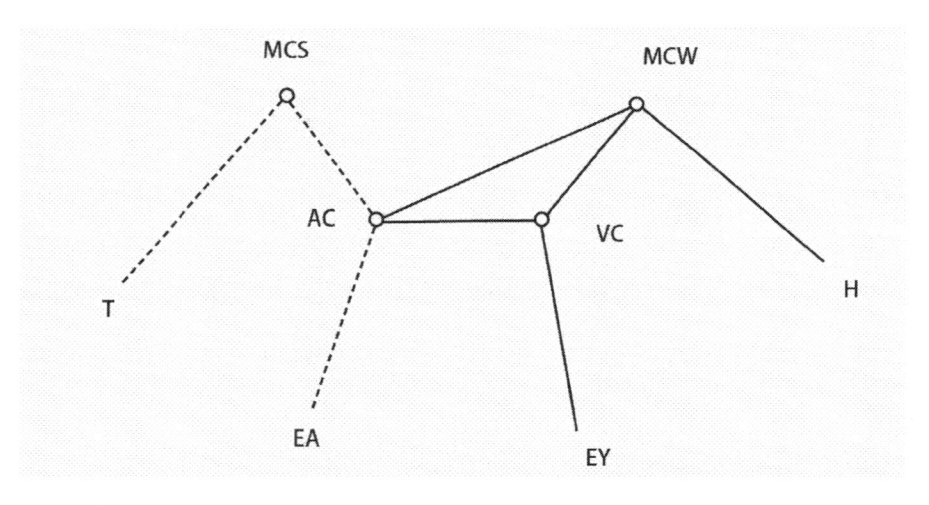

圖中語言的反射弧用虛線表示：

EA= 耳朵（Ear）

AC= 口頭語言的聽覺區（Auditory Center of the Spoken Word）

MCS= 口頭語言的運動區（Motor Center of the Spoken Word）

T= 舌頭，語言器官（Tongue, Organs of Speech）

MCW= 書面語言的運動區（Motor Center of Written Language）

H= 手（Hand）

EY= 眼睛（Eye）

VC= 書面語言的視覺區（Visual Center of Written Word）

眾所周知，在我們的教育方法中，原則上一節課只做一種練習，讓兒童自己一次又一次地重複。兒童長時間用手指臨摹砂紙上的字母，回憶起它們的聲音，並自己讀出來，最終在字母和單字的構成之間建立了一種機械式的連結。這一反覆練習的過程是一個真正的成長過程。在這段時間裡，字母的視覺表象、書寫所必需的動作表象以及聽覺與視覺表象的關聯，都會被固定下來。兒童也養成了分析書面語言和口頭語言的習慣。因此，我們可以將展示給兒童的字母視為鐘錶的發條，是鐘錶滴答作響的源頭，這比盒子裡的玩偶更能引起他的興趣，吸引他全神貫注於此。上述在多種表象之間建立連結的任務持續了 6 個月或更久，大約從 3 歲半到 4 歲，這一時期兒童的語言很容易被理解和分析，因為不久前兒童剛剛學會說話。

後來，4 歲多的兒童掌握了語言的分析機制，並將其運用到有趣的構詞任務中。然後，他才能掌握這些機制，並能將這兩種分析連結起來。由於進行了前面的練習，他能清楚地辨別單個單字的不同發音構成，幾乎能機械式地重組字母。於是，由字母按照一定順序構成的單字是口語的外部表現形式。教師可以像以前一樣，深入兒童內心的迷宮，讓兒童闡述自己的語言。教師可以幫助他在口頭和視覺上表達自己，這樣他就能提升他的口語和書寫能力。

同樣的機制也存在於非聲音語言中。兒童將字母代表的聲音與符號連繫在一起時，就可以更準確地分析和拼寫單字。拼寫練習的時間甚至比建立口語和書寫連結的練習時間還要長。一般來說，兒童學會正確地拼寫後，會突然開始書寫。然後，他可以重現幾乎聲音語言中所有的單字，以

第十七章　口頭語言

及相當多非聲音語言的單字。

口頭語言和書面語言之間的連結極其重要。書寫成為語言的第二種形式，並透過頻繁重複的練習與聲音連結在一起。傳統的教學方法認為書寫是獨立於聲音語言的。研究語音和音節的過程中會出現各種困難，就好像整個語言系統必須重新建構一樣。兒童語言系統從2歲起開始建構和使用，因此母語中的問題是一種自然發展的結果，儘管這一事實已經完全被人們忽視了。

我們可以分析一下我們的教學方法的優點。口語中的字母激發了人們對口頭語言的分析行為，而分析口頭語言的聲音構成能使學習過程輕鬆一些。一旦符號與聲音建立起連結，兒童就可以用字母重組他能記起的所有單字和他聽到的所有發音。符號和聲音之間建立簡單的連結之後，整個口語都可以用圖形符號來表達，這就直接帶來了書寫。

事實上，字母表中的字母數量很少。英語中只有26個字母，而這26個字母構成了字典裡出現的所有單字。因此，所有的單字都是由這些聲音中的一個或多個組成的。如果單字的發音與26個字母相互連結，那麼所有的語言都可以用字母符號來表示，兒童使用與聲音相對應的字母，就可以組成聲音語言的所有單字和許多非語音的單字。

兒童學習一個單字，無論長短，都需要付出努力。正如通常所說的，由音節產生的困難，追根究柢是將聲音轉換成符號的問題，即辨識符號的問題。像 pipe（管道）這樣構成簡單的詞，或像 strada（街道）這樣構成複雜的詞，難度基本上是相同的。因為，兒童的母語中已經存在這兩個詞了。這可以解釋為兒童已經成功地辨識了構成單字的不同聲音並對其進行分析。如果兒童成功地辨識出音節 stra 中包含的聲音，分別聽到 s-t-r-a，他就能寫出這個單字。

因此，我們的教育中只有一個真正的困難，也只有一件事要做，那就是對聲音進行一個內在的、心理上的分析。我們的教育方法教兒童用手去臨摹字母，消除了所有想像中的困難，而這些困難就是為了克服原本的困難而引入教學的。例如，人們通常認為，兒童寫 i、e、o 要比其他字母容易。但是，如果兒童以一種普遍的方式來練習手部動作，並且在所有的各種感官練習中都使用了這些手部動作，特別是在臨摹字母和繪製幾何圖形（我們稍後將談到）時，他也不難寫出單個字母甚至是單字的字母組合，這些是他感興趣的或者在書寫的幫助下記在腦海中的內容。突然之間，他開始書寫，立刻寫出整個句子，而不是簡單的、孤立的單字。

缺乏教育導致的語言缺陷

語言缺陷是由神經系統的畸形或病理缺陷等器質性原因造成的，但也有一部分是學習語言時的功能性缺陷，如口頭語言的發音錯誤。當兒童聽到一個單字發音不完全或有人發音不準確時，就會犯同樣的錯誤。方言導致的發音問題就屬於這一類缺陷，但也有一些是語言上的不良習慣，使兒童保留了幼兒時期語言的天然缺陷。或者，兒童還可能會模仿幼時身邊的人的語言缺陷。

兒童的語言缺陷是因為複雜的語言器官功能尚不健全，因而不能發出聲音，而聲音是這一先天功能的感官刺激。發音所需的動作是逐漸協調的，在此之前，兒童的發音是不完美的。這些發音上的不足被歸為「語言缺陷」，主要是因為兒童不能控制舌頭的運動，包括不能發出 sigmatism 裡的 s、rhotocism 裡的 r、lambdacism 裡的 l，以及 gammacism 裡的 g。兒童

第十七章　口頭語言

在發母音時會犯一些錯誤，如它們與子音一起發音時產生的錯誤，是因為他聽到的發音並不完整。

第一種情況是外周運動器官功能缺陷的問題，這是一種神經通路的功能缺陷，也就是說，其原因在於個體內部；第二種情況是由於聽覺刺激引起的，其原因在於外部環境。後者在青年和成人中普遍存在，儘管程度較輕，但也會產生口語和拼寫上的錯誤。

人類的語言有一種強大的魅力，一個不能完美說話的人，顯然不能贏得他人的尊敬。任何一種重視美學的教育都必須以精進口語為目標。希臘人把口頭表達的藝術傳給了羅馬人，但這並沒有被人文主義者所接受，他們更關心環境的美學和藝術作品的修復，而不是人類自身的完善。

今天，我們才剛剛開始透過教育糾正語言上的嚴重缺陷，如結巴；但我們的學校還沒有普及一種普遍的語言練習概念，以完善兒童的語言能力和審美意識。統計表明，語言缺陷普遍存在學生族群中。目前，一些聾啞教育的教師和一些提倡準確表達的智者正在嘗試將各式各樣的矯正方法引入小學，但效果甚微。兒童的練習基本上是保持沉默，使語言器官平靜下來休息，重複單個母音和子音以及練習呼吸。我們不在這裡詳細地描述練習過程，它們冗長而乏味，不適合學校的常規教學。但是，我的教育方法包含了所有用於糾正語言的練習。

（1）沉默練習使語言的神經通道做好準備，以便它們能完美地接受新的刺激。

（2）課程的不同階段包括教師對單字清晰明確的發音（尤其是與具體概念相關聯的名稱）。兒童念出物體的名字，已經構思出一個由單字（辨識對象）表示的物體的概念時，教師則會重複這些刺激。教師透過這種方式，刺激兒童對清晰和完整的聽覺刺激的反應。最後，教師鼓勵兒童大聲

重複單字，區分單字的每一部分發音。

（3）書寫練習會分析一個單字的發音，並使它們以多種方式分別重複。因此，當兒童學習字母以及拼寫時，兒童會重複這些字母的發音，並將其逐一翻譯成與聲音對應的字母。

我相信，目前存在的糾正語言缺陷的概念將會消失，取而代之的是更為合理的教學計畫。在「兒童之家」，在兒童語言形成階段，我們透過關心兒童的語言發展來避免這些缺陷的產生。之前描述的程式在無數的學校中頻繁得到驗證，因此，我能夠得出以下結論。

發展書面語言最有利的是兒童時期，大約在4歲，與語言發展相關的自然過程被充分啟用，即在敏感期，語言自然發展並固定下來。兒童對自身發展的敏感性激發了他學習字母的熱情，並促使他對單字的組成音進行聲音分析。後來，兒童到了六、七歲時，創造期就過去了，他對分析口頭語言或書面語言不再具有同樣濃厚的興趣。這就是為什麼年幼的兒童比年齡大一點的兒童進步更快、學得更好。他們不像年齡大一點的兒童那樣會感到無聊和疲倦，而是不斷地進行一項似乎能增強他們力量的活動。進一步的研究證實了這一令人驚訝的事實，還對兒童心理學產生重要作用，但它也明確指出語言應用過程中的必要的修正。

這項長期研究的結論是，書面語言在其機械性的層面可以直接與口語相互關聯，並作為從中實際衍生出來的另一種表達方式，尤其是在語言自然固定的時期（敏感期）。書面語言成為一種外在的手段引導和完善口語，並剔除原有的錯誤和缺陷，因此書寫有助於語言教學。聽寫和表達思想是智力的產物，因此找到了兩個相互結合的機制——口頭語言和書面語言。

上述經驗最終導致兒童學會閱讀長句子，句子中包含命令以執行一系列的動作。因此，兒童成長到能夠理解語言時，也就是五六歲時，就很容

第十七章　口頭語言

易培養出讀書的習慣。但是之後，他們取得了很大的進步。這些後來的經歷甚至超越了 4 歲兒童突然擁有書寫能力時的驚人奇蹟。兒童不斷進步甚至變得越來越早熟，使用的方法也比之前更加快捷和可靠，興趣也更加濃厚。

人們很難相信，2 歲以下的孩子能認出字母表中的 20 多個字母，認識超過五百個單字，3 歲時就開始學習語法和閱讀。這樣的奇蹟會引起人們的興趣和關注，就像 40 多年前，學術界第一次聽說聖洛倫索的「兒童之家」時一樣。

當然，我們應該寫一本新書來描述這些後來的成就，但是，我們只想寫在這本書裡。我們關注的是更年幼的孩子，也就是從出生到 3 歲。正是在這一時期，語言功能開始自然發展，大約在兒童 2 歲的時候第一次出現。語言在其發展過程中遵循一定的規律，後來習得的規則可以被稱為「語法」。這一點首先被斯特恩（William Stern）觀察並記錄下來，後來又被其他對心理學研究感興趣的人發現。

兒童首先開始學習名詞，即物體的名稱，其次是描述這些名詞的詞（形容詞），然後是介係詞（與物體的相對位置有關），最後是連接詞（表示物體之間的關係）。簡而言之，兒童第一次開始說話時，描述的是所處環境中的事物。然而，奇怪的是，兒童在 2 歲之前的幾個月裡，開始滔滔不絕地說很多話。他使用動詞、名詞和形容詞的正確形式，然後加上字首和字尾，最後他區分過去、現在和未來各種時態以及不同的人稱。後來，2 歲的兒童會適當地運用句法，把句子組合起來，並使之具有一定關係。

兒童對語言的語法分析建立在觀察的基礎上。事實上，人們如果不講求語法，就根本無法表達思想。值得注意的是，人們無論是否接受教育，就語音和語法結構而言，能擁有的唯一完美語言就是所謂的「母語」。因

此，兒童不僅學會了一種口頭語言，而且還是以一種特殊的方式學會的。他的說話方式是個人特徵，也是種族特徵，深深刻印在每個人的身上。我們在研究和思考這一奇妙的創造性現象時，意識到兒童的心理形態與我們有著很大區別，可以稱之為心理形態的「吸收性心智」。

兒童語言的天然發展過程表明，如果我們希望透過教育來促進兒童發展，就應該按照語法規則進行。正如我們在實驗的第一階段，書寫機制幫助我們把書面語言和語音結合起來一樣，這裡透過物體、遊戲和文字的方式，也可以幫助兒童提升口語，即聽寫，還包括表達思想的能力。

我們進行的第二次嘗試的成功遠遠超過了第一次。儘管我們最初使用的方法仍然被視為基本方法，但應該注意到兩者的區別：口頭語言不再僅僅因為它們可以複製到書面而變得重要，還因為它們的語法意義也很重要。因此，單字之間的結合不僅有助於將人們想說的話翻譯成書面語言，而且還可以讓人們發現句子的意義，這些句子是按照語法規則逐漸形成的。實驗的第二階段，有著比第一階段更重要和更令人驚訝的結果。

這一新發展的實際意義是，兒童在學習如何拼寫非聲音語言方面產生了顛覆性的革命。這裡，兒童的直覺在創造力的刺激下，開始發揮作用。因此，我們看到一年級兒童在沒有接受任何正式教育的情況下，憑直覺閱讀印刷體甚至哥德式字型。我們發現兒童透過簡單地使用物體和參與有吸引力的遊戲，直觀地閱讀母語中的非聲音單字。他們在這方面的興趣和努力，與驅使語言學家去研究古代紀念碑上未經解密的碑文類似。

兒童對閱讀的強烈興趣，可能是他們在人生最初幾年中無意識的獲得和發現。現在，我們可以給出幾個實際的例子來說明單字的語法規則。

名詞本身並不代表一種自然語言，就像我們從來不會簡單地使用「椅子」或「花」，但至少會說「這把椅子」、「那朵花」等。冠詞通常與名詞連

第十七章　口頭語言

用,同樣地,形容詞也常用於修飾名詞,以便與同類的其他物體區分開來,如「紅花」、「黃花」、「圓桌」、「大桌子」等。形容詞對兒童有非常明確的意義,幫助他們在感官練習中認識物體的屬性,學習諸如「厚」、「薄」、「小」、「大」、「深藍色」、「淺藍色」等的區別。顯然,這一時期的兒童進行的是腦力勞動,這將使他們意識到自己在不知不覺中獲得了什麼,並鼓勵他們對其進行放大和固化。我們的努力完整地說明了這一自然趨勢,瑪利歐·M. 蒙特梭利(Mario M. Montessori)在大約20年的觀察過程中,向我們展示了兒童智力發展的景象,他的作品可以說是一座真正的教育紀念碑。

毫無疑問,兒童從他們的環境中接受了大量的影響,這種自然本能幫助他們啟用內心的活躍熱情。這樣的教育才能真正幫助其心智的自然發展。不過,正如我們已經說過的,這需要幾卷書的篇幅才能解釋清楚,這裡不可能提供這項龐大工作的具體細節。值得注意的是,書面語言不僅能讓兒童提前獲得知識、語法和句法,這種語言還可以成為通識教育的載體。

教師必須蒐羅與日俱增的新名詞,滿足年輕受教育者的需求。這種渴望自然地在寫作中表現出來。從3至5歲,兒童的詞彙量從300增加到3,000或更多。這一事實已被心理學家們證實,然而,他們僅限於觀察、計算和記錄這種成長,而沒有指出幫助其自然發展的方法。

我們的教育方法還證明了另一個事實,並再次揭示了這樣一個事實,即兒童對外國單字也很感興趣,他們在用可移動的字母表來重現外來詞時,總會以一種令人驚訝的方式記住它們。這表明,兒童在敏感期(3至5歲)即使不理解單字,也傾向於累積單字。事實上,對兒童來說,所有的語言在他理解之前都是陌生的,而對它們的理解恰好是一種有意識的行

為，是對詞語的釐清、確認和儲存。

如果兒童有累積單字的傾向，這種傾向與理解單字的意義不同，那麼我們可能會在邏輯上提出一個問題：為什麼這麼多不同的、不連貫的單字要由教師教給兒童，而這個教師只是從她的記憶中提取出來？為什麼不讓醫生來整理一些兒童聽過的單字，並教他們一些科學術語呢？這項充滿驚喜的工作，也由馬力歐·M. 蒙特梭利有條不紊地進行。我們不使用各式各樣的隨機選擇的詞語，而是使用指代特殊類別的事物的術語。例如，脊椎動物的五個類別，動物的種類，葉、花、根，等等。在這種情況下，圖片是賦予生詞意義的必要材料。但除了圖片，我們還使用了真實的生物教兒童追隨自己的好奇心。

這些措施取得了很大的成功，使我們有可能設計出一種適合兒童智力水準的科學訓練，其結果令人驚訝。這類教學必須大大擴展範圍，超出最初確定的限制。令人驚訝的是，兒童喜歡分類和回憶分類。這證實了人們的猜測，即把單字組合在一起是一件很自然的事，單字應該按照其含義在頭腦中排列。因此，所有這些練習都有兩個極端假設。一是語法是內在的，決定了詞語在表達思想和語言結構上的排列順序。二是兒童需要一種秩序，根據這個順序可以對外部印象進行分類。

這一實驗已經遠遠超出了我們的預期，如今，孩子們以語言為嚮導，學習了大量生物學、地理學和天文學的知識。這些知識就像撒在肥沃田地裡的種子，如今在兒童頭腦中自然生長。這要歸功於大自然邀請兒童來獲得對世界的知識。

從心理學角度看待這種純粹的自然發展，人們會驚奇地發現，5 歲的兒童對外部世界有著廣泛的了解，他們以一種近乎神祕的方式認識文明的產物及其名稱。例如，他們能認識不同品牌的汽車，而他們的母親卻無法

第十七章　口頭語言

區分。斯特恩被這樣的事實震驚了,他總結道:「幾千年來,兒童像一個未知的存在一樣穿越了人類,但他擁有的精神本能使我們意識到他是文明鏈條的連結橋梁。」

第十八章
算術教學與數學入門

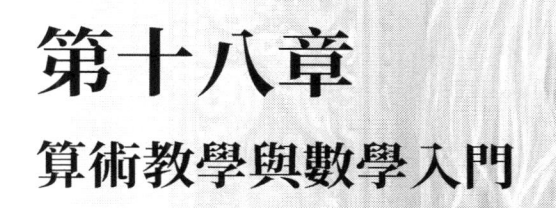

第十八章　算術教學與數學入門

　　我們在算術教學中使用的第一種教具是在長度感官教育中用到的 10 根木棒。木棒有 10 種不同的長度，最短的木棒長 4 英寸，第二根木棒長 8 英寸，依次類推，第十根的長度達到 40 英寸。但是，當這些木棒被用來教算術時，它們的顏色就不像判斷長度時那樣保持一致。相反，木棒上每 4 英寸為一段，交替地塗上紅色和藍色，因此可以根據木棒上的顏色計算節數。第一根木棒的編號是 1，其他的木棒依次為 2、3、4、5、6、7、8、9、10。這種教具的優點是，雖然每一根木棒都有獨立的數字編號，但木棒本身也有一定數量的節數。例如，5 號木棒代表數字 5，但是木棒上的顏色也可以區分出 5 節。這就幫助兒童克服了一個非常大的困難，那就是把一個個單位相加得到總數。如果教師使用其他形狀的小物體計數，如相同大小的小方塊，他在放下第一個時數「1」，在放下第二個時數「2」，那麼兒童每增加一個物體都會傾向於數 1，他會這樣數「1、1、1、1、1」，而不是「1、2、3、4、5」。

　　整體透過增加一個個新的單位而擴大，而且必須考慮到整體是不斷擴大的，這是 3 歲半到 4 歲的兒童學習數數的主要障礙。兒童將每個獨立的單位組合成一個整體，這個心理過程已經超出了兒童的能力範圍。事實上，許多兒童是透過背誦數字的自然順序來數數的，但是遇到與這些數字相對應的數量時，他們還是會感到困惑。對兒童來說，數手和數腳更具體，因為他們總能發現這些對象與一定的數量有關。他們知道自己有兩隻手和兩隻腳，卻很少能準確地數出一隻手的手指數量。他們成功做到這一點時，也總是很難知道為什麼會這樣。如果一隻手有五個手指，他們應該能對同樣有五個單位的物體數出「1、2、3、4、5」。這種困惑對一個成熟的頭腦來說不是問題，但在兒童早期階段的數數過程中，這確實是一個障礙。

　　兒童的思考方式具有極端精確和具體的特點，需要明確和精準的幫

助。當兒童開始使用數字棒時，我們看到，即使是年齡最小的兒童，也會對數數產生濃厚的興趣。

木棒的編號與數字對應，數字按照顏色單位的增加而增大。因此，它們不僅提供了一個絕對的數字概念，而且還提供了一個相對的數字概念。在感官練習中，我們已經研究了它們的大小比例。在這裡，我們用它們來數數，這為學習算術開了一個頭。這些木棒可以用於數字間的直接比較，也可以用於各種組合和對比。例如，我們把一根 1 節的木棒和一根 2 節的木棒連接起來，就產生了一根 3 節的木棒。我們將一根 3 節的木棒和一根 2 節的木棒連接起來，就可以得到一根 5 節的木棒。

然而，最有意思的練習是，兒童根據木棒的長度把它們接連放在一起，就像感官練習中做的那樣。結果是，它們像管風琴一樣排列時，紅色和藍色平齊，形成美麗的橫向條紋。然後，兒童把一根 1 節的最短的木棒放在 9 節的木棒的頂部，2 節的木棒放在 8 節的木棒的頂部，3 節的木棒放在 7 節的木棒的頂部，4 節的木棒放在 6 節的木棒的頂部，這樣就可以搭建出一組都包含 10 節的長木棒。

移動和連接不同單位長度的木棒，難道不是算術的啟蒙嗎？同時，以這種方式移動物體是一個令人愉快的遊戲，是智力遊戲而不是簡單的動作遊戲。兒童把一組獨立的單位看作兩個數字的總和，是將其心理能量投入到更高一級的加法運算中。一旦障礙被消除，兒童所有的心理能量就都會發揮作用，在年齡允許的範圍內，他們在學習方面的進步就會越來越大。

兒童開始讀寫時，發現學習代表數字的形狀很容易。我們給兒童一些用砂紙做的數字和字母卡片，他們透過用手指描畫形狀學會了如何寫數字，也學會了如何讀數字。當兒童學會了一張卡片後，卡片就被放在相應編號的木棒上。書面數字與數量的結合構成了一種練習，就像把一張寫有

第十八章　算術教學與數學入門

名字的卡片放在它所代表的物體上一樣。兒童一旦成功完成這項練習，就具備了完成一項長期任務的基本能力，接下來就可以靠自己繼續完成練習。兒童會寫下木棒的總數，與相應的數字形成對應關係。5 歲兒童有時會在筆記本上寫滿了數字。

木棒是兒童學習算數的教具，我們還使用了另外兩種教具。其中一種是對獨立的單位進行計數，並給兒童一個數字組的概念，同時，兒童眼前呈現以下數字的順序：0、1、2、3、4、5、6、7、8、9。這種教具，我們稱之為紡錘盤，它有多個隔間，每個隔間對應 10 個數字中的一個。這些隔間中放有相應數量的不同物體，從而形成一個集合。在這裡，我們使用的物體是木棒，它們看起來像紡錘一樣。

另一種教具是盒子裡的一組卡片，還有一些彩色的物體。這些卡片上分別寫著從 1 到 10 的數字，打亂放在一起，兒童必須先把它們按順序排列，代表他已經理解了數字的順序，並且他能夠辨識代表數字的符號。然後，他要在每個數字下面放上相應數量的彩色物體，兩個一排，依次向下排開，奇數和偶數之間的區別就會自動顯現出來。這就是我們認為的為計數和算術運算奠定基礎所必需的所有教具。

接下來是更詳細的描述，對教師會有實際幫助。兒童根據木棒的長度，把它們從上到下依次擺開。然後，兒童必須從 A 側到 B 側開始數紅色和藍色的節數，並記下每一節的編號。最長的木棒的每一節對應的編號為：1、2、3、4、5、6、7、8、9、10。木棒從短到長，從上到下，最終形成一個三角形。兒童由此驗證了一個事實，即三角形的每一邊都對應著數字 10。他會多次重複這個練習，因為他覺得這很有趣。

現在，辨識木棒長短的感官練習與計數練習結合起來。這些木棒在地板上或者桌子上混在一起。教師選出一個，讓兒童數它的節數（如 5 節），

而不是簡單地觀察。然後，教師告訴兒童：「給我下一個最長的。」兒童憑視覺就挑了出來，教師讓他把兩個木棒並排放在一起，數一數它們的節數來驗證是不是最長的。這樣的練習可以重複多次，透過這些練習，兒童可以學會給每一根木棒指定一個特定的名稱。現在，他稱它們為「一節的」、「兩節的」、「三節的」、「四節的」等。最後，簡單起見，他可能會在操作結束時稱它們為「1」、「2」、「3」、「4」等。

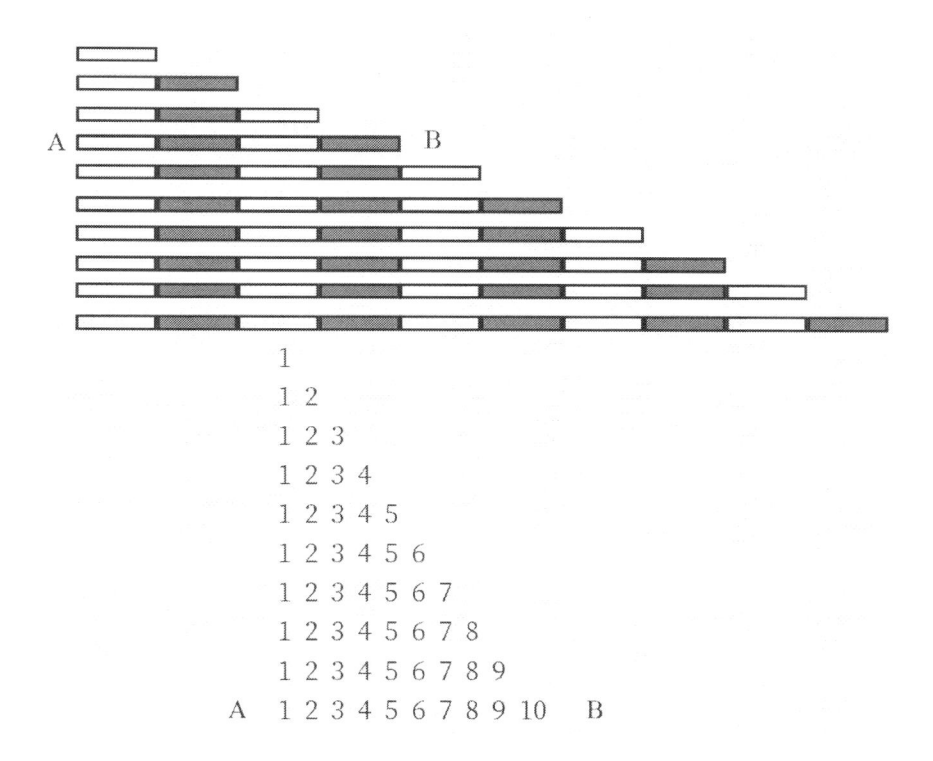

```
                    1
                    1 2
                    1 2 3
                    1 2 3 4
                    1 2 3 4 5
                    1 2 3 4 5 6
                    1 2 3 4 5 6 7
                    1 2 3 4 5 6 7 8
                    1 2 3 4 5 6 7 8 9
               A    1 2 3 4 5 6 7 8 9 10    B
```

用圖形符號表示數字。如果兒童知道怎麼書寫，教師就會讓他用砂紙上剪下的數字進行練習，就像之前讓他練習書寫時那樣。這裡也會根據三個不同的階段提出不同的要求：教給兒童「這是 1」、「這是 2」；提出要求「給我 1」、「給我 2」；提問「這是什麼數字？」兒童必須用手指描畫數字，

第十八章　算術教學與數學入門

就像之前描畫字母一樣。

數字練習：把數字元號與數量連結起來。我已經為這些數字準備了兩個箱子，每一個箱子都有一個水平托盤，底部用小小的凸起分成五個隔間，可以在其中放置物體。第二個托盤垂直放置，與第一個托盤成直角，也被垂直線分為五個部分，在每個隔間裡都有一個數字。在第一個托盤中，數字是 0、1、2、3、4，在第二個托盤中，數字是 5、6、7、8、9。

這個練習很簡單，就是在水平面的區域內放置與垂面對上的數字相對應數量的物體。為了改變練習，我們會給兒童不同的小物體，如我們自制的小紡錘，福祿貝爾的立方體，還有用來玩跳棋的小圓盤。兒童要把眼前的物體放在它們的位置上，也就是說，把一個圓盤放在數字 1 附近，兩個圓盤放在數字 2 附近，等等。當兒童完成任務並認為自己成功了，他就讓教師考核。

關於零的課程。我們等著兒童指著零號隔間問：「那裡我應該放什麼？」然後我們回答說：「什麼都沒有，0 就是什麼都沒有。」但這還不夠，我們必須讓兒童意識到 0 是什麼都沒有。為此，我們使用了兒童非常感興趣的練習。他們坐在小椅子上圍著我時，我轉向其中一個已經做過數字練習的孩子說：「來吧，親愛的，來找我 0 次。」他幾乎總是跑過來然後回到他的位子。「但是，孩子，你來找過我一次了，我告訴你的是 0 次。」「那我該怎麼辦呢？」「一次都沒有，因為 0 就是什麼都沒有。」「但我怎麼能什麼都不做呢？」「就是什麼都不要做。你必須坐著不動。你不能動，一次也不能過來。0 次意味著一次都沒有。」

我們重複這樣的練習。「親愛的孩子們，給我 0 次飛吻。」他們顫抖著，微笑著，靜靜地站著。「你們聽到了嗎？給我 0 個吻，0 個吻。」我用近乎激動的語氣重複。然後，我停下來，壓低聲音，彷彿對他們的笑聲感

到生氣，嚴厲地甚至略帶威脅地對他們其中一個人說：「你，過來，0次！我告訴你，過來這裡，0次！你明白嗎？我在和你說話。來這裡，0次！」他沒有動，笑聲更響亮了。我改變了態度，先是懇求，然後是威脅。最終，我傷心地嘆了口氣，「可是，你為什麼不來呢？你為什麼不來？」所有人都大聲喊叫，眼睛裡閃著光芒，幾乎笑出了眼淚：「0什麼都不是！0什麼都沒有！」「啊，是這樣嗎？」我平靜地微笑著，「那你們所有人都來找我，給我一個吻！」他們都衝上來圍著我。當稍後我們寫數字時，我們會在寫0的時候說：「0好像是大寫的字母O，是字母O嗎？」「不，它不是O。0是什麼都沒有。」

記憶數字的練習。兒童認識這些數字並明白它們的含義後，我讓他們完成以下練習。我有各式各樣的紙，每一張紙上都有印刷或手寫的數字0到9。為此，我經常從日曆上剪下數字。如果可能的話，我更希望這些數字是紅色的。我把數字剪下來，摺好放在一個盒子裡，讓兒童抽取。他們抽出其中一張，拿回到位子上，偷偷地看了看，然後把它折了起來，保持神祕。然後，拿到數字的兒童，自然是年長一些的能認出數字的兒童，一個接一個地，甚至是成群地來到教師的桌子前。那裡堆放著不同的物體，可能有立方體，或福祿貝爾的積木，或我設計的用於練習重量感的方塊。每個人都要取走與紙條上的數字相應數量的物體。然而，那張寫著數字的紙條卻留在了兒童的位子上，被神祕地摺疊起來。因此，兒童必須記住他的數字，不僅是在他和同伴一起走近大桌子時，也是在他逐一數著撿出物體時。教師可以在這時候對兒童的記憶進行有趣的觀察。

兒童拿走這些東西後，把它們排成兩列放在桌子上，如果數字是奇數，多餘的物體就放在最下面，最後一排兩個物體的中間。因此，9個物體的排列如下（×代表一個單位）：

第十八章　算術教學與數學入門

```
○    ○    ○    ○    ○    ○    ○    ○    ○    ○
×   ××   ××   ××   ××   ××   ××   ××   ××   ××
          ×   ××   ××   ××   ××   ××   ××   ××
                    ×   ××   ××   ××   ××   ××
                              ×   ××   ××   ××
                                        ×   ××
                                              ×
```

　　兒童必須把摺疊好的紙條放在標有小圓圈的地方。完成操作後，他等著教師來檢查他的工作。教師過來，開啟紙條，看了一遍。如果沒有出錯，教師會表示很滿意。

　　剛開始，兒童拿走的東西的數量經常會比他抽到的紙條上的數字多。發生這種事，不是因為他不記得數字，而是因為他狂熱的占有慾。這是一種本能的驅使，是原始的和未受過教育的人的特點。教師試圖向兒童解釋，從桌子上取走那麼多東西沒用，這個遊戲真正美妙的地方在於準確地拿走指定數量的物體。兒童逐漸領會了這個道理，但並不像人們想像得那麼容易。他必須努力克制自己，拿走規定數量的物體。哪怕看到同伴拿走很多東西，他也只能按照規定拿走兩件。因此，我把這個遊戲視為意志力的鍛鍊，而不僅僅是算術課程。

　　兒童抽到數字0時，不會離開座位，看著所有的同伴站了起來，從遠處那堆他不能動的物體中拿走一些東西。很多時候，0會被一些很會數數的兒童抽到，原本他們會興高采烈地把一組精美的物品按順序擺放在桌子上，這樣他們就可以自豪且自信地等待教師的確認。而現在，我們可以研究一下他們臉上的表情。他們的反應相當程度上展示了他們的性格，有一些人無動於衷，挺起胸膛，從而掩蓋內心幻滅的痛苦；有一些人則突然表現出失望的樣子；有一些人會因自己的處境露出難以掩飾的笑容，引起其

他人的好奇心；另有一些人會帶著一點嫉妒和明顯的模仿慾望，跟隨同伴的所有動作直到練習結束，還有一些人則立即表現出一副無所謂的樣子。

教師在核對兒童抽到的數字時，兒童承認自己抽到 0 時的表情也很有趣。「你抽到的數字是什麼？你拿走了什麼東西嗎？」常見的回答是「我抽到了 0」「是 0，我什麼都沒拿」。但是他們臉上表情複雜，語音語調裡流露出截然不同的感覺。很少有人坦誠地承認自己與他人的選擇不同，大多數人都會憂慮或順從。

但我們必須給予他們一些行為上的訓練，「看，保守 0 的祕密是很困難的。它可能會逃離你，就像是你不在乎。別讓任何人知道你什麼都沒有。」事實上，過了一段時間，兒童的驕傲和自尊就會占上風，開始習慣於抽到 0 或很小的數字。他們不再感到不安，而是故意掩飾最初的慍怒。

20 以內的加減乘除。我們用來教算術運算的教具和用來教數數的教具是一樣的，即不同長度的木棒，這其中已經包含了十進位制的雛形。正如我們已經注意到的，這些木棒是用它們所代表的數字的名字來命名的，如 1、2、3、4 等。它們的長度按數字順序進行排列。

在第一個練習中，兒童試著把較短的木棒重新組合成具有 10 節的木棒。最簡單的方法是取出一組木棒中最短的那根，然後把它和最長的那根連接起來。再依次取出剩餘木棒中最長的和最短的兩根，做出「取 1 加 9」、「取 2 加 8」、「取 3 加 7」、「取 4 加 6」的指令。用這種方法組合起來的木棒都有 10 節。這樣的話就留下了 5，我們把它垂直翻轉，就到了 10 的另一端，這表明兩個 5 相加等於 10。

兒童一遍又一遍地重複練習，逐步學會了用更專業的語言來描述，如「9 加 1 等於 10」、「8 加 2 等於 10」、「7 加 3 等於 10」、「6 加 4 等於 10」，最後，「2 乘 5 等於 10」。最後，我們教兒童「加」、「等於」和「乘」的符號，

第十八章　算術教學與數學入門

並請他們寫下來。結果就是，我們的小傢伙們在筆記本上整齊地記下：

9+1=10

8+2=10

7+3=10

6+4=10

5×2=10

兒童把這一部分知識學得很透澈，記錄在紙上，並為此感到高興。這時，他們的注意力就會轉移到要把 10 節的木棒拆開來。從最後一組 10 個單位長度開始，拿走 4 節還剩下 6 節。從下一組中，拿走 3 節還剩下 7 節。然後下一組，拿走 2 節還剩下 8 節。最後一組，拿走 1 節還剩下 9 節。然後，我們更準確地描述，「10-4=6」、「10-3=7」「10-2=8」「10-1=9」。至於剩下的 5，是 10 的一半，如果我們把一長根木棒切成兩等份，那就是 10÷2=5。用文字記錄下來，就是如下內容。

10-4=6

10-3=7

10-2=8

10-1=9

10÷2=5

一旦掌握了這些練習，兒童就可以自己嘗試新的練習。我們能用兩根木棒拼成 3 嗎？讓我們把 1 放在 2 上，然後記下我們的操作，寫為 2+1=3。我們可以用兩根木棒拼成 4 嗎？3+1=4，4-3=1，4-1=3。

兩根木棒可以組成 4，這與之前的兩個 5 組成 10 是一樣的。如果把這個操作倒過來，算式就會不同，就有了 4÷2=2 和 2×2=4。因此，我們

可以思考一下，這個遊戲還可以有多少種玩法？就是 2×2=4；3×2=6；4×2=8；5×2=10；10÷2=5；8÷2=4；6÷2=3；4÷2=2。

我們發現在玩計數遊戲過程中使用的矩陣可以幫助我們。

	2		4		6		8		10
×	××	××	××	××	××	××	××	××	××
		×	××	××	××	××	××	××	××
				×	××	××	××	××	××
						×	××	××	××
								×	××

從它們的排列中，我們可以立即看出哪些數字可以被 2 整除，即那些底部沒有多餘符號的數字。這些是偶數，因為它們可以成對排列，也就是兩個一組地排列，意味著可以被 2 整除，把數字下面的符號分成完整的兩列。我們可以計算每列符號的數量，得到數字除以 2 的結果。如果我們要重現原始數字，只需將兩列的符號再次組合在一起，如 2×3=6。

5 歲兒童並不覺得這有什麼困難。很快，重複的練習就開始變得枯燥。但是，是什麼阻止我們增加練習的難度呢？我們還是用一組 10 節的木棒，這次不是把 1 放在 9 上而是放在 10 上，2 放在 9 上而不是放在 8 上，3 放在 8 上而不是放在 7 上。也可以是，2 放在 10 上，3 放在 9 上，4 放在 8 上。這時，最終的長度會大於 10，因此，我們必須學習新的命名方式，如 11、12、13 等，直到 20。

我們為什麼要把算術矩陣限制在數字 9 以內呢？數字 9 確實太小了。運算學習超過 10 之後，孩子們會毫無障礙地繼續學習到 20。唯一的困難在十進位，這需要幾節課來教。

十進位課程。10 以上的算術計算，需要用到的教具包括各式各樣的

第十八章　算術教學與數學入門

正方形卡片，上面印著的數字 10 有 1.5 英寸或 2 英寸高，其他矩形卡片的寬度為正方形的一半，卡片上印著 1 到 9 的數字，按照大小排成一行。儘管有了更多的數字，但我們還是得從 1 開始。就像我們沿著臺階數到 9 時，還需要繼續數下去，但是已經沒有更多數字可以用了。於是，我們從 1 來表示，但會把這個 1 放在更高的位置，與另一部分割槽分開來。我們在它旁邊放一個代表什麼都沒有的數字 0，於是就有了 10。然後，我們用不同的數字按順序取代 0，就得到了 11、12、13、14、15、16、17、18、19。這些數字是在原來的基礎上加上十位數的 1 而構成的，而不是本的 1、2、3 等，直到我們最後把 9 放在 1 旁邊，從而得到一根非常長的木棒，數一下交替的藍色和紅色節數，發現最終會達到 19。

因此，教師可以指導學生連接木棒的長度，展示寫著 10 的卡片，然後在 0 的位置放上相應的數字，如在個位數位置放上 6，就有了 16。教師拿走 6，再放另一張寫著數字 8 的卡片，這個數就是 18。兒童拿掉 6 號木棒，用 8 號木棒代替。這些練習可以用書面形式寫下來，如 10+6=16、10+8=18，等等。減法將以類似的方式進行。

兒童開始對數字的含義有了明確的理解，數字是由單獨的卡片組合構成的。個位數和十位數分別寫在兩張矩形卡片上，如圖 A 和圖 B 所示，帶有 1 到 9 數字的卡片可以分別放在十位數和個位數上。

在圖 A 中，第一列卡片的第二個 10 的位置上，個位數 0 的位置換上 1，下面的換上 2，依次類推。因此，雖然兩列數字中左邊的 1 保持不變，但右邊的數字從 0 到 9 不等。

在圖 B 中，則更加複雜。第一列放上標有 0 到 9 的獨立數字的卡片，因此十位數上是 1 到 9 遞增。當十位數達到 9 時，我們有必要繼續到下一個 10，並繼續該過程，直到達到 100。

	———				
	10	———		———	
	10	11		10	
	10	12		20	
	10	13		30	
	10	14		40	
A	10	15	B	50	
	10	16		60	
	10	17		70	
	10	18		80	
	10	19		90	
	———	———		———	

「兒童之家」的孩子們幾乎都能數到100，這是對他們表現出的好奇心的獎勵。我認為這種教學方法不需要再做進一步的說明。

第十八章　算術教學與數學入門

第十九章
算術的進一步發展

第十九章 算術的進一步發展

對我們來說很重要的事情是，兒童應該能夠從 1 數到 100，並能夠進行與此操作有關的練習。這是將初等數學的理論和簡單的計算結合起來，特別是給兒童提供了一種更合理的算術方法，而不是基於死記硬背。20 多年來，我們的教學僅限於這些練習。總地來說，和其他人一樣，我認為算術很難學，期望兒童在這麼小的年紀就學會算術是不切實際的想法。

事實上，經驗表明，兒童對算術的興趣，與他們對書面語言的熱情和所取得的驚人成績相比，是微乎其微的。兒童對語言研究的濃厚興趣，顯然證實了人們對算術普遍存在的艱深和枯燥的偏見。

與此同時，我為小學高年級的學生準備的學習材料，很快就試著擴展應用在年齡較小一點的學生身上，也產生了相當顯著的效果。兒童擺弄幾何圖形和可移動的物體，使用「串珠」或彩色玻璃製成的棒或棍，表示從 1 到 10 的數字。珠子每 10 個一串，10 串就能擺成一個包含 100 個珠子的正方形。最後，10 個正方形疊放起來，構成了一個立方體，珠子的個數是 10 的立方，也就是 1 000。我們的教育方法應用於普通學校兒童的教育中，並在《高級蒙特梭利教學法》一書中進行了詳細描述。

現在，幾個 4 歲左右的兒童被這些漂亮的東西吸引。令我們非常驚訝的是，他們開始使用它們，就像他們觀察到的年齡稍大的兒童所做的那樣。這樣做的結果是大大提高了兒童對數字的熱情，尤其是對十進位制的熱情，以至於算術實際上成了他們最喜歡的練習之一。4 歲的兒童可以理解的數字高達 1 000。後來，5 歲到 6 歲的兒童取得了如此顯著的進步，以至於如今 6 歲的兒童可以對四位數進行四種運算。

馬力歐·M. 蒙特梭利幫助開發了這一教育方法，兒童可以組合出 2、3 甚至 4 的平方。此外，他還向兒童展示了如何組合數字木棒，使他們能夠解決簡單的數學問題。

顯然，兒童在這些練習中獲得了很多樂趣，以及擺弄小物體的能力，這促使我製造了一些類似於福祿貝爾發明的著名的「材料」——把立方體和長方體組合成一個正方體。然而，我並沒有把所有的立方體和方塊都做得一模一樣，而是將一個邊長大約 4 英寸的正方體切成兩個不等的部分，然後再將每個部分切成三個不等的部分。這樣，大的立方體就變成了小的立方體和各種形狀的長方體，體積可以用二項式和三項式的代數方法表示。不同立方體和長方體大小相等的一面具有相同的顏色，同一個長方體不同的面顏色不同。

　　因此，當兒童開啟盒子時，看到的是一整個立方體，由不同的小立方體和長方體組合而成，被塗上多種顏色。例如，在三項式中，有三個不同大小的立方體被塗成不同的顏色；一組長方體的方形面被塗上與立方體相同的顏色，如綠色；還有一組三個長方體也有方形面，但大小跟綠色的不同，被塗成黃色；另外三個長方體的方形面，與之前兩組不同，被塗成藍色；最後六個長方體，矩形面都被塗成黑色。前面提到的三組長方體的矩形面也是黑色的。這些彩色的小東西讓兒童著迷，他必須首先根據顏色把它們分組，然後以各種方式排列組合，編出一個小故事。在這個故事裡，三個立方體是三位國王，每個國王都有一個和另外兩個國王相同的警衛，警衛穿著黑色的衣服。這種材料可以獲得很好的學習效果，其中一個是如下的代數公式： $a^3+3a^2b+3a^2c+b^3+3b^2a+3b^2c+c^3+3c^2a+3c^2b+6abc$。

　　最後，兒童將立方體按一定的順序放回盒子，從而重構出一個多種顏色的大立方體 $(a+b+c)^3$。兒童在擺弄這種材料的過程中，會對物體的排列形成一種視覺印象，從而記住它們的數量和順序。這些物體提供的視覺印象為心理發展提供了物質基礎。對 4 歲兒童來說，沒有什麼東西比這個更有吸引力了。後來，根據他們對自己的國王的印象，把不同的物體分別

第十九章　算術的進一步發展

命名為 a、b、c，並把它們的名字寫下來。5 歲的兒童，當然還有 6 歲的兒童，就能儲存起相關的記憶。讓他們在頭腦中記住三項式的代數公式，而不用藉助任何材料，因為他們在視覺記憶中確定了各種物體的排列組合。這給我們提供了一些在實踐中實現的可能性。

所有這些算術和代數原理的教學，都是透過輔助記憶的卡片和其他材料來完成的，其結果看起來很奇妙。它們表明，算術教學應該發生徹底的轉變，應該從感知開始，建立在對具體物體的認知基礎上。很明顯，這些 6 歲的孩子進入一所普通學校，看到其他人開始數 1、2、3 時，會發現自己格格不入。如果他們要繼續在學習上取得長足進步，我們就必須對小學教育進行徹底的改革。

在這種教育體系中，兒童不斷地用手移動物體，積極地鍛鍊感官，同時這種教育體系也考慮到了兒童特殊的數學能力。當他們不再依賴這些材料時，兒童很容易達到他們書寫的水準。因此，兒童進行抽象的心理操作，能夠獲得一種自然的、自發的心理運算傾向。例如，一個英國孩子和他母親一起從倫敦的一輛電車上下來時，孩子說：「如果他們都吐了口痰，罰款將達到 34 英鎊。」因為他注意到一個牌子上寫著，任何人在電車裡吐痰，都要被處以一定數額的罰款。然後他花時間在腦子裡計算出罰款總額，並把先令轉換成英鎊。

第二十章

繪畫與表現藝術

第二十章　繪畫與表現藝術

　　我們所謂的「繪畫」練習，事實上是為了訓練雙手，以便準備書寫。這些練習被當作複雜準備工作的一部分，透過這種準備，兒童的小手儘管動作還不穩定，但已經可以畫出文字的筆畫。正如我們在書寫所需的動作練習中看到的那樣，這些結構或筆畫是彼此分離的，以便以後組合在一起。就寫作的發展而言，這種組合能力是「爆炸式」的發展，有時我們可能會發現它與其他更一般性的組合能力結合在一起。我們已經描述過為寫作做準備的特殊類型的描畫，後來也成為藝術和繪畫的基礎。就其本身而言，它既不是繪畫，也不是寫作，而是對兩者的入門。

　　關於自由繪畫，現在有許多不同的觀點，很多人驚訝於我對兒童繪畫設定的嚴格限制。我要求兒童畫出幾何圖形，然後用一種特殊的方式拿著鉛筆填塗，或者用彩色鉛筆填塗已經畫好的輪廓。為了更容易理解這樣的練習，我不得不強調一個事實，即我所描述的繪畫過程只是書寫分析的要素之一。

　　所謂的「自由繪畫」在我的教育體系中並未有一席之地。我盡量避免開展那些無效的、不成熟的、耗費精力的繪畫，儘管這些在今天所謂的「先進」學校很流行。儘管如此，我們的孩子仍然會畫人物和裝飾圖案，但要比那些被稱為「自由繪畫」的奇怪塗鴉要清晰、協調得多，後者那些難以理解的畫作還需要兒童去解釋它的含義。我們沒有教過兒童繪畫和構圖，但是我們的孩子大都知道如何畫出令人讚嘆的花鳥、風景，甚至想像的場景。

　　我們的孩子經常用圖畫裝飾書寫或算術的紙張，有時還會在算術紙上新增一些文字符號，或用一個奇妙的裝飾邊框將其包圍，甚至用幾何形狀作為頁面的邊框，或者在幾何圖形的輪廓加上裝飾性的圖案。因此，我們不得不得出這樣的結論：手和感官的準備自然有助於書寫和繪畫的表達。我們教兒

童畫畫不單純是為了畫畫，更是讓他有機會訓練表達方式。我認為這對自由繪畫有很大的幫助，因為它高效簡潔，於是我鼓勵兒童繼續畫畫。

　　繪畫的另一種作用展現在對學習過程的幫助上，包括降低分析物體的難度。繪圖本身包含各種元素，如輪廓和顏色。我們讓兒童描繪出圖形的輪廓，並用線條填塗圖形，透過訓練肌肉控制來讓他的雙手做好書寫的準備。至於顏色，他可以選擇使用畫筆和水彩。有了這些工具，他甚至無須先畫出輪廓就能作畫。我們也為兒童提供粉彩，並教他們如何使用。最後，藝術作品也可以用色紙剪出來，就像著名的德國物理化學家奧斯華德（Wilhelm Ostwald）所做的那樣。至於紙張，我們也是根據顏色科學地準備，分類地使用，使兒童能夠欣賞到和諧的配色。線條和色彩，這兩個獨立的元素在個體選擇和使用過程中是相互獨立的。個體成功地表達自己，最終需要將這兩個元素結合起來。

　　因此，個體的教育是透過自身自發的努力而完善的，無須他人干涉。事實上，干涉兒童已經完成的工作反而會對其發展產生阻礙，直接教兒童畫畫，會抑制兒童表達的內驅力。我們的教育方法被稱為「間接教育法」，兒童接受這樣的教育，就會變得越來越有能力表達自己。他們畫了成百上千張畫，有時一天畫十多幅，像書寫一樣不知疲倦。

　　然而，這並不意味著兒童在繪畫方面的進步會像書寫上的進步一樣無限期地持續下去，繪畫也並不代表著兒童都會成為藝術家。兒童無一例外都會在某一時刻喪失對繪畫的興趣；而另一種興趣，如書寫，則會被他們優先選擇。人們經常能觀察到兒童繪畫興趣下降，特別是那些對藝術感興趣的心理學家。例如，西澤克在維也納著名的自由藝術學校注意到，許多兒童似乎對藝術工作有著真摯的熱情，並且具有相當的藝術天賦，卻突然失去了對藝術的興趣，不再有進一步的發展。專門研究藝術的心理學家雷

第二十章　繪畫與表現藝術

維斯博士根據自己的經驗提出：「有些孩子，隨著表達能力的提升，變得越來越成熟，甚至完全放棄繪畫，不是因為對繪畫失去興趣，就是因為缺乏藝術天賦，或者是因為他們專注於其他事情。」

例如，人們經常注意到，那些對音樂有特殊天賦、對數學和邏輯等抽象學科有強烈興趣的兒童根本不會將注意力放在繪畫上，或者乾脆就放棄了繪畫。從心理學的角度對一個真正的音樂天才的孩子進行深入研究，我們就會發現他的繪畫作品與同一時期創作的音樂作品相比明顯遜色多了，這清楚地證明了我們剛才的說法。

這可能就是為什麼我們的孩子在對書寫產生強烈興趣時，會放棄之前長時間的繪畫。直到後來，掌握了書寫後，他們才會重新開始在書頁的空白處畫上裝飾。但是，如果兒童被賦予了藝術天賦，那麼他就會完全被藝術吸引，成長為一名藝術家，就像喬托（Giotto di Bondone）一樣。原始人在洞穴的牆壁上畫出令人驚嘆的動物彩色畫，已經向我們表明，人類繪畫的藝術天賦自人類誕生之初就存在。所以，這些美麗的圖畫不僅僅是一種表達方式或交流思想的手段。

正如人們普遍認為的那樣，繪畫是思想的表達。簡而言之，自我表達的本能尋找一種表現自己的方式，並且可能至少選擇兩種不同方式中的一種。一種是透過書寫，另一種是透過表達性的藝術形式。但是，在大多數情況下，兒童的繪畫是一種無法否認的傾向，與任何先天的藝術天賦或對藝術的極端熱愛無關。這是一種用圖形完成的書寫，當兒童無法表達他與周圍環境接觸過程中產生的想法和感受時，就會藉助圖形來完成。正如我們所見，兒童的雙手成為一種交流工具，用雙手來繪畫，就像用嘴不斷地說話一樣。他會用自己的聲帶和雙手來表達自己，展現自己都沒有意識到的潛在傾向。

歷史讓我們知道，書寫最初就是繪畫，即像形文字。史前人類最初的象形文字與兒童的自由繪畫類似，特別是在人物形象的表現上。這些奇怪的圖畫有一個非常明確的目的，那就是透過一種不同於人類聲音的方式與其他人交流。原始象形文字之後是一個過渡時期。在逐漸發展的過程中，人們發明了音節符號的繪製方法。許多符號是難以理解的，就像許多兒童的圖畫那樣，因此，這種文字也是很難理解的。每一種文化都在不斷發展的過程中創造了自己的符號體系，文字也最終成為種族的特色，正如我們在埃及和西臺帝國的象形文字中看到的那樣。最後，隨著字母表的出現，圖形被簡化了，它們不再代表思想或音節，而是構成口語的簡單音節。一種簡單的書寫方式被固定下來，準確地再現了口語。這就好像大腦傳承了用手和嘴表達自己的全部能力。

　　我們可以得出結論，教兒童畫畫的最好方法不是讓他完全自由，而是訓練他的雙手，為其自然發展提供外在輔助。真正的天賦自然會被顯現出來，兒童的繪畫不會受到幫助他的課程的阻礙，不會扼殺他對繪畫的天生興趣。兒童放棄用手表達自己，就會妨礙繪畫的自由發展。為了避免這種損失，我們應該豐富他的環境，並間接地讓他的手以最好的方式來履行它的功能。眼睛更準確地觀察事物，發現隱藏在自然物體中的美，手則變得更加熟練和靈活。兒童將實現自然的發展目標，透過進行繪畫技巧所需的訓練來使他過上更幸福的生活。

　　雷維斯博士談到我們的方法，並回應了在「自由繪畫」這一問題上遭受的普遍批評，他認為：「蒙特梭利學校並不抑制自由繪畫，而是讓兒童在發展色彩感和形式感、不斷訓練手和眼睛的過程中，找到最大的樂趣。」手的教育尤為重要，因為手是心靈的器官，是人類智力用來表達自己的手段。

第二十章 繪畫與表現藝術

　　卡茲博士對手部的功能進行了一項特殊的心理學研究，他觀察到：「蒙特梭利方法致力於發展手部的功能，非常清楚地彰顯了這個器官驚人的多功能性。經過十幾年的研究，我意識到了這一觸摸和運動器官的非凡敏感性。手是人類智力得以表達和文明得以進步的途徑。沒有手，任何智慧生物，即使比其他生物具有天然的優越性，也不可能在地球上生存下來。手是一種表達器官，在藝術創作領域，它幾乎占據了第一位。在嬰兒早期，手幫助智力發展，而對一個成熟的人而言，這是控制他在地球上的命運的工具。」

第二十一章

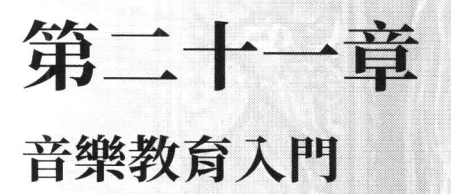

音樂教育入門

第二十一章　音樂教育入門

　　本書僅對音樂教育做了簡要描述，並不是因為對音樂教育的地位缺乏了解，而是因為年幼的孩子對音樂的了解最多是入門的程度。兒童到了一定年齡，才會對音樂產生真正的興趣。此外，音樂教育的成功相當程度上取決於他們聽了大量的音樂，周圍環境必須能夠喚起他們對音樂的感受和理解。在一所對所有人開放的學校裡，不可能有樂器演奏得很好的人，也不可能為兒童提供專業的樂器，就像多爾梅奇（Arnold Dolmetsch）為他傑出的兒童管絃樂隊製作的那些樂器一樣。然而，在蒙特梭利教育模式下，音樂教育有了科學的開展。這裡的兒童可以自由選擇，也可以自由表達。

　　麥克切羅尼小姐已經在這方面做了一些優秀的實驗，她在《蒙特梭利進階教學法Ⅱ》（*The Advanced Montessori Method : The Montessori Elementary Material*）一書中發表了部分內容。勞倫斯·班傑明在倫敦和維也納著名音樂家的幫助下，在這方面做出了一些重要貢獻，其中最重要的貢獻是從許多不同國家的民謠和古典音樂中精心挑選了一些曲目，而這些曲目是在維也納的蒙特梭利示範學校經過幾年的實驗後選定的。

　　我們可以快速回顧一下與音樂教育相關的各種要素。

　　節奏和韻律練習。在藝術體操練習中，有很多運動器官的練習，如「直線行走」。透過這一練習，兒童獲得了完美的平衡感，同時學會了如何控制手和腳的動作。這一運動緩慢而連續，可以透過引入音樂將練習進行下去。一旦兒童掌握了平衡，就可以開始進行節奏教育。許多搖籃曲的節奏與這種動作節奏類似，為這些緩慢而均勻的動作提供了適當的伴奏。現在，我們在動作練習中加入音樂，是對已經穩定的步態的真正「伴奏」。與這種慢節奏形成對比的是另一種與跑步相對應的節奏。這兩種截然不同的音樂節奏對兒童特別有吸引力。正如感覺對比是感官教育的起點一樣，節奏對比也是音樂教育的基礎。一方面，兒童喜歡快速地跑來跑去，或者

緩慢而深沉地慢跑，這些都需要他們努力保持平衡。另一方面，他們的身體比例還不夠完美，還沒有足夠的力量進行有節奏的跳躍，需要建立一種平衡感。兒童只有到了稍大一些的年齡（至少 5 歲時），才能掌握與不同節奏相對應的特定動作。這些發展階段類似於感官訓練的各種層次。

兒童在直線上有節奏地行走應與在直線上進行的旨在建立完美平衡和運動控制的練習區分開來。這些音樂練習是以不同的方式進行的，兒童需要手舉一面旗子、一杯水或一根點燃的蠟燭，或在頭上頂一個小籃子。為了進行這項練習，我們需要在地板上畫一條直線，以特定的方式引導練習的進行。兒童在沿著直線行走時很難保持平衡，但也在練習中不斷完善這種能力。這些練習總是伴隨著輕柔而有節奏的音樂，有助於兒童持續、準確地進行這些練習。但是，兒童開始做有節奏的練習時，雙腳必須是自由的。這條直線只是一個指引，幫助他們連續地行走、奔跑和跳躍。當他們跳舞的時候，這條直線已經沒有繼續存在的理由，它只是一種使兒童在運動中有秩序感的手段。

與其他的重複練習類似，音樂教育的技巧是挑選一個易於理解的樂句，然後反覆播放。除了最初兩個特別適合年幼兒童的對比步驟外，我們還可以選擇並重複有節奏的樂句，以培養他們對音樂的敏感性。否則，他們就沒有機會從周圍環境中獲得對音樂的印象，就像沒有顏色和其他視覺對象就沒法進行視覺訓練一樣。隨著一遍又一遍地重複每個樂句，部分 5 歲到 6 歲的兒童可以發展出理解節奏的能力，而這些節奏需要一些稍有不同的動作來輔助理解，如緩慢行走或行進等。

教師可以給出一些有益的指導。例如，說明某個步驟如何對應某個特定的節奏，就像她在「課」上指導的：「這是大的，這是小的。」但是，在她給出了這樣的指導之後，兒童應該自己去做，以便他們能夠辨識和理解

第二十一章 音樂教育入門

在不同的樂句中發現的相同節奏[09]。

然而，這裡要注意，音樂節奏不能太過強烈。兒童應該依據旋律來表現節奏，要相信旋律本身會帶來節奏。如果因為節奏感而使一個音符比另一個音符更重一些，就失去了旋律的價值，從而也剝奪了它喚起對音樂的運動反應的能力。音樂的演奏必須是準確的，必須以音樂的方式演奏和演繹。大家都知道，這為作品賦予了「音樂節奏」，而不是節拍器的機械式節奏。

兒童感受到音樂的節奏，用腳、手臂和身體跟隨音樂律動。即使很小的兒童也會表現出節奏感。貝皮諾在大約4歲的時候，就會用食指打節拍。他聽音樂或歌曲時，會伴隨著兩個交替的動作，一個是平穩的，另一個是起伏的。節奏連續時，他的手會平穩地移動；節奏斷斷續續時，他的手就會跟著抖動。南妮娜在4歲的時候，會跟著一首輕柔的旋律，優雅地展開裙襬，開心地笑著把頭往後仰；一旦聽到軍隊進行曲，她就會挺直腰板，表情嚴肅，邁著堅定的步伐前進。

兒童另一項感興趣的事是，適時地向他們展示新的步伐或如何更優雅地走動。麥克切羅尼小姐的學生厄米尼亞、格拉齊拉、佩皮涅拉、索菲亞和艾米莉亞，每當學習一些有節奏的舞蹈動作時，他們就會擁抱彼此，擁抱教師。奧瑟羅、維琴齊諾和特蕾莎也都感謝教師幫助他們改善步態和姿勢。

有時，兒童圍坐在房間裡，看著同伴沿著直線行走，也會聽著音樂用手打節拍。有時，兒童會充當導演。文森齊諾在4歲半時，會雙腳併攏站在地板上畫著的橢圓的中心，在兩個節拍之間擺動著腦袋，做出與旋律一致的表情。其他的孩子在周圍走來走去，跟隨節拍擺動手臂、扭動身體。

---

[09] 班傑明《兒童音樂導論》。

兒童在沒有學過 3/4 拍和 4/4 拍的情況下，也能準確地記住音樂節拍的節奏，證明他們從音樂節奏中獲得了感官的教育。起初，兒童在不考慮節奏重音的情況下跟著節拍走。但是，當他們突然感覺到重音時，會跟隨它的節奏走，也就是說，他們的動作與小節的第一拍一致。

瑪麗·路易絲只有 4 歲多一點，正隨著進行曲的節奏行走。突然她對教師喊道：「看！看我在做什麼！」伴隨著每一小節的第一拍，她優雅地上下跳躍、揮舞手臂。只有當兒童再大一些時，他們才會研究這些音符的價值[10]。發展自身的節奏感，能夠增強他們對音符的興趣。

音樂創造。兒童聽音樂時伴以有節奏的動作只是音樂教育的一小部分，這時的音樂僅是以有節奏的方式產生的連續聲音和每個小節的重音。這樣的動作練習之後是對和聲和旋律的研究。兒童有適合自己大小和能力的簡單樂器，並且在不受太多技術限制的情況下自由演奏樂器，才能從中訓練自己。兒童如果有這樣的樂器，能得到一些關於演奏的簡短的課程或介紹，就像他為使用其他材料而接受的課程或介紹一樣，他就能夠獨自演奏，而且由於樂器很簡單，他會產生持續增加的興趣。兒童的音樂表現異常出色，每個人都可以用特有的樂器單獨練習，還可以在一個樂隊裡一起演奏，產生一種真正的音樂感受。

多爾梅奇在英國取得了優異成績，他想把過去由於鋼琴盛行而被廢棄的精美樂器重新利用起來，於是有了一個為兒童製作簡單樂器的想法。多爾梅奇對音樂的力量和兒童的心靈的信念，促使他開發出一種教育方法，其基本原理與我的教育方法一樣。他使用合適的材料和簡短的介紹，唯一的目的是讓兒童熟悉材料，然後讓他自由地演奏樂器。

在宏偉的英國貝達爾斯學校，有一個蒙特梭利示範班，人們可以看到兒

---

[10] 更多的細節參看班傑明的書。

童在樹林裡，坐在樹下演奏小提琴，或者一小群人用簡易的豎琴和七弦琴合奏，美妙的和聲從窗戶傳進教室。許多兒童對音符或樂理一竅不通，從未進行過節奏練習。他們或許是看到了年長而熱情的教師在房間裡、樹林裡或草地上進行令人愉快的表演，因此產生對音樂的興趣。兒童跟著教師，舒展著身子躺在草地上，心醉神迷地聽著音樂。他們也會適時地拿起樂器，嘗試演繹內心深處的某些樂曲，從而提高了對音樂選擇的興趣和能力。

譜曲和讀譜。在「兒童之家」，即使是孩子，也可以創作樂譜。這個活動基於感官練習，與辨識鈴鐺發出的音樂聲音有關，兒童首先將鈴鐺與聲音進行搭配，然後根據音高進行排列。

兒童「處理」這些音符（物體發出的單個聲音）的能力很重要。這些物體看上去一模一樣，只有發出的聲音不同，這是由於物體本身的差異造成的。這些聲音可以被分離、混合，然後像其他用於感官訓練的物體一樣重新組合起來。兒童已經開始使用這種教具，現在他們唯一要做的就是為不同的音符命名，就像在其他練習中做的那樣。音符的名字分別是 do、re、mi、fa、sol、la、si，刻在木製圓盤上。兒童根據聲音把它們放在每個鈴鐺下面，透過重複練習學會這些音符的相應名稱。因此，帶有音符名稱的圓盤不僅是按其在音階上的位置排列的符號，而且還以特殊的方式象徵某一聲音。兒童開始學習音階上的音符時，就會把它當作對已知音樂知識的書面練習。

為了幫助兒童獨自完成這項練習，在觸摸和移動物體的本能的幫助下，我們為他準備了一個木製的刻度板，在上面挖出圓形的小孔，對應音階上的音符 do、re、mi、fa、sol、la、si、do 的相對位置。在這些小孔中，可以放上面印有不同名字的音符。為了確保它們被放入準確的位置，在每個空洞的底部和每個圓盤的下側都有一個相應的數字（1、2、3、4、

5、6、7、8）。因此，兒童可以根據編號放置物體，並根據八度音階把物體放在音階上。

在之後的練習中，兒童拿到一塊同樣的刻度板，但是沒有孔洞和相應的數字。與這個音階相關的是一盒沒有編號的圓盤，上面只有音符的名字，同一個音符在幾個圓盤上重複出現。這項練習測試兒童將音符放在適當位置的記憶能力，操作是這樣的：兒童隨機撿起一個圓盤放在桌子上，但把有名字的那一面朝下，黑面朝上。多個圓盤可以放在同一條線上。音符一旦放好，就可以在不離開原來位置的情況下翻轉過來。現在，我們可以讀取圓盤上的名稱，看看兒童是否犯了任何錯誤。

第三種教具是在兩塊不同的板子上刻上音階，再將兩塊板子分開，由此區分出了高音和低音。到了這個階段，兒童可以聽懂樂曲並在鈴鐺上重現它們，反之亦然。他們在鈴鐺或樂器上即興演奏並找到合適的音符後，就可以寫下一小段樂譜。兒童年齡再大一些，也就是在小學階段，樂譜有了顯著的發展。在巴塞隆納的蒙特梭利學校裡，兒童音樂筆記本上的內容幾乎和書寫筆記本上的內容一樣豐富。

我們需要注意的是，前面已經提到三種練習——節奏性動作、樂器聲音的重現和音樂的創作可以分別獨立進行。為了證明這一點，我們不僅可以舉出獨立練習的存在，甚至可以舉出只涉及音樂教育這一方面的全部課程的存在。我們關注德克羅茲（Emile Jaques-Dalcroze）的教育方法就夠了，它的目的僅僅是完善節奏練習。我們還要注意多爾梅奇的教育方法，即訓練兒童在樂器上演奏和聲的能力。傳統的音樂教學方法是從音階知識開始的，與音樂本身無關。但是，我們的教育方法是所謂的分析方法的一個範例，也就是說，把一個足夠困難和複雜的整體切割成多個部分來進行練習，而這些練習本身就可以提供有趣的任務。

第二十一章　音樂教育入門

　　節奏、和聲以及寫譜和讀譜，最終還是連結在一起了。因此，它們是三種獨立的興趣，三個層次的工作和愉快的經歷，一下子成為一種綜合性的成就。

第二十二章
「兒童之家」的紀律

第二十二章 「兒童之家」的紀律

　　本書第一版出版至今所累積的經驗，一再證明了一個事實，即我們這個四十幾人的班級有比普通學校更完善的紀律。任何參觀這所有著良好管理的學校的人都會被兒童的紀律性打動。這裡有 40 個 3 至 7 歲的兒童，他們都專注於自己的工作。有的在做感官練習，有的在做算術，有的在臨摹字母，有的在畫畫，有的在練習扣釦子，有的在揮灰塵，有的坐在桌子旁，有的趴在鋪著地毯的地板上。人們只能聽到輕微的聲音，如物體移動的聲音和兒童踮起腳尖走路的聲音，時不時還會聽到一聲抑制不住的歡呼聲。有人急切地喊道：「老師！老師！」或者驚呼：「看看我做了什麼！」但更常見的是絕對的專注。教師緩慢而安靜地走到一個召喚她的人跟前，這就是她的職責，任何需要她的兒童都能立即意識到她的存在，而那些不需要她的人則完全忘記她的存在。幾個小時過去了，這裡的一切都寂靜無聲。

　　正如一些參觀「兒童之家」的人指出的那樣，他們似乎是「小大人」，就像是「正在開會的參議員」。兒童全神貫注於手邊的工作，從不會產生爭執。如果有人出色地完成任務，周圍的人會稱讚他的成果，為他感到高興。沒有人會因別人的優秀而難過，每個人的成功都會讓其他人感到快樂和驚喜，讓其他人急切地模仿。所有人似乎都對自己能完成某事而感到高興和滿足，不會因虛榮而膨脹，也不會嫉妒他人或與他人有殘酷的競爭。3 歲的兒童能夠和 7 歲的兒童和平共處，並對自己的成果感到滿意，因為他知道自己個子矮，不必羨慕大孩子的身高。所有兒童都在最平和的環境中成長。

　　如果教師希望小組暫停一些有趣的工作，那麼她低聲說句話或打個手勢就夠了。兒童會密切關注教師，渴望知道教師的想法。許多參觀者看到教師在黑板上寫了一些指示，並注意到兒童高興地遵守了這些指示。但

是，兒童服從的不僅是教師，任何人向兒童提出要求，兒童都會認真而平靜地做出反應。例如，參觀者想聽正在畫畫的孩子唱歌，他就會停下畫畫來滿足他們的要求，但是一旦他禮貌地聽從了他人的要求，就會回到之前中斷的工作中。通常，年齡很小的兒童也會回去完成依從指示之前就已經開始的工作。

關於學生紀律的最有趣的例子，發生在遵循我們的教育方法的教師所舉行的考試中。這些考試既有理論意義，也有實踐意義。教師安排兒童考試，讓他們抽籤做不同的練習，同時也會讓他們做一些自己選擇的事。考試後，他們還會繼續回到之前中斷的工作。過一會，每個人都會過來給我們看一幅他們在等待期間畫好的畫。我們對兒童的耐心、堅毅和熱切的參與感到驚奇。

所有這些可能讓人留下的印象是，這些兒童並沒有受到過度的壓抑，因為他們毫不膽怯。他們有明亮的眼睛、輕鬆愉快的表情，邀請他人觀摩他們的工作或聽取他人對作品的評價。他們使我們意識到，我們面前的這個人是自己家園的主人。他們急切地抱著教師的膝蓋，或讓教師低下頭獻上親吻，這都透露出他們無拘無束的情感。

人們看到兒童在布置餐桌時都會有點擔心和驚訝。4歲的小服務生把刀叉和盤子擺在餐桌上，端著放有5杯水的盤子，端著盛有熱湯的大湯碗從這一桌走到那一桌。他們沒有割傷自己，沒有打碎玻璃杯或把湯灑出來。用餐時，小服務員沉默寡言，服務周到。人們喝完湯後，小服務員會立刻上前問要不要再來一份；或者，如果人們吃完了，小服務員就會立即把空盤子撤走，所以，人們根本沒有必要明確提示再來一份或表示他已經吃完了。

任何看到兒童這樣做的人，都會自動對比其他4歲兒童的常見行為——

第二十二章 「兒童之家」的紀律

他們會大喊大叫，破壞一切，必須有人一直看著他們。這是一幅動人的景象，顯然是來自人類靈魂深處的祕密能量。我經常看到人們在這些小型宴會上被這些兒童的行為打動。這種紀律絕不能透過命令、勸誡或任何用於維持秩序的常見手段來達成。

事實上，教師用責罵和懇求來維持紀律是沒有用的。起初，這些方法還可能會給人一種有點效果的錯覺；但很快，當真正的紀律出現時，所有這些錯覺都會在現實面前化為烏有。紀律性最初來自兒童在完成工作中的表現，來自某一時刻對某項任務產生的強烈的興趣。這可以從兒童臉上的表情、高度的專注和做事時的堅持不懈上看出來。無論是何種感官訓練，洗東西或是洗碗，都同樣表明兒童正變得具有紀律性。

我們可以透過重複安靜練習來幫助兒童將這種體驗穩定下來。兒童需要完全靜止、集中注意力以捕捉遠處傳來的呼喚名字的聲音，也需要為了避開物體和輕快行走而小心地協調動作，這些都能有效地幫助兒童做好準備，使其動作、心理活動和性格有序發展。

兒童成功地專注於他的工作時，我們必須監督他嚴格而準確地完成練習。身為教師，我們在塑造兒童的紀律性方面能否成功取決於對這一方法的應用程度。兒童獲得紀律性的最大困難之一在於，它不能簡單地透過語言獲得，也沒有人會僅透過聽別人的話來約束自己。相反，他需要進行一系列複雜的準備動作，如完成一個教案所需要的準備。因此，紀律是間接獲得的，即透過開展自發性的工作而獲得。每個人都必須學會如何控制自己，如何平靜和沉默地進行活動，這樣做的唯一目的就是保持生命賴以存在的內在熱情。

兒童的工作不能以隨意的方式開展，這就是我們的教育方法成功的原因。這一定是兒童內心渴望的工作，他有一種天生的愛好，或者他可以逐

漸培養這種愛好。這是一種給予兒童生活秩序的工作，並為他開放無限成長的可能性。我們可能會認為兒童缺乏紀律性，但這主要是由於缺乏肌肉控制。兒童愛動，但行為多是混亂的，他撲倒在地上，大喊大叫，舉止怪異。然而，在這一切行為之下有一種潛在的需求，那就是協調他的動作，並將動作定型。兒童是一個語言和行動還比較笨拙的人，但他必須成為自己的主人。就目前而言，他在努力實現本能但很難察覺的目標時，仍會犯下許多痛苦的錯誤。

兒童必須完成的任務是成為大人的必要任務。兒童必須掌握他所處環境中普遍存在的習俗，這就是他必須有訓練自己的機會的原因。兒童只靠觀察他人的行為是不夠的，他不僅需要機械般的調節，還需要一種完成任務的明確機制。因此，兒童的行動必須有目標，必須與智力活動相連結，與學習的慾望密切連結。行動混亂的兒童沒有學會如何行動，更加接近兒童本來的樣子，他們的思想沒有得到適當的滋養，正遭受精神上的飢餓。

如果教師告訴兒童：「像我一樣站著別動！」他不會受到啟發。兒童不可能透過一個簡單的指令，使仍在成長中的複雜的心理──生理系統變得井然有序。我們試圖這樣做時，會把這類兒童與另一類故意選擇做錯事的兒童混淆，或與另一類能力有限卻自以為能夠完成任務的兒童混淆。但是，如果我們希望兒童順從，就必須教他如何協調自主運動的發展。我們必須教他如何協調動作，使他能夠以一種和諧的方式來執行任務，並盡可能地對動作進行分析，逐一完善。

所有促進運動協調的練習都是為了一個明確的既定目標而進行。透過這些練習，兒童不僅訓練了肌肉，讓頭腦變得有序和豐富，還增強了意志力。這些練習是建立在各種動機的基礎上的，而這些動機又激發了練習本身。然而，即使這些動作是協調的，協調這些動作的人仍然是主體。透過

第二十二章 「兒童之家」的紀律

　　這些練習，兒童擴大了自己的理解力，更加自己和周圍的環境。真正的動作協調能使整個人變得完美。那麼，那些已經學會了如何活動的人就不再是兒童，他們自由選擇自己的工作，豐富了個性，從而變得自律。

　　這個年齡層的兒童應該透過這些練習來訓練肌肉，這件事一點都不奇怪，也很自然。事實上，兒童在活動時，是在聽從自然的指令；由於他的動作是指向目標的，所以動作不再混亂，而是處於有秩序的工作狀態。在這裡，我們有一種紀律性，它代表透過征服自我而達到的目標。這樣管教出來的兒童和以前不一樣，不是一味地學習如何「做個好孩子」。相反，他是一個自我完善的人，超越了年齡的限制，達到了顯著的成長。他征服現在的環境，並且掌握了未來，因而成長起來。他不一定總是需要一個人在面前反覆叮囑：「一直這樣！一直好好的！」他所獲得的進步在於，再也不能安心地處於無所事事的狀態中。現在，他的進步完全展現在活動中。其實，「進步」就是透過自己的努力，透過有序、有益的外在工作而「走向更好」。

　　外在的工作是獲得內在成長的手段，同時也是內在成長的象徵。這兩個因素交織在一起，兒童透過工作從內而外變得更好，並且不滿足於此，精益求精。因此，他持續地完善內在自我。紀律不是事實，而是一種方式。它使兒童以近乎科學的精確性獲得進步的概念。但他最享受的是擁有一種內在秩序的至高樂趣，這種秩序是透過達到適當的目標獲得的。

　　在長時間的準備過程中，兒童體驗到快樂、愉悅和興奮。這些構成了他心靈深處的寶藏，並賦予了他特別的力量和美好，這將成為進步的泉源。事實上，兒童現在不僅學會了如何行動和從事有益的活動，而且在動作中獲得了一種特殊的魅力，使他的手部動作更加正確和優美，增添了美感，透過它們的外在光輝揭示了內在生命的誕生。

兒童的動作逐漸、自動變得協調，透過內在努力，在外部活動中建立起一種內部和諧。大自然注定要運動的肌肉在有序的運動中得到休息，就像肺部會在正常的呼吸間奏裡休息一樣。剝奪肌肉運動就是破壞它們的天然規律，不僅會帶來疲勞，而且會帶來墮落。

我們應該相信，對任何自然運動的物體來說，靜止是某種特定形式的運動，與它自身包含的內在目的相對應。它的休息在於以一種符合生命祕密法則的方式行動。因此，如果我們把這一原則應用到人的身上，我們就會看到，既然人是有智慧的，那麼聰明的他就會在活動中休息。兒童漫無目的、毫無節制地跳躍，會消耗精力，但帶著智慧的活動會讓他的內心感到滿足，因為他戰勝了自己，反而會增強他的力量。這種「潛能的增強」可以從生理上得到解釋，兒童透過合理分配精力，透過改善血液循環，透過組織物質的代謝，使他的器官得以發展，所有這些都有利於身體的發育和健康。同樣的道理也適用於兒童的智力發展。兒童的思想起初是散漫的，但也有自己想要達到的適當目標。在實現目標的過程中，兒童會經歷許多困難，因為這個目標經常被拋棄，甚至被扼殺。

我曾經在羅馬蘋丘的花園裡看到一個非常漂亮的小孩，年紀大約 1 歲半。他拿著一個空桶和一把小鏟子，正忙著從小路上收集石頭來填滿小桶。小孩身邊站著一位外表端莊的保母，顯然很喜歡這個孩子，也很用心地照顧著孩子。臨走時，保母耐心地讓孩子停下手裡的動作，坐回嬰兒車。孩子卻不停地反抗，怎麼勸都不管用。最後，保母不得不把桶裝滿石頭，然後放進車裡，想要讓孩子滿意。孩子開始大聲哭喊，抗議保母的不公正對待，這讓我感到震驚。孩子的心裡有多少不滿的怨恨啊！他並不是真的想把桶裡裝滿石頭，只是想透過把桶裡裝滿石頭的動作，滿足身體日益成長的對外在活動的需求。孩子追求的目標是形成自己的內在形象，而

第二十二章 「兒童之家」的紀律

不是在桶裡裝滿石頭的外在行為。他對外部世界的強烈依戀只是一種幻覺，內心的迫切需要才是現實。事實上，即使他把桶裝滿了，也很有可能會把桶再倒空，反覆多次，直到自己滿足了為止。在保母干涉他的活動之前，我看到他面帶微笑地追求這種滿足感。因此，可以說，內心的快樂、運動和陽光是照亮燦爛人生的三道光芒。

這一簡單的例子說明了全世界的兒童，即使是最優秀和最可愛的兒童，也都是這樣。兒童不被成人理解，因為成人只會依據自己的標準來評判他們，相信兒童關心的只是外在的結果，並帶著慈愛之心幫助兒童達成目標。相反，兒童被一種無意識的自我發展的需求給支配。因此，他蔑視已有的獲得，渴望但尚未取得的成就。例如，他寧願自己穿衣服，也不願被人打扮得華麗。他寧願自己洗衣服，也不願由別人幫他打理乾淨。他寧願建造一座房子，也不願擁有一座現成的房子。他之所以如此，是因為他必須先過好自己的生活，然後才能享受生活。這種自我完成的過程，是他真實的且幾乎唯一的快樂。在他生命的第一年，兒童的發育再一定程度上被局限於汲取營養的需求，但後來也包括機體的心理生理功能的穩定發展。

蘋丘的那個小孩就是一個例子。他想協調自己的隨意運動，訓練身體的技能。他舉起物體用的是肌肉的力量，判斷距離用的是眼睛，裝了滿桶的石頭用的是智慧。他想要的是發展意志，決定自己要做的事，而不是那個愛著他的人認為的想要擁有石頭，這才是他不高興的原因。我們常常會犯同樣的錯誤，以為兒童的目標是獲得知識，所以我們幫了他，但是，我們這樣的做法只會為他的發展設下阻礙，使他越來越不快樂。學校普遍認為兒童會從學習中得到滿足。但是，只有讓兒童獲得自由，我們才能追蹤到他們自發的智力發展過程。知識是兒童發展的起點。兒童學會如何做某事後，就開始享受重複練習的樂趣，帶著明顯的滿足感無限重複學到的東

西，並從自主練習中獲得快樂。正是因為這樣，兒童才發展了自身的精神活動。

我們意識到這一點後，就可以客觀地評價許多學校的教學方式。我們在一位教師身上看到這樣一個例子，他向班上的學生提問，然後對一位主動回答問題的學生說：「不，你不要回答，因為你知道答案。」然後他叫起一位他認為不知道答案的學生來回答。也就是說，不知道答案的學生必須發言，知道答案的學生必須保持沉默，儘管這只是對一個知識點的教學而已。

但是，在日常生活中，我們會有多少次重複最熟悉的、最喜歡的、最符合我們內心的事情呢？例如，我們特別喜歡唱熟悉的歌曲，喜歡到把它們視為自己的一部分。我們喜歡談論熟知的喜愛的東西，即使我們非常清楚這些話題以前已經說過很多次且現在也沒有什麼新的內容可說，卻還總是興味盎然地重複著。

但是，如果我們要重複，首先重複的東西就必須是實際存在的。在這個例子中，知識是已經存在的，是行為重複的必要條件。成長來自反覆的練習，而不是對新事物的初次理解。當兒童到了重複練習階段，他就已經開始從外在的訓練中看到內在的成長。但是，這一現象並不總是發生，且並非在每個年齡層都需要重複練習。事實上，重複應該符合兒童相應的需求。教育實驗方法的本質在於能提供滿足有機體生長所必須的練習。如果一種特殊的需求已經得到滿足，兒童將不再有機會得到充分的發展，因為時機已經過去了。這就是為什麼一旦過了關鍵期，兒童就經常無法獲得原本屬於他的東西。

同樣有趣的是，兒童要在不同的時期完成特定的行為。剛開始獨立的兒童，行動非常緩慢。因此，兒童的生活受到與我們截然不同的特殊法則

第二十二章 「兒童之家」的紀律

的支配。年齡較小的兒童喜歡緩慢地、有意識地執行許多複雜的動作，如穿脫衣服、打掃房間、洗澡、擺桌子、吃飯等。在所有這些動作中，他極有耐心，付出艱苦的努力，克服了一個仍處於發育階段的個體所面臨的所有困難。但是，當我們看到他「費力」和「費時」地做一些我們可以快速、輕鬆完成的事情時，我們就會想要代替他去做。

我們總是受一種偏見的左右，即兒童要達到目標就是完成某種外在行為。我們替兒童穿衣、洗澡，從他手中拿走他熱切想要拿到的東西。我們把湯倒進他的碗裡，餵他們吃飯，然後收拾餐桌。我們這樣對待他之後，還會嚴厲地評價他，就像對待另一個笨拙又無助的人時常用的方式一樣。我們常常認為兒童沒有耐心，僅僅是因為我們自己沒有耐心，無法讓他按照自己特有的節奏去做事。我們判定兒童是傲慢的，僅僅是因為我們被自己的不良習慣折磨。這種敵對的態度嚴重影響了兒童的耐心和溫柔的天性的發展。

正如一個勇敢的人會捍衛自己的生存權，兒童會反抗任何反對他服從自然之聲的人，會用暴力行為、尖叫和眼淚來表達他的不滿。然後，在不了解他的人看來，他是一個叛逆者、革命者。儘管成人認為自己是在幫助兒童，但實際上卻是在把他推回到原有的生活道路上。因此，成人就這樣再一次誤解了他所愛的孩子，認為孩子的自我防衛是一種天生的劣根性，這是幼年時期的缺點。

如果我們像佛列哥利症候群（Fregoli syndrome）患者一樣動作迅速，就像劇院裡那些以快速的變化讓我們感到驚豔和快樂的人一樣，情況會怎麼樣呢？如果我們繼續以慣有的方式行動，就會看到這些「佛列哥利」正在突襲我們的生活。他們開始打扮成我們，不假思索地折騰我們，如此迅速地餵飽我們，以至於我們沒有時間吞嚥。他們從我們手中奪走工作並快

速地完成，使我們陷入無所事事和一無是處的屈辱狀態？我們不知道還能做什麼，就會大聲喊叫，用拳頭抵禦這些狂熱分子的傷害。既然他們認為自己只是想幫助我們，就會說我們是邪惡、叛逆、無用的。但是，我們知道自己領域的真實的狀態，就會對他們說：「來我們的領土，看看我們建立的燦爛文明，看看我們的精彩作品。」而這些「佛列哥利」看到我們的世界雖然節奏慢一些，但卻如此公平、活躍、有序、和平、安寧，他們的頭腦中會湧現一種欽佩之情。類似的事情也發生在我們和孩子之間。

感官教育是透過重複練習來達成目標的，目的不是讓兒童認識顏色、形狀和各種屬性，而是透過集中注意力、進行比較和形成判斷來磨練自己的感官，即進行真正的智力活動。而這些在各種刺激下進行的練習，促進了兒童的智力發展，就像體育訓練改善了他的健康，調節了他的身體生長一樣。

兒童透過各種練習去感知單獨的刺激，學習如何集中注意力，並逐漸完善自己的心理反應，就像他透過各種體育鍛鍊訓練自己的肌肉一樣。因此，他並不局限於感官活動，還為自發聯想、推理過程和心理穩定性奠定基礎。這種祕密的訓練是為兒童帶來如此快樂的原因。就在那時，他發現了周圍的世界，欣賞展現在他面前的新事物，並為日益增加的認識感到快樂。最後，他的心理發展、閱讀和寫作能力，幾乎是自然地產生了。

曾經，有一位醫學院同事的妻子帶著 2 歲的兒子來看我。男孩從母親懷裡掙脫出來，幾乎是撲向父親桌上的東西 —— 一張長方形的紙墊和一個圓形的墨水瓶。我很高興看到這個聰明的孩子竭盡全力去使用我們的物體做一些練習。他的父母卻責罵他，把他拉走，並向我解釋說，他們想要阻止孩子接觸父親的文件和物品，但總是徒勞無功，還在抱怨「孩子好動和淘氣」。有多少次兒童因為「東摸西摸」被責罵，並且對糾正他們的行為

第二十二章 「兒童之家」的紀律

懷有敵意！然而，正是透過引導和發展這種觸碰一切事物和認識幾何圖形的自然本能，「兒童之家」那些 4 歲半的孩子才能在自發寫作中找到快樂的泉源。

兒童在努力達到目標時，會把寶貴的精力花費在一堆紙張、墨水瓶之類的東西上。儘管他不斷努力，但他總是被比他更強大的人打敗，因此，他總是處於激動和沮喪的狀態。但是，他的父母仍然認為他應該休息。大人把一個正在努力為他的智力大廈打下基礎的兒童視為是邪惡的小東西，這也是一種錯誤的觀念。此外，我們的兒童可以自由地移除和替換平面插圖的幾何圖形時，他們真的很快樂。他們利用這些物體來發展自己的力量，享受著一種完美的內心的平靜，完全不知道他們的眼睛和手正被引導著進入一種新的神祕語言體系之中。

大多數的兒童在進行這種練習時會變得冷靜下來，讓神經系統得以休息。這些小傢伙友好而安靜，已經表現出遠遠超過普通學校急切想要獲得的外在紀律。但是，正如一個冷靜的人和一個自律的人是有區別的一樣，他們表面的冷靜與他們支持內心成長的真正原則相比，是區域性的、外在的和表面的。

通常，這仍然是一種偏見。我們認為，要引起兒童的自主行動，我們要做的是命令他去做某事。我們假裝這是有效的，稱其為「兒童的服從」。然後，我們發現年齡小一點的兒童特別不聽話，尤其是三、四歲的兒童，反抗最為強烈，以至於我們放棄了讓他們服從的希望。我們堅持頌揚服從的美德，因為在我們看來，這是童年的特徵之一。但事實上，服從是一種兒童的美德，如此罕見，如此難以達成。

我們想像著透過祈禱、懇求、命令或鼓勵來獲得難以獲得或不可能獲得的東西，這是一種非常常見的幻覺。例如，我們要求兒童服從，兒童則

會要求我們摘下天上的月亮。服從只能透過複雜的性格形成過程獲得。為了服從，兒童不僅要有願望，而且要有能力。當我們發出命令時，期望被命令的人做某事或停止做某事。因此，服從包括智力和意志的訓練。在這方面所做的任何努力都能教會孩子服從，即使只是間接的。

我們所採用的教育方法，在每一個階段都包含著一種自主性的練習。兒童完成指定的行動時，就是在朝著預定的目標前進；透過耐心地重複一項練習，鍛鍊自己的意志。同樣，兒童透過一系列相當複雜的練習，學會如何檢查和控制自己的行為。例如，在安靜的課堂上，兒童在等待點名的漫長時間裡，必須控制自己的行為，甚至在被點到名字時，也必須克制自己歡呼雀躍、奔向召喚者的衝動。相反，他必須保持沉默，安靜地走動，注意避開障礙物，以免發出噪音。

另一項抑制衝動的練習是算術。兒童抽取了一個數字，只能從一組物體中取出抽到數字對應數量的物體。但是，經驗表明，他會盡可能多地帶走一些。如果他抽到了 0，他必須空著手耐心地等待。另一個類似的練習是關於 0 的學習。兒童被多種不同的方式召喚 0 次，給了 0 個親吻，但他仍然明顯地克服了本能的衝動，服從教師的指令。兒童端著一大碗熱湯時，必須排除一切干擾因素，如抵制跳躍的衝動，不去注意耳旁嗡嗡作響的蒼蠅，必須負責任地不讓湯碗掉在地上或把湯灑出來。一個 4 歲半的小女孩，每次將招待小客人的大碗放在桌子上後，都會跳上兩三下。然後，她會將大碗從這張桌子端到另一張桌子上，然後又會跳幾下。她會一直小心地拿著大碗，不間斷地為 20 張小桌子送上熱湯，始終保持執行任務過程中所需的警惕性。

意志和其他所有的能力一樣，是透過系統化的練習來培養和加強的。在我們的學校裡，意志力練習存在於兒童所有的智力練習和實際生活中的

第二十二章 「兒童之家」的紀律

練習。兒童看似正在學習如何優雅而準確地完成動作，如何提升他的感官認知，如何閱讀和算數，但實際上他正在成為自己的主人，在為堅強的意志打下基礎。

人們常說，兒童在服從中一定會違背自己的意志，而兒童的意志教育就在於教會他們服從和順從。但這種說法是不合理的，因為兒童不能放棄他沒有的東西。相反，在期待兒童做到這一點時，我們阻礙了他的意志的發展，因此嚴重地傷害了他。因為他總是被我們打斷，受制於我們，所以他從來沒有時間審視自己，評估自己的能力和局限，這樣的不公正使他灰心。他聽到自己因為不具備某種東西而被責罵，這種東西正在他的內心不斷地被摧毀。這是兒童膽怯的根源，是一種無法發展的意志病態，無論我們是否清楚地意識到是我們誤把這些問題歸咎為兒童的性格。

「兒童之家」的孩子從不膽怯。他們最令人著迷的特質之一就是他們無畏地與他人打交道和與他人分享自己的努力。有些兒童在大人面前膽小怕事，哭哭啼啼，但和其他兒童相處時，就變成了小霸王。他們的性格被扭曲了，因為他們只能透過偷偷摸摸的方式行使自己的意志。但是，這種異常現象在我們的「兒童之家」裡並不存在。

除了行使意志，兒童服從的前提是需要了解要執行的行為。我的學生安娜‧麥克切羅尼在米蘭的「兒童之家」做了一項有趣的觀察，後來在羅馬的朱斯蒂學校做了同樣的工作，即將重點放在知識在兒童服從的形成過程中所產生的作用。

一旦兒童的性格開始獲得一定程度的秩序時，服從的特質就會在他的身上顯現出來。例如，兒童努力進行某種練習，然後在某個時刻，突然完美地做到了。他很驚訝，環顧四周，想再做一次；但直到他做了多次嘗試後，才重新獲得成功。後來，他幾乎總能成功地完成這項練習。但是，如

果有人要求他這樣做，他卻幾乎總會失敗。外部指令仍然無法指揮自主行動。但是後來，兒童幾乎總是成功地做到自己想做的事情時，外部的邀請就能引發足夠的有序行為，以達到兒童預期的目標。換句話說，兒童現在可以有規律地執行收到的命令。

這些事實，除特例外，都依賴於心理發展的規律，這可以從我們在學校甚至生活中的經歷中看出來。我們經常聽到兒童說：「我曾經做到過了，但我現在做不到了。」或者教師對兒童不再執行命令而感到困惑，會說：「他以前做得很好，但現在不行了。」但到了最後階段，兒童不僅能做到，而且還能夠維持住這種能力。

因此，兒童的發展有三個階段。第一階段是潛意識階段，兒童的智力透過一種神祕的內在衝動，從無序狀態轉變為有序狀態。這是由完美的外在行為揭示的，但是僅有行為在意識的範圍之外，兒童不能隨心所欲地複製它。第二階段是意識階段，在這個階段，意志將有助於行為的產生和固化。第三階段，意志可以自己激發行為本身並對外部命令做出反應。

服從也是以類似的方式發展。第一階段，由於內心的混亂，兒童並不會服從。他在心理上不能理解命令，因此充耳不聞。第二階段，他想服從，似乎能理解命令，並希望執行，但他還是做不到，或至少不能總是成功地服從。因此，他還沒有準備好服從，也不了解服從的樂趣。第三階段，他迅速而熱情地做出回應，並在練習中讓自己進步，他發現能夠服從並為此感到高興。正是在這段時間裡，他快樂地對指令做出反應，至少會先放下手邊正在進行的事情。

這種秩序感取代了之前頭腦裡的混亂，為兒童的智力和心理成長奠定了基礎。黑暗中已經出現曙光，他在井然有序的思想中體驗到了新的情感，有了新的收穫。他已經綻放出善良、愛和渴望美好事物的花朵，這

第二十二章 「兒童之家」的紀律

樣一個孩子的靈魂裡充滿了香味，印證了聖保羅（St Paul）所提到的精神成果的存在：「仁慈、歡樂、和平、長期的苦難、溫柔、善良、溫柔和謙遜。」

兒童之所以具有這種美德，是因為他們在重複練習的過程中訓練了耐心，在滿足他人的欲望和要求時表現出溫順，為他人的利益感到歡喜而不是嫉妒或憎恨。他們樂於行善，心滿意足，並且極其勤奮。這些是確保兒童遵守紀律的基本手段，可以說是間接的方式，因為最終，兒童的合理有序的工作和自由意志取代了挑剔和要求苛刻的教師。其直接的基礎是工作和自由，而這些又是文明進步的基礎。因此，兒童透過耐心的訓練獲得了美德。

第二十三章

結論

第二十三章　結論

我相信，本書對於教育方法的描述已經足夠清楚，可供教師付諸實踐。任何掌握它的一般概念的人都會明白，應用這些教學材料是非常簡單和容易的。教師的功能已經不再是努力維持紀律，讓兒童安靜下來，在大聲講話中筋疲力盡。口頭教學已被「發展教具」取代，這些教具本身就包含了對錯誤的控制，為兒童提供了透過努力自學的機會。於是，教師就成了兒童自主學習的指導者，沉默而被動。

每個兒童都忙於不同的工作。教師可以監督兒童，可以進行觀察，然後對他們進行科學研究，用於確定兒童的心理發展狀態，並為進一步的教學實踐奠定基礎。我相信，我們的教育方法已經為科學教育的發展創造了必要的學習條件。任何採用這種方法的人，都將把每一所學校和每一個班級作為實驗場地。由此，我們可以期待為目前討論的所有教育問題找到真正的、正向的解決辦法，包括為學生提供自由，自我教育，家庭教育的融合，以及透過正規的課堂工作來獲得更全面的教育。

在實踐方面，我們的教育方法還有一個優點，就是能夠把背景迥異的兒童聚集在一起。在我們的第一所「兒童之家」裡有2歲半的兒童，他們還太小，連最簡單的感官練習都做不到。那裡還有5歲以上的兒童，他們幾個月後就可以升上三年級。在我們的每所學校裡，每個兒童都會進步，並根據個人能力來達到自我提升。這種方法還有一個優點，那就是它可以使鄉間學校和鄉村小學的教學變得相當容易，因為那裡的學生和教師人數有限。我們的經驗表明，教師可以指導3歲至7歲的兒童。因為我們學校的兒童很容易學會書寫，如果我們的方法更廣泛地被應用，就可以減少文盲人數，推廣閱讀。

就教師而言，她可以和不同發展階段的兒童整天待在一起，且不會感到疲憊，就像母親整天與孩子待在一起而不會感到疲倦一樣。

兒童透過自己的努力，獲得了嚴格的紀律性、實際的獨立性和逐漸成長的知識。他們由聰明的教師指導，運用我們教育的方法來發展生理、智力和心理，可以同時獲得健康的身體和廣博的思想。

有些人仍然堅持錯誤的信念，認為兒童的教育應該完全是生理方面的。但是，精神也有其實際存在的意義，正是精神的生命支配了人類的每一個階段。我們的方法考慮到兒童自發性的心理發展，並透過觀察和經驗來幫助兒童。如果身體上的關愛能使兒童享受到健康身體的快樂，那麼智力和心理上的關愛則能使他們體驗到精神上的更高層次的快樂，並促使他們在外部環境和心靈的親密接觸中獲得新的見解和發現。這些是使人為生活做好準備的快樂，也是唯一真正適用於兒童教育帶來的快樂。

我們的兒童與普通學校的兒童明顯不同。他們擁有快樂個體的鎮定神態，也擁有掌控自身行為的輕鬆自在。他們跑上前去迎接來訪者並與來訪者坦誠交流。他們認真地伸出小手去握手，用閃亮的眼睛而不是高亢的聲音表達感謝，給人的印象是非凡的小紳士或小淑女。他們展示自己的成就時，同樣單純而自信，就像是要獲得母親的肯定一樣。他們坐在兩位交談的來訪者腳邊的地板上，默默寫下自己的名字，禮貌地說謝謝，彷彿想向前來看望他們的人表達深切的謝意。他們用深沉的沉默來表示尊重時，真正地觸動了來訪者的內心。

「兒童之家」似乎對每個人都有精神上的影響。我見過成功的商人、有巨大影響力的人、忙於痛苦的工作或具有自我優越感的人。他們在這裡都會變得平靜，擺脫權力的沉重負擔，達到愉快的忘我狀態。這是人類心靈按照本性發展帶來的影響。這就是為什麼我們稱「兒童之家」的兒童是快樂和美好的。他們擁有比我們更美好的童年。我完全理解了偉大的英國詩人華茲沃斯的思想，他愛上了大自然，開始傾聽大自然各種神祕的聲

第二十三章　結論

音,並向大自然探尋所有生命的奧祕。最後,他恍然大悟:自然萬物的祕密,只能在兒童的心靈中被找到。

第二十四章
凱旋的戰車

第二十四章 凱旋的戰車

「兒童之家」的教育成果顯示了，這裡的教育與普通小學有顯著的差異。「兒童之家」不是為小學階段做準備，而是繼續接受教育的開始。我們的教育方法，不再區分學前班和普通學校。事實上，我們並沒有教育兒童的計畫，而是讓兒童在體力勞動和腦力勞動的幫助下生活並發展自己，達到不同的發展水準。一般來說，這種發展與年齡的成長相對應。

我們已經清楚地表明，兒童需要觀察、反思、學習、專注且獨立，還需要不時地暫停活動以保持安靜。我們的教學方式如此清晰，以至於可以滿懷信心地說，兒童在適合他接受教育的地方之外就處於休息狀態的想法是錯誤的。相反，我們有責任指導孩子的活動，避免他付出無用的努力。因為這些努力會分散他的精力，轉移他對知識的本能探索，經常讓他神經紊亂，阻礙他的成長。因此，即使是年齡很小的兒童，教育的目的也不是讓他為上學做好準備，而是為生活做好準備。

我們在這裡感興趣的是，確定兩種學校（即「兒童之家」和普通小學）之間教育程度上的界線。「兒童之家」的兒童已經開始學習繪畫、書寫、閱讀和算術四門科目，這些將在小學階段繼續培養。

這些所謂的學科都是從感官教育中得來的，人們可以從中發現最初的學習衝動。算術來自判斷屬性的練習，即確定事物之間的數量關係。繪畫來自判斷形狀和辨別顏色的練習，同時讓手準備好描畫物體的輪廓。書寫來自一組更複雜的觸覺練習，使手能夠在指定的方向上自如移動。同時，眼睛學習如何分析形狀和抽象的形式，耳朵則學習感知個體的說話聲音，這樣單字就可以由與這些聲音相對應的字母拼寫而成。閱讀源於書寫，使人能夠分享思想。這樣的征服是內在能量的有力展現，具有一種爆發力。這些高階活動激發了兒童的快樂和熱情。因此，這不是一種枯燥的學習，而是兒童性格發展的有力展現。兒童的精神面貌，挺拔而穩重，就像古羅

馬戰士駕駛一輛華麗的戰車前進一樣。他正在推動智力四個面向的發展，在這四匹戰馬的帶領下，駕駛戰車駛向學習的最終目標。

然而，這種經歷的真正核心是兒童心理學領域的一項發現。聖洛倫索的「兒童之家」給了我們第一個啟示，後續的研究結果都隨之而來。兒童能夠透過排列字母拼寫他們還不認識的單字，進一步發展為書寫能力的突然爆發。教師也對年幼的兒童擁有如此紀律性而感到不可思議，因為兒童既沒有受到直接的教導，也沒有受到任何強迫。然而，這種現象並只出現在同一個環境裡，而是在世界上每一個嚴格遵循該教育方法的地方重複出現。

這些不尋常的現象揭露了兒童心理中未知的一面。這是我們所有研究的真正重點。正是圍繞著這些現象，兒童的心理才得以發展，並從中獲得靈感。這就是這些實驗和基於它們的方法不能解釋兒童的心理發展的原因，除非人們意識到這與僅在兒童早期的創造性時期就具有的特定思維有關。

這項偉大的實驗證明了一個事實，即6歲以下的兒童有一種「心理狀態」，與六、七歲以後發展起來的心理狀態不同，也與成年後發展起來的心理狀態不同。兒童年齡越小，這種心理差異就越大。我們稱之為兒童的「吸收性心智」，並在名為《新世紀的新教育》（*Education for a New World*）的著作中首次討論了這一問題。我們現在正在籌備另一本兒童心理學相關的書《吸收性心智》（*The Absorbent Mind*），很快就會出版。

可以確定的一點是，神祕的事實首先指向兒童的無意識，然後再指向他的潛意識，這表明兒童有能力從他的環境中吸收印象。當這些印象被聚集到一座心靈宮殿時，甚至會發展成為現實。這一點可以從一個真正神奇的事實中看出，兒童在他還沒有完全具備自主學習的意志能力、記憶力和

第二十四章　凱旋的戰車

推理能力時，就能吸收被稱為「母語」的所有聲音和語法特點。的確，在這個無意識的時期，兒童憑藉自然力量吸收的東西，以一種穩定的方式持續存在，並被人們辨識。事實確實如此，以至於母語成為種族真實而適當的特徵以及個人的屬性。此外，成人在心智成熟後學習外語，但很難達到這樣的水準，他們不可能完美地模仿另一種語言的發音，也不能去除外國口音，而且總會在語法上犯錯。

在生命開始的兩年裡，兒童用他那吸收力極強的頭腦為所有的個性特徵發展做準備，儘管他並沒有意識到這一點。到三歲時，兒童的運動能力就開始發揮作用，正是透過這些活動，兒童使自己的經驗穩定在意識中。本質上，完成這種轉換的運動器官是手，因為它會使用各種物體。兒童顯然想觸碰一切，特別喜歡透過手部活動促進智力發展的練習。教育者尚未意識到「手」作為兒童思維發展的工具的重要性。

兒童的頭腦變得意識清晰、組織有序時，吸收能力就會逐漸減弱。正如我們在世界各地許多不同種族的經歷所表明的那樣，它們貫穿了整個兒童時代，使兒童能夠吸收比我們想像的要多得多的知識。兒童在早期，只有2歲或稍大一點時，就能夠透過無意識的力量取得巨大的成就，儘管他仍然無法自主活動。3歲以後，兒童透過對周圍環境的探索，獲得了大量的概念。在這一時期，他透過自己的活動掌握事物，並將它們融入自己的頭腦。儘管如此，他還沒有達到成熟的階段，這將使他能夠從聆聽成人的聲音中學習。這就是為什麼人們認為兒童不能在普通學校獲得適當的教育。

可以肯定的是，兒童在吸收期獲得的東西是維持不變的，不是在記憶中，而是在有機體內部，固定為形成個人思想和性格的嚮導。因此，如果兒童要在這個年齡階段接受教育，就必須由環境來完成，而不是透過口頭

指導來完成。兒童所吸收的文化點燃了他內心的熱情之火，就像突然間被點燃了一樣，然後繼續前進，取得進一步的發展和勝利。這是一個人持續工作卻不會感到疲倦的時期，也是從知識中汲取生命養分的時期。如果兒童的智力沒有機會按照自然的計畫發展，他就會感到痛苦並變得異常。

現代心理學家已經開始意識到那些可憐兒童在精神的飢餓。他們似乎在發展過程中受到了阻礙，偏離了原本該走的正確道路。因此，我們在學校裡所取得的令人驚訝的成績，並不是一種更完美的教育方法的結果。它們揭示了一種只有在創造性成長時期才會遇到的特殊類型的思維和心理感受。

因此，我們的科學教育方法，甚至我們在指導智力缺陷兒童時所採用的後來被用來指導正常兒童的新的教育方法，都不應該受到讚揚。人們要真正理解我們的工作，出發點就是不把它當作一種教育方法。恰恰相反，我們的教育方法是觀察心理現象發展的結果，而這些心理現象到目前為止還不為人知，也未被觀察到。因此，問題不在於教育，而在於心理。教育能帶來更好的生活，這是所有人都應該關心的事情。

第二十四章　凱旋的戰車

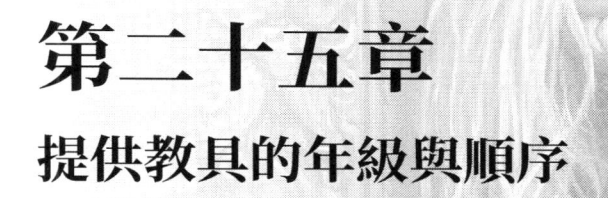

第二十五章
提供教具的年級與順序

第二十五章　提供教具的年級與順序

在教育方法的實際應用中，我們應該知道給兒童提供教具的順序。本書中，我們已經介紹了每一種練習的開展情況。儘管在「兒童之家」各種練習是同時開展的，但在教具的整體呈現上有不同的步驟。具體如下。

📖 一年級

靜靜地搬椅子，搬東西，踮著腳尖走。

各種扣件練習。

固體擺飾練習（感官練習），難易程度遞進：

(1) 固體擺飾高度相同但直徑遞減。

(2) 固體擺飾在高度上遞減。

(3) 固體擺飾的高度和直徑都在遞減。

📖 二年級

生活技能：靜靜地站著或坐著，打掃環境，把水從一個容器倒進另一個容器。

沿著一條直線行走。

感官練習。

不同尺寸、高度的角柱和立方體。

在配對和對比的過程中，訓練各種感官。

📖 三年級

生活技能：穿衣、脫衣、洗衣服等。

整理房間。

正確使用刀叉和勺子吃飯。

動作練習。

在直線上行走和控制動作的練習。

感官練習。

畫畫。

所有根據他們的年級安排的其他練習。

安靜練習。

📖 四年級

生活技能：布置桌子、洗碗、整理房間等。

動作練習：有節奏地前進。

動作分析。

學習字母。

用各種教具學算術。

📖 五年級

生活技能：以上所述的所有實際生活的練習，再加上個人的精細護理，如清潔牙齒和指甲。

學習社交方式，如問候等。

水彩畫和繪畫。

讀寫單字。

書面算術運算。

學習科學、地理、歷史、生物、幾何等單字。

邊遊戲邊閱讀。

第二十五章　提供教具的年級與順序

　　同一個班裡應該有三個不同年齡層的兒童,這樣,年齡最小的兒童,會自然對年齡較大的兒童的任務感興趣,向他們學習並得到他們的幫助。如果兒童表現出任務和學習的願望,那麼即使這項任務不在常規的課程範圍內,也應該讓他自由地去進行,這是正在授課的教師要做的事情。

附錄

以下是我在 1907 年第二所「兒童之家」建成時發表的演說：

你們在座的許多人很有可能從未體驗過窮人的生活窘境，只是透過一些嚴肅書籍或著名戲劇的描述，才有了一些對極端苦難和貧窮的人們的了解。

我們可以想像一下，在某個時刻，有個聲音召喚你：「去看看那些充滿苦難的黑暗而貧窮的地方吧，因為在那裡，在恐懼和苦難中，也能出現幸福、乾淨與和平的綠洲。在被貧窮和罪惡支配的地區，正在發生道德的救贖，人們的良知正從惰性和無知中甦醒。窮人將有自己的住所，孩子們也將有自己的『家』。新一代人將迎來一個新的時代，他們將不哀嘆苦難，而是將其消滅。罪惡和貧窮的住所將成為過去，它們將不復存在。」

我們會像那些智者一樣，在星辰和夢想的指引下，日以繼夜地趕路來到伯利恆。我這樣說是為了讓你了解這個簡陋的「兒童之家」的意義和真正的美。它就是一個家，因為它是由一位母親用雙手為這一地區的孩子打造的。

這是第二所「兒童之家」，位於聖洛倫索這個不受歡迎的地區。這個地區惡名昭彰，報紙上幾乎每天都充斥著關於這裡的不幸遭遇的報導。然而，許多人仍然不知道這個城市墮落至此的源頭。從來沒有人想過要在這裡建造普通住宅。因為聖洛倫索已經不是普通人居住的地方，而是一個貧民窟。這是一個沒有工業的城市，人們收入低且經常失業，失業的人和被假釋的囚犯一起在這裡過著混亂的生活。

聖洛倫索地區建立於西元 1884 年至西元 1888 年，當時羅馬正興起一

附錄

股建築熱潮,卻沒有相應的社會或衛生法來規範新的建築。建築商們在一塊又一塊土地上築起高樓,建得越多,銀行和公司的利潤就越大。他們完全無視即將到來的災難,毫不在意這些建築的品質,因為他們從來不會住在這裡。

西元 1888 年至西元 1890 年經濟崩潰時,這些品質極差的建築長期無人居住。後來,當人們重新有了住房需求時,這些建築裡就逐漸擠滿了租客。但是,這些龐大建築的擁有者既不願意也沒有能力投入更多的維修資金。這些建築在建造時就沒有考慮衛生條件,現在由於居住者增加變得更糟了,成為城市底層人員的聚集地。五房、六房和七房的公寓按其面積以極低的價格出租,但對單身漢來說,租金還是太高了。於是,這裡又有了轉租和投機,並最終導致過度擁擠,成為混亂和罪惡的滋生地。

當人們進入這些公寓時,會被裡面的黑暗所震撼,即使在白天,公寓裡也暗無天日。當我們談到社會問題時,我們總是心存幻想,而對現實視而不見。我們現在關心的問題是,兒童能否在家學習和做作業,那些貧窮的孩子會不會在草蓆旁的地板上書寫。我們希望建立流動圖書館,讓窮人的孩子可以在家讀書,並印製教育和衛生的小冊子,讓最貧窮的人也能讀到。但是,這一切只能說明,我們對他們的真實需求一無所知。事實上,他們中的許多人甚至連一盞燈都沒有。窮人更關心的是生存,而不是教育。這種環境中出生的孩子,他們不是進入光明而是落入黑暗,在墮落的人間長大。他們總是髒兮兮的,因為公寓裡的水本來就只夠三四個人使用,現在卻必須供應給二三十個人共用,幾乎連飲用水都不夠!

我們對「家」有一個詩意的概念,「這是一個神聖的地方,只屬於我們愛的人。這是一個美麗、寧靜而又虔誠的地方」。但殘酷的現實是,很多人沒有這樣的「家」。他們住在破舊的圍牆裡,沒有隱私,沒有文明,通

常也沒有足夠的光、空氣和水。因此，我們不能抽象地說「家」是社會秩序的基礎，是群眾教育的泉源。

由於居住條件惡劣，人們會覺得在街上避難更合適，也更健康。因此，那裡就成了孩子們常去的場所。但是，大街上常常發生犯罪行為，甚至會發生一些我們難以想像的事情。在這個被稱為文明之都、藝術之都的城市的大路上，可以看到各種極端殘暴的景象，因為窮苦大眾的生活與其他人的生活是分離的。

在中世紀，癩瘋病患者被隔離，猶太人被關在貧民區，但貧窮從來沒有被視為一種必須被消除的危險和恥辱。那時候，窮人和富人生活在一起。而現在，窮人和富人之間的強烈反差是一個常見的文學主題。有人寫到，富人的豪宅遮擋了窮人的住所的採光。那時的教師會講公主幫助一個貧窮家庭，或是富裕家庭的孩子如何照顧閣樓上生病的女人的故事。這些在今天來看都是不切實際的。窮人在急需幫助的時候，不再指望富裕的鄰居能提供幫助，連撒在窮人身上的陽光也被人奪走。窮人只能聚集在城市的外圍，陷入絕望、殘暴和罪惡之中。因此，我們一手打造了對城市構成威脅的感染地帶。他們也渴望住在一個公平美麗的城市裡，讓自己從一切醜陋和疾病中得到淨化。

人們通常只有在死後才會來到這裡（羅馬公墓位於聖洛倫索地區），當我第一次來到這裡時，我的印象是我來到了一個遭受過巨大災難襲擊的地方。目光所及之處，滿是背負著沉重悲傷的人們，他們在寂靜的街道上徘徊，目光呆滯且近乎恐懼，深深的沉默似乎表明他們的生活已經支離破碎。這裡沒有馬車，沒有攤販們歡樂的叫賣聲，也沒有彈奏手風琴賣藝的音樂聲。即使現在這些聲音被當作貧窮的象徵，禁止在羅馬街頭出現，但在那個時候也無法打破這令人悲傷和沉重的寂靜。

附錄

　　我看到街道上的坑洞和散落在地上的岩石，幾乎可以想像出這裡剛剛被一場洪水淹沒。但是，看到那些光禿禿的房子和破碎的牆壁，我又想可能這裡是剛剛經歷地震的襲擊。後來，我看到這條街上除了一些骯髒的小酒館，連一家商店、雜貨店或旅館都沒有，我才終於意識到降臨在這些人身上的，不僅有災難，還有貧窮。

　　這種悲慘而危險的狀況喚起了許多人的良知，有人來到這裡發起慷慨的慈善活動，以各種形式的補救措施減少災難。從每家每戶引入衛生觀念，到建立托兒所和藥局，人們試過了很多措施，但結果如何呢？這些善舉似乎只是一種同情，把憐憫變成了行動而已。由於缺乏長遠的目標和實施的連續性，實際效果並不明顯，人們獲得的幫助也很有限。這種罪惡的現狀需要一種更能夠普及的補救辦法，才可以給所有人帶來解脫。

　　羅馬優秀建築協會開始採取購買公寓、改善公寓、明確公寓管理等一系列政策。協會收購的第一批建築是在聖洛倫索地區，協會對公寓進行現代化改造，並採取措施提升居民的健康和文明程度。其中一個主要的改善措施是將大公寓分割成小公寓，這樣每個家庭就可以有單獨的住所，居住環境也會更加整潔、通風良好、陽光充足。

　　享受這些福利的人，也需要付出一定的代價。他們必須對公寓進行維護，維護成效最明顯的人將獲得年度獎。所以，所有的居民都在相互競爭著維護他們的住所，最終這些建築物也就保存得很完好，就像城裡那些從古代保留至今仍然的熠熠生輝的大理石廟宇一樣。我們現在所在的大樓，也就是第二所「兒童之家」落成的地方，兩年來的維護和管理工作也一直由租客們全權負責。這些窮人的住所，其乾淨和整潔程度可以和上層階級的家庭相媲美。

　　我們在這裡進行了一項實驗，並取得了顯著的效果。人們在愛他們的

家的同時，也愛上了整潔，還獲得了審美能力，會用許多植物和花盆來裝飾庭院。這一地區的人們呈現出一種全新的自豪感。他們為了擁有保存最完好的公寓，為了獲得更高的教育程度，展開競爭。他們不僅學會了如何生活，而且學會了如何尊重他人。家庭的改善帶來個人自身的改善。協會為每棟公寓配備了浴室，所有的房客都可以輪流去洗澡，而他們過去只能去噴泉那裡洗衣服。

但是，協會在對建築物進行半無償維修方面遇到了困難。父母因為工作繁忙，會把年齡太小而不能上學的孩子單獨留在公寓裡。孩子們無法體會父母維護家園的競爭意識，對房屋造成了相當程度的破壞。因此，我們又進行了一項改革──利用節省下來的維修費用，建立一所「兒童之家」。

「兒童之家」專門為那些還沒有到入學年齡的孩子開放，父母可以放心地把孩子放在這裡。這對父母來說是一個大大的福利，因為他們由此擺脫了沉重的心理負擔。但是，這樣的幫助需要父母的善意作為回報。樓內張貼的規定中明確提到：「母親必須把孩子乾乾淨淨地送到『兒童之家』，並協助指導教師做好教育工作。」因此，他們有義務為其子女提供物質和精神上的養育。如果兒童的言行顯示學校的教育受到家庭教育的負面影響，他就會被遣送回家。換言之，父母必須意識到在公寓樓為年幼的孩子建一所「兒童之家」的好處。母親們每週至少與指導教師面談一次，說明孩子的情況，並接受教師的指導建議，這些建議對孩子有很大幫助。兒童的健康則由分配到「兒童之家」的醫生來照顧。

指導教師總是能得到孩子母親的配合，身為一個受過教育和有教養的人，指導教師的生活一直是該棟公寓居民的榜樣。她必須住在公寓裡，從而與所有學生的家庭保持密切連繫。這一點非常重要。在這個地區，沒有

附錄

人敢在晚上徒手四處遊蕩，現在卻住進來一個有教養的、溫柔的女人，將她的一生奉獻給教育。她是人們之中的傳教士，如果她有足夠的機智和勇氣，就將在工作中獲得許多成果。

這的確是一項新鮮事物。過去，富人和窮人生活在一起，以便為窮人提供教育。但是，他們的努力是無效的，因為文明程度更高的人不可能與窮人一起生活在骯髒的環境裡。「兒童之家」的組織形式很新穎，它不但是兒童的庇護所，而且是一所真正的學校，運用了科學的教育方法。人們關注和鼓勵兒童的身體成長，教學目標明確，使用了異常豐富的教具。我們不會在這裡詳細地討論這些內容。然而，我要特別指出的是，「兒童之家」有一間為兒童提供冷熱水浴的房間，而且在可能的情況下，還有一塊可以供他們耕種的土地。

在這裡，我們主要談談「兒童之家」在教學方面的進展。熟悉學校及教育問題的人都知道，在兒童教育中，家庭和學校的和諧幾乎是無法實現的理想。但是，家庭和學校的教育目標之間會有差距，似乎還有點背道而馳。家庭教育不僅與學校教育有所區隔，而且與社會影響隔離。在「兒童之家」，我們第一次看到了有效實現這一教育理想的可能性。兒童的學校和家庭在同一棟建築裡，教師則與他們同為住戶。

父母知道「兒童之家」是屬於他們的，並且由他們支付的租金支撐。他們可以隨時去那裡觀摩、參觀或學習。「兒童之家」持續刺激家長們進行反思，也成為他們自己和孩子的幸福泉源。這些孩子的母親很關心教師，經常把糖果和鮮花放在學校的窗臺上，作為一種無聲的、真摯的致謝。經過三年的學習，家長將把兒童送到普通小學就讀。這時，家長做好了充分的準備，在教育子女的過程中進行合作，並獲得一種上層階級也很少有的信念，即他們必須透過自己的行為和理念讓孩子接受更好的教育。

「兒童之家」的另一項突破性進展是教育的科學性。迄今為止，這裡的教育是基於兒童的人類學研究，因此只處理了教育問題的冰山一角。人不僅是一種生物性存在，而且是一種社會性存在，家庭就是受教育者的社會環境。如果科學教育不能有效地改善下一代的成長環境，那就不能使下一代過得更好。如果家庭故步自封，那麼所有試圖補救教育弊端的努力都將是徒勞的。因此，我們如果認為將家庭教當成文明進步的重要工具，就將直接改變兒童環境中的問題，從而為他們提供真正科學的教育。「兒童之家」代表著又一個進步，這是住宅社會化的第一步。居民們享受著這樣的好處，即可以把孩子留在一個既安全又有益的地方。

到目前為止，只有富人家庭的女性才能夠把孩子交給保母或家庭教師照顧，然後有時間處理家庭事務。如今，可以說，住在這些重新裝修過的公寓裡的女性享有同樣的特權，甚至還有一位家庭醫生幫助她們照顧孩子，幫助孩子茁壯成長。

我們都知道環境社會化帶給我們的好處，交通、路燈和通訊工具都是環境社會化的典型例子。這些設施延長了人們的工作時間，工業效率的進步大大提升了生活用品的產量。現在，每個人都可以有乾淨的衣服、地毯、窗簾、美食、瓷盤、銀器等，生活福利的改善對社會進步產生了均衡的影響。

在「兒童之家」，個人社會化的第一個例子是保母或家庭教師等職業的出現，這是時代的需求。由於近幾年的社會發展和經濟革命，職業女性被迫放棄最珍視的家庭責任。她們必須離開孩子，儘管這樣做很痛苦。不僅工人階級，甚至那些受過高等教育的人也能從這樣的機構中受益。否則，她們就得在外出工作時把孩子交給僕人或廚師照顧。事實上，第一所「兒童之家」落成的消息傳遍海外之後，許多中產階級就提出了類似的迫

附錄

切需求。因此，我們讓母親在家庭中的工作更具有社會化屬性。這似乎是一個無解問題的實際解決辦法。有人問，如果女人離開家庭，家庭會變成什麼樣子？家庭本身將發生改變，並分擔起女性的傳統角色。

我相信，未來還會出現其他的社會化形式，如醫務室。女性天然就是家庭裡的保母，但是現在，她得為了趕去上班而離開心愛的家人。因為工作競爭激烈，她的缺勤可能會導致失業。對這樣一位職業婦女來說，她可以把生病的家人安置在醫務室，這樣的好處是，她可以在白天空閒時看護病人，晚上再全程看護病人。這也有利於維護家人的健康，因為醫院可以將身患傳染性疾病的人隔離開來。人人都清楚有身患傳染病的孩子的父母有多痛苦，如果他們在這座城市裡沒有朋友或親戚可以幫著照顧其他孩子，就不能保障其他孩子的健康。

類似地，送餐工作會有很大的發展前景，這已經在美國取得了一些成果。人們可以提前預訂晚餐，由一個送餐員送到各個房間。中產階級家庭可以從這樣的改革中獲益，因為他們不必再把健康和幸福託付給一個無知的廚師。

因此，女性因社會和經濟現狀而不得不從事有償工作，但這並不意味著家庭和家庭生活將被摧毀。這只是意味著以前由家庭主婦完成的任務，現在交由公寓經理接管。這樣的做法賦予了女性新的自由，她將因為她自身而不是因為她的付出而被愛。人類之愛的目的不是為了獲得個人滿足，而是為了促進自由，使物種永存。

尼采（Friedrich Nietzsche）在《查拉圖斯特拉如是說》（*Also sprach Zarathustra*）中描述的女人就具有這種理想的愛，她渴望擁有一個比自己更優秀的孩子。她問那個男人：「你為什麼需要我？也許是因為害怕孤獨？……為了保護自己免受生命的考驗？如果是這樣，請離開我。我在尋

找一個征服了自己、擴展了靈魂的人。我要找的是一個乾淨強壯的男人，一個渴望與我的身體和靈魂結合的人。我要創造一個孩子！一個比出生時更好、更完美、更勇敢的孩子！」男人希望透過婚姻，透過自己對美好特質的追求來改善自己的種族。當新一代人開啟永恆的勝利之旅時，這個家可以成為他們接受教育和安慰的地方。

蒙特梭利代表作——發現兒童：
書寫機制 × 數學入門 × 表現藝術，尊重孩子天性，啟發自主學習與成長的革命性教育

作　　　者：	[義] 瑪麗亞・蒙特梭利（Maria Montessori）
譯　　　者：	李婷婷
責 任 編 輯：	高惠娟
發 　行 　人：	黃振庭
出 　版 　者：	樂律文化事業有限公司
發 　行 　者：	崧博出版事業有限公司
E－m a i l：	sonbookservice@gmail.com
粉 　絲 　頁：	https://www.facebook.com/sonbookss/
網　　　址：	https://sonbook.net/
地　　　址：	台北市中正區重慶南路一段 61 號 8 樓 8F., No.61, Sec. 1, Chongqing S. Rd., Zhongzheng Dist., Taipei City 100, Taiwan
電　　　話：	(02)2370-3310
傳　　　真：	(02)2388-1990
律 師 顧 問：	廣華律師事務所 張珮琦律師
定　　　價：	450 元
發 行 日 期：	2024 年 10 月第一版

◎本書以 POD 印製

國家圖書館出版品預行編目資料

蒙特梭利代表作——發現兒童：書寫機制 × 數學入門 × 表現藝術，尊重孩子天性，啟發自主學習與成長的革命性教育 / [義] 瑪麗亞・蒙特梭利 (Maria Montessori) 著，李婷婷 譯 . -- 第一版 . -- 臺北市：樂律文化事業有限公司, 2024.10
面；　公分
POD 版
譯自：The discovery of the child.
ISBN 978-626-7552-44-5(平裝)
1.CST: 學前教育 2.CST: 兒童心理學 3.CST: 蒙特梭利教學法
523.23　　　　　113015008

電子書購買

爽讀 APP　　　臉書